国际汉语教师能力与资格丛书

ESSENTIALS OF CHINESE LANGUAGE II

赵金铭 主编

汉语纲要 下册

施春宏 著

北京语言大学出版社
BEIJING LANGUAGE AND CULTURE UNIVERSITY PRESS

图书在版编目（CIP）数据

汉语纲要. 下册 / 施春宏著. — 北京：北京语言大学出版社，2018. 9（2025.3重印）
（国际汉语教师能力与资格丛书 / 赵金铭主编）
ISBN 978-7-5619-5325-9

Ⅰ. ①汉… Ⅱ. ①施… Ⅲ. ①汉语 — 对外汉语教学 — 资格考试 — 自学参考资料 Ⅳ. ① H195.3

中国版本图书馆 CIP 数据核字（2018）第 202680 号

汉语纲要·下册
HANYU GANGYAO · XIACE

排版制作：华伦图文制作中心
责任印制：邝 天

出版发行：北京语言大学出版社
社　　址：北京市海淀区学院路 15 号，100083
网　　址：www.blcup.com
电子信箱：service@blcup.com
电　　话：编辑部　8610-82301016
　　　　　发行部　8610-82303650/3591/3648
　　　　　北语书店　8610-82303653
　　　　　网购咨询　8610-82303908
印　　刷：天津鑫丰华印务有限公司

版　　次：2018 年 9 月第 1 版　　印　　次：2025 年 3 月第 4 次印刷
开　　本：710 毫米 × 1000 毫米　1/16　　印　　张：21.25
字　　数：366 千字
定　　价：66.00 元

PRINTED IN CHINA
凡有印装质量问题，本社负责调换。售后QQ号1367565611，电话010-82303590

编者的话

“国际汉语教师能力与资格丛书”（以下简称“丛书”），顾名思义，是一套国际汉语教师准备“国际汉语教师证书”考试的参考用书，目的在于使其具备必有的知识，并获得基本教学能力，从而经检验最终取得教师资格。

随着汉语国际教育事业的蓬勃发展，越来越多有志于从事国际汉语教学和刚刚从事国际汉语教学的人都摩拳擦掌，跃跃欲试，希望通过考试，验证一下自己作为国际汉语教师是否合格。更多的人则希望获得证书，跻身国际汉语教师行列。

但是这些应试者并非皆是国际汉语教师，其中不少人来自不同专业背景，知识结构多层次、多样化，语言文化背景也多有差别，有些人并未受过汉语作为第二语言教学的专业培养。即使是已进入国际汉语教师队伍者，比照证书大纲的要求，也还会发现自己的短板或弱项，需要进一步充电学习。

本套“丛书”就是为其提供复习、备考的材料，以便从知识结构和能力水平两方面予以提升，从而能够面对资格检验，验证其是否为合格的国际汉语教师。

“丛书”面对的读者对象，约略有如下三种情况：

一是准备参加“国际汉语教师证书”考试，以获取证书的人，可把“丛书”作为复习考试的参考用书；

二是非语言学、汉语出身，或为外语出身的人，兴趣所在，将来有志于从事国际汉语教学工作，可把“丛书”作为入门自学的教材，以便此后参加考试；

三是已进入国际汉语教师队伍，深感还要不断提升自己，进一步提高个人学养和教学能力的人，可把“丛书”作为进修教材。

“国际汉语教师能力与资格丛书”的编写酝酿已久。2007年孔子学院总部/国家汉办发布了《国际汉语教师标准》（以下简称《标准》），这个《标准》由5项能力标准组成：语言基本知识与技能、文化与交际、第二语言习得与学习策略、教学方法、教师综合素质。

《标准》涵盖汉语作为第二语言教学的方方面面，突出能力的描述是其特色。为满足国际汉语教师之需要，我们根据国家对外汉语教学领导小组办公室编写的《汉语作为外语教学能力等级标准及考试大纲》编写并从2008年起陆续出版了一套“汉语作为第二语言教学丛书”。

汉语国际教育不断发展，国际汉语教师有很大缺口。补充新教师，不断提升新教师的业务水准，已成为当务之急。2015年，孔子学院总部/国家汉办又颁布了《国际汉语教师证书考试大纲》（以下简称《大纲》）。《大纲》按照《标准》中的5项能力标准，规定了应试者在各项中所应具备的能力。《大纲》更加注重汉语教学基础、汉语教学方法和课堂教学，并以此为特色。5项能力标准分别为：汉语教学基础、汉语教学方法、教学组织与课堂管理、中华文化与跨文化交际、职业道德与专业发展。

在新形势下，教材必须适应变化了的情况，于是我们决定在原“汉语作为第二语言教学丛书”的基础上，重新调整内容，改变行文方式，增添新知，注重能力培养。这样，新编的“国际汉语教师能力与资格丛书”就以《大纲》的5项能力标准为基础，以兼顾能力与资格为编写主旨，即如何才能掌握这些能力，这些能力如何使其具备国际汉语教师资格。这样看来，必须全面掌握汉语和中华文化相关知识，熟悉汉语作为第二语言教学的原则与方法，才能将所学知识转化为汉语教学能力。能力是在掌握知识的基础上，经思考、训练、实践而具备的本领。基础知识＋基本技能，经实践检验，才能具有专业资格。

“国际汉语教师能力与资格丛书”并未完全依照《大纲》的5项能力标准依序成书，而是依据知识与能力的系统性，按照科学的逻辑顺序以及从知识到能力的发展脉络，设计了6本书。依次如下：《汉语纲要》（施春宏著）、《汉语国际教育概说》（刘长征著）、《汉语要素教学方法》（毛悦著）、《汉语技能教学方法》（翟艳、苏英霞著）、《汉语课堂教学》（姜丽萍著）、《中华文化与跨文化交际》（杜道明著）。[①]这6本书的内容并不完全对等于《大纲》的5项能力标准，虽涵盖了《大纲》的全部内容，但在内容的安排上却采取了交叉处理，以体现知识与能力系统的渐进性与完整性。

“国际汉语教师能力与资格丛书”着眼于系统知识的梳理，在汉语知识、

① 其中部分书因篇幅分上下册出版。

中华文化知识和汉语教学知识等方面，涵盖应试的全部内容。在汉语教学能力、汉语教学方法、跨文化交际能力方面，提供大量实际案例，以使应试者具备《大纲》要求的知识结构和能力水平。

“国际汉语教师能力与资格丛书”没有采取依据考试大纲编写模拟试题的做法，而是从知识结构的需求、技能训练的标准出发，编排了国际汉语教师所应具备的汉语知识与教学技能的完整框架。应试者按照“丛书”进行准备，不管以后考试遇到什么问题，均能调动学过的内容，类推对比，举一反三，万变不离其宗，自会应用裕如。“丛书”内容与《大纲》内容交叉情况如下：

1.《汉语纲要》对应标准1“汉语教学基础”的知识部分：具备汉语语言学基本知识；具备基本的汉语语音、词汇、语法和汉字的分析能力。附思考与检测、常见语法偏误分析，突出汉语语法的特点。

2.《汉语要素教学方法》《汉语技能教学方法》对应标准1“汉语教学基础”的汉语教学原则以及标准2“汉语教学方法”的全部内容。用大量实际案例，介绍汉语语音、词汇、语法、汉字的教学方法与教学技巧，介绍听、说、读、写的训练方法与技巧。无论是要素教学，还是技能训练都注重综合教学。

3.《中华文化与跨文化交际》涵盖标准4“中华文化与跨文化交际”的全部内容：了解中华文化基本知识，具备文化阐释和传播的基本能力；了解中国基本国情，能客观、准确地介绍中国；具有跨文化意识；具有跨文化交际的能力。

4.《汉语课堂教学》涵盖标准3“教学组织与课堂管理”的全部内容：熟悉汉语教学标准和大纲，并能进行合理的教学设计；能根据教学需要选择、加工和利用教材与其他教学资源；能设计课堂教学的任务与活动；能进行有效的课堂管理；能有效地组织课外活动；了解测试与评估的基本知识，能对学习者进行有效的测试与评估。

5.《汉语国际教育概说》则结合标准5“职业道德与专业发展”以及上述各书难以容纳的《大纲》内容：汉语作为第二语言教学的一些分支学科知识，如第二语言教学的一般原则、第二语言习得的基本原理；一些具有相对独立性的内容，如“了解现代教育技术，并能应用于教学”“了解测试与评估的基本知识和主要方法”。将上述具有理论色彩的一些问题，与职业道德、职业规范，以及教育研究能力与专业发展意识并入一册。

考虑到应试者可能来自国内外不同的教育环境，教学理念多不同，外语教学传统也各有差异，学习策略更是因人而异，即使知识结构也有高下、浅深之分，因而“丛书”的编写原则为：

一是多采用一般性、通用的理论，注重带有规律性的结论，一般采用最新说法。无论是语言理论、语言教学理论还是语言学习理论，都选取已形成共识的观点。个人的不成熟的具有创新意义的意见一般不做重点阐述。

二是理论与实践密切结合，注重教学技能的培养。以教学实例阐释教学原理，用案例证实学习规律；设计一些思考题，以加深理解；引导读者深入思考，加深认识。不尚空谈，授人以“渔”。

“国际汉语教师能力与资格丛书”的七位作者均为北京语言大学教授。七位教授均具有二三十年的国际汉语教学与研究的经验，其中有的还曾参与《国际汉语教师证书考试大纲》的研发，有的多次培训师资，并担任公派汉语教师和志愿者教师的面试考官，故而在著书过程中，对应具备的知识与技能，以及如何准备应试，胸有成竹，情况明了，针对性强。

“国际汉语教师能力与资格丛书”的出版单位北京语言大学出版社一贯重视国际汉语教师的培训与培养，此次为策划这套“丛书”，曾多次组织编写组成员论证，确立内容，研讨体例，集思广益，尽力使本套“丛书”能符合客观实际需要，满足读者的需求。我们希望能为汉语国际教育略尽绵薄，自然也会有些疏漏与不足之处，更期待广大读者不吝指教。

赵金铭

2018年8月

前　　言

本书是面向国际汉语教师、汉语国际教育专业学生以及有志于从事国际汉语教学的读者系统学习汉语语言学知识而编写的现代汉语教程，同时亦可作为中文专业“现代汉语”教材、“国际汉语教师证书”考试及相关专业硕士研究生考试的参考用书。

一

本书是一本系统介绍现代汉语语音、词汇、语法和汉字方面知识的基础性教材。基于对知识结构、读者需求和教学目标的理解，我们将本书定位为“专著性教材”，即要求本书同时具备教材的品质和专著的精神。

关于教材的品质。作为基础性教材，应该体现出以下三个方面的追求：一是内容的适用性，要系统介绍读者需要掌握的相关知识；二是策略的针对性，要尽可能针对学习者的学习目标和知识背景来选择和编排内容，并努力使之可操作；三是观念的启发性，要力求在描写和解释相关现象时体现出背后的分析原则和思路，使读者不仅在知识上能举一反三，在观念上也能够烛幽发微。因此，内容的选择、结构的安排、阐释的详略、用例的选配以及练习的设置，都要本着从学习者的需要和认知特点出发的原则。

关于专著的精神。教材不同于专题研究著作，它以介绍通识性知识为主；但教材也应该含有专著中所蕴含的前沿意识和探索精神，积极地将既适用又实用的前沿知识借鉴、吸收进来，并将具有引领意义的观念和方法渗透其中，在启发读者理解和使用所学知识的过程中进一步提高发现问题、分析问题和解决问题的能力。

为此，本书系统而详细地介绍了教学大纲所规定的现代汉语基本知识，同时还积极吸收新理论、新观念、新方法，将近些年在学术界广受重视、在教学界效果显著的研究成果融入书中，让基础性教材跟上学术前进的步伐。如在讲解语音知识时吸收了节律音系学、实验语音学等的新认识，在讲解词汇和语法知识时渗透了语言类型学、比较语言学、词汇语义学、认知语言学、功能语言学、生成语言学、韵律语言学、语体语言学、应用语言学等的新看法，在讲解汉字时注意到了现代汉字学的新进展，尤其是汉字构形学、字用学、汉字文化学等的新见解。其中很多内容引入基础性教材，还是一种探索，如本书第一次较为系统地将韵律语法（韵律语言学）和语体语法（语体语言学）的前沿内容和构式语法理论的基本观念引入其中并贯穿于语音、词汇、语法甚至汉字的知识阐释中，而且在引入这些知识时，常常以汉语习得和教学的研究作为参照。这些引介和渗透是否到位，留待细心的读者评说，但对最新的理论、观念、方法和成果的吸收，确实是本书编写过程中所着意追求与致力之处。与此同时，我们还在介绍最新知识时融入了自己的一些实践和思考。如果从学术探讨的角度看，本书中引入的一些“新知”，实际上在语言学界和语言习得与教学界已有二三十年的研究基础了，只是教材的编写相对保守，一般以求同求稳为主。这种现状显然不利于教学和教师的发展，也不利于学术研究本身的推进和学术队伍的建设。有鉴于此，我们希望自己在“保守”呈现既有成果的同时，“开放”地尝试一些新的编写理念和举措，于介绍常态语言知识的同时，展示当代语言学、语言教学和语言应用的最新发现。如何脚踏实地地做好这种探索中创新、普及中提高的工作，对我们来说是个严峻的挑战，对当下的学术界和教学界而言，相信情形也不例外。

基于对专著性教材定位的理解，在这些年的编写实践中，我们逐步形成了这样一些基本原则：基础性和前沿性相结合的原则，描写和解释相结合的原则，知识性和启发性相结合的原则，策略性和操作性相结合的原则。原则跟策略相结合才能有效发挥作用。因此，在编写有关汉语系统的陈述性知识的过程中，我们尽可能让相关知识变得程序化、可操作，努力用读者所能理解和接受并可操作的方式来表述、阐释。对教学而言，不可操作的知识，都不容易成为活知识。

为了更好地完成这本书的撰写，这些年笔者在相关领域做了较为具体的探讨，如语块、构式、韵律、语体、特殊句式、词语显隐、词义结构、全球华语、网络词语、社区词、中介汉字、汉字形义关系、汉字文化特征以及汉语特点、汉语本位等较新的研究热点。这些内容很多都涉及教学中的重点和难点问题，对汉语教学有启发和指导作用。凡是编写中遇到困难的地方，笔者都尽可能先去做一些学术探索，在梳理、介绍、选择、建构、拓展之中渗透了我们对语言的本质、交际的本质、语言的结构和功能、语言分析的观念和方法等方面的认识。

二

知识体系往往是通过概念系统来展示的，而基础性教材需要展示基本概念系统所建构的知识网络。因此，学习基础知识，一个很便捷的方式就是通过概念系统来理解整个知识体系。在学科体系中，概念又往往是通过术语来呈现的，因此，充分了解、准确理解和灵活把握负载相关概念的术语就显得尤为重要。汉语研究和教学成果丰富，术语浩繁。本书尽可能在术语的选择和安排上让读者在未来的学习和教学中既够用又好用，因此特别关注术语的内在关联和层级系统。这样既能使读者有效地掌握现代汉语研究和教学中的基本术语系统，又能为读者有效地阅读相关的语言学论著和教材提供帮助。在教学中我们深切地感受到，只有处理好术语的层次，才能更加突出知识结构的层次性，更加方便学习者感知和掌握汉语知识及其系统。因此，我们尽量不用后文才出现的术语来说明前文的问题（实在不能避免就尽可能用参看的方式标注出来）。另外，在语言学界，一个概念有多个术语名称的现象比较普遍。如果只介绍一种术语，不利于读者进一步阅读其他语言（学）教材和论著；而如果不分主次或前后不一致，又徒然增加读者的负担。为此，我们将术语系统分为主从两个层级来处理，凡语言学界比较通行的基本术语都用黑体突出显示出来，对异名同实的常用术语则用“也叫”引出。用“也叫”引出的术语也有用黑体标示的，说明它虽然是异名，却也很常见。为了方便读者，本书还编制了一个详细的索引“关键概念检索”，期望可在一定程度上起到术语词典的作用。

需要特别提醒的是，虽然理解术语很重要，但在学习相关知识时，不要用术语代替语言现象。术语本身只是相关现象的一个标签，而且往往只是对典型现象所做的标签，因此它在本质上只是我们认识相关现象、理解相关知识的一个抓手，仅基于术语字面而做的望文生义式的理解会影响我们正确认识语言现象。

同时，为了使读者更充分地理解知识系统，本书举例比较丰富，并为每节编写了供进一步思考与检测的练习，为大部分题目拟定了参考答案。

需要说明的是，本书在撰写过程中，吸收了很多前辈和时贤的观点，由于体例所限，未能在书中注明，参考书目也只是列出了所参考的部分中文著作、论文集、教材和工具书，大量的学术论文和著作未能呈现出来，这是特别遗憾的事情。这里谨致无限谢意和歉意。

三

下面再说一下本书的编撰过程。

十年前，笔者曾出版过一本《作为第二语言的汉语概说》（北京大学出版社，2009）。该书出版后，受到了汉语教学界的欢迎，并被有的高校列为相关教材和教学参考书。但在使用过程中，也发现了一些问题，主要是：篇幅相对受限而未能容纳更多内容，有些适用的新成果、新知识引入不够充分，一些认识还需要进一步更新。在主编赵金铭先生和广大读者的建议下，笔者从2015年初开始对该书进行增订改写。本来是想做小范围的补充修订，但进展到一半时，觉得这样的小修小补并不能解决根本问题，不如干脆“大动干戈”，尤其是要尽可能将新的理念和成果吸收进来。这些年，现代汉语研究和汉语二语教学与习得研究都有了很多显著的变化，具体成果也很丰富，有的是在既有领域取得的拓展，有的是在新领域上的突破。于是从2016年初开始，笔者重新规划，以创作一本新书的热情去改造旧书。本书虽是以《作为第二语言的汉语概说》为基础进行增订，但增订规模非常大，基本上就是一个重写的过程，篇幅也比原书增加了一半还多。像“汉语概述”中关于全球华语和华语社区的理解，“语音”章中的押韵、韵律（停顿、重音、句调）、音变现象中的语体问题，“词汇”章中的同素词、词义结构分析、语块的内涵和类型、文化特征词、网络词语、现代汉语词汇系统的特点等，“语法”章中的韵律词、构式、语缀、字本位观语法、词的兼类和活用、短语的功能类型、歧义分析、零句和整句、语用偏误和语体适用偏误等，“汉字”章中的汉字的记号、异体字和异读字、汉字的文化特征等，都是新增的内容，有些是对通识知识的充实，更多的是对新知识的借鉴和融合。即便是对原有内容的修订，有很多章节也几近重写，为的是更好地吸收和融合新理论、新观念、新方法和新成果。这一过程持续了两年多，这是始料未及的。我们期待几年后再做出新的修订，以跟上学术研究、教学实践和学科建设、事业发展的新步伐。

这十年里，我们团队同时还在做另一项面向教学的基础性工作，即撰写“国际汉语教师标准丛书”中的《汉语基本知识》（包括《语音篇》《词汇篇》《语法篇》《汉字篇》四个分册，均由北京语言大学出版社出版）。本书作为“国际汉语教师能力与资格丛书”中的一本，与《汉语基本知识》侧重点不同，两者的基本分工是：本书偏于汉语本体知识系统，以介绍通识性知识为主，可作为“现代汉语”等基础性课程的教材；后者在系统介绍汉语知识时带有选修提高的性质，同时还特别关注要素教学的方法和技能，其分册可作为语音、词汇、语法、汉字的专题课教材。

四

最后想借此表达一下我的感谢之情。

感谢赵金铭教授，本书和此前出版的《作为第二语言的汉语概说》都由赵先生担任主编，具体指导我的编撰工作，并审阅书稿。感谢我的硕士生导师于根元先生、博士生导师袁毓林先生和博士学位论文合作导师陆俭明先生、博士后合作导师冯胜利先生，先生们的学术思想和科研情怀时时感染着我，是我不断前行的重要动力。

感谢为本书写作和校改提出许多建议的学生。十多年前，我的硕士研究生蔡淑美、张春华、白鸽、付翠、黄理秋、李艳、岳凌和北京语言大学本科生丁强、范晓蕾、唐瑜、杨慧君、姚倩在读期间阅读了《作为第二语言的汉语概说》不同阶段的书稿，对该书的具体内容提出了很多建议和意见；该书出版后，我的硕士研究生李昱、刘文秀、薛小芳又对该书提出了修改建议。在本次增订、重撰过程中，我的硕博研究生马伟忠、李娜娜、李显赫、马文津、李延波、金婷、王伟超、赵芸芸、邱莹、李娜、刘卫强、张苗苗、李聪、罗斐、张子豪、刘星宇、奚柳青又先后提出了丰富的修改建议，其中博士生还跟我反复讨论新增的内容；还要对毕业于平顶山学院的王林林同学表达特殊的感谢之情，她对我出版的几本书都提过读后意见，虽然我们从未谋面。

感谢北京语言大学出版社教师发展编辑室沈岚老师和李非飞老师的热情鼓励和辛勤编辑，同时非常感谢书稿审读专家胡双宝先生和王俊毅先生赐予的精审意见和建议。我在华语教学出版社做过多年的编辑出版工作，现在又在《语言教学与研究》做主编，深知编辑事业意义重大，编辑工作艰苦繁难，这是一般读者甚至作者很难理解和想象的。谨此我向诸位审稿专家和编辑老师致以崇高的敬意。

最后要特别感谢的就是广大读者，也热忱欢迎各位读者提出您的宝贵意见和建议。

施春宏

2018年8月23日

目　录

第四章　语法

第一节　语法概述

在本节中，我们先根据一般教学语法体系的内容介绍语法的内涵和语法单位的层级系统，然后简要介绍一般教学语法体系虽不涉及但跟语言教学有很强关联的若干新认识，包括韵律语法、构式语法、字本位语法等方面的相关知识。当然，限于本书的性质与篇幅，这里主要介绍其中的基础性概念（即汉语韵律词、构式、字本位），并不展开叙述。此章的其他各节则以介绍一般教学语法体系的内容为主，同时会将这些新知识渗透其中。

一、语法的内涵

（一）什么是语法

对语法内涵的理解，有广狭之分。广义的语法指的是语言结构（“语”）的构造规则（“法”），即由小的单位组成大的单位所依据的规则。就此而言，无论是词语、句子的构造还是语音、语义的构造，都有规则，因此都有“语法”。有的语言学理论（如生成语法）中所讲的语法，就是从这个角度来考虑的。但一般所理解的语法（尤其是教学语法）都是狭义的语法，在这种语法观念中，**语法**是指语言中组词造句的规则。组词的规则是词法，造句的规则是句法。在狭义的语法中，语言系统每个层级的语法单位都是音义结合体，因此语法实际就是由小的音义结合体组成大的音义结合体所依据的规则，不包括纯粹的语音结构规则和语义结构规则。我们这本书所讲的语法便是指这方面的内容。它们之间的关系是：

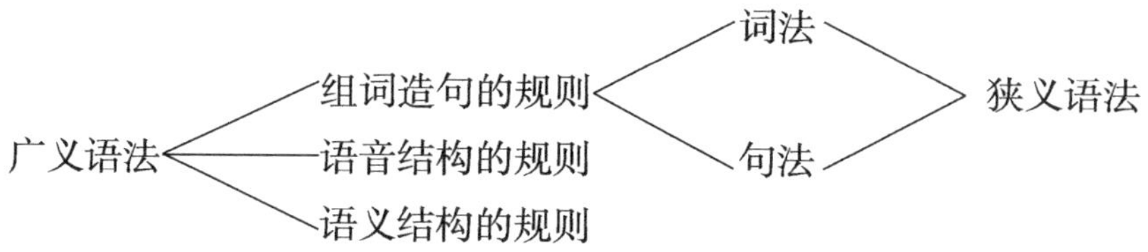

需要说明的是：这里所说的“语法”实际是指语法结构的规则、规律本身，也就是语法事实，是客观存在的。“语法现象、探索语法规律、说话写文章要合乎语法”中的“语法”就是这个意思。从这个意义上说，一种语言只有一套语法。然而，“语法”还常常用来指“语法学”。语法学就是指对语法结构规则、规律的描写和解释，是研究者对语言事实的认识和说明，这是一门研究语法的科学。语法学虽然以客观的语言事实为基础，但不同的研究者或研究流派在语言结构规则、规律的认识和说明上都有相当强的主观性。“结构主义语法、生成语法、朱德熙的语法、语法家”中的“语法”实际都是指语法学。从这个意义上说，不同的研究者或研究流派就可能构建出不同的语法学。

（二）如何考察语法

由上可知，语法包括组词的规则和造句的规则，即由语素构造成词的规则和由词组成短语及句子的规则。关于组词的规则（词法），我们在第三章“词汇”部分分析词的构造时已经做了介绍，这里主要分析造句的规则（句法）。本章所讲的语法都是指这个方面。

我们平时说出来的、听到的句子数不胜数，这些句子都是由词构成的。当然，这些词并不是杂乱地排列在一起就能实现表达功能，它们必须按照一定的规则组织起来才能形成合格的句子，表达一定的意思。例如“他、把、房子、卖、了”这些词理论上可以有120种[①]排列方式，下面列出其中的6种：

①a. 他把房子卖了。

b. *他房子卖了把。[②]

c. *房子卖了把他。

---

① 根据数列排列组合的原理，这些词理论上有A_5^5种排列组合方式，即$A_5^5=5\times4\times3\times2\times1=120$种。

② 前加星号“*”表示这个表达不能说，全书同此。

d. *把他卖了房子。

e. *了卖房子他把。

f. *卖房子了把他。

只有第一种合乎汉语语法结构的规则，其他的句子都是不合格的。由此可见，语言结构内部成分之间的组合是有规则的。这就是词语之间的组合规则，在这里表现为词语的排列，是语法的一个重要方面。组合形成语序，不同的组合可以形成不同类型的短语和句子。

另外，“他把房子卖了”这句话中的一些词还可以用其他词来替换。例如：

② a. 他把房子卖了。 ③ a. 他把房子卖了。

b. 他把自行车卖了。 b. 他把房子拆了。

c. 他把电脑卖了。 c. 他把房子炸了。

例②中的“房子、自行车、电脑”可以互相替换，例③中的“卖、拆、炸”可以互相替换，但我们不能用“运动、美丽、刚才”去替换它们，可见这里面也有一定的规则。这是词语之间的替换规则，表现为词语的归类（聚合），这是语法的另一个重要方面。归类形成范畴，不同的替换关系可以形成语言单位的不同类别。归类和组合有密切的联系，凡是能够在同一位置替换形成聚合关系的词语，都有相同的组合关系。

说到底，语法主要就是排列和归类的规则和条件，换个说法，就是组合和聚合的规则和条件。由此可见，考察语法现象所要关心的就是短语和句子由哪些成分组成，这些成分之间存在怎样的关系，它们组合起来后具有怎样的特征。我们学习一种语言，除了积累词语（成分）外，更关键的是要了解和掌握其中的规则（关系）和这种规则的适用条件。成分和关系是系统的基本要素，任何成分只有出现在特定的关系中才有价值。因此，考察任何一个系统，都需要从这两个方面来认识。

“语法”，字面上的意思就是语言之法，而“法”，就是规则、规律。我们分析语法，实际就是确定语法系统中有哪些成分，然后分析成分之间的关系，发现其中的规律，建立相关的规则。如例②和例③这样的句子代表了汉语中的一种重要句式，它里面有一个特殊的词“把”，我们一般称这种句式为“把”字句。这是汉语中相当特殊但使用频率却很高的句式，母语非汉语背景的学习者掌握起来往往比较困难，因为其他语言中都没有类似的表达，而且该句式在汉语中使用的条件又比较复杂。当然，这不是说它没有规则，相反，任何句式都有特定的结构规则，只不过由于“把”字句对句式中的各个成分有不少特定的要求（具体内容参见后文对“把”字句的分析），学习者开始接触时有些不好把握，才造成难学难用的局面，有的留学生在表达中甚至还刻意回避这种句式。实践告诉我们，清楚认识其中的规律对正确理解和使用“把”字句大有帮助。

二、语法单位

观察、研究任何对象都要首先确立研究的单位。观察太空，有月亮、太阳系乃至银河系这样一些天体单位；建造一座大楼，有基础、墙体、楼板层、过道、楼梯、房间、屋顶、门窗等这样一些建筑单位。由此可见，构造一个整体的每个层次都形成一个单位。单位有大有小，大的单位可以“切分”成若干小的单位，小的单位包含在大的单位之中。小的单位“组装”成大单位的过程中还会“浮现”出原先没有的特征。这种大的理念，在我们学习任何知识时都需要。

有了这样的认识，我们对语法单位的理解就容易到位了。语法结构由大小有别的单位构成，其中小的单位按一定的结构规则组成大的单位。这些大大小小的单位就是语法单位。也就是说，**语法单位**是对语言结构进行切分所得到的各种音义结合体。简言之，语法单位就是有意义的语言单位。例如：

事实比想象更离奇。

这里有一个表示陈述语气的语调（书面上用句号表示），能够表达一个完整的意思，我们将这个大的结构看作一个语法单位，这就是句子。以此为基础，进一步用自然语流下停顿的方式来切分，因为大体而言，能否停顿、停顿的长短往往意味着关系的远近。首先切分出“事实”和“比想象更离奇”，从而得到了两个成分。这两个成分的内部结构并不相同，其中“事实”是一个词，而“比想象更离奇”是由多个词构成的片段，因此还可以切分。接着可以用同样的方法逐层切分，就会得到这样一些大大小小的成分：“比想象”和“更离奇”、“比”和“想象”、“更”和“离奇”。在所得到的各个成分之中，“事实、比、想象、更、离奇”就是“词汇”那一章谈到过的词，而“比想象更离奇、比想象、更离奇”都是由词直接构成或由词一层一层地构成的，这就是短语。上面这个句子，不考虑语调，“事实比想象更离奇”也是一个短语。另外，“比、更”都只由一个音义结合体构成，内部没有结构关系了；而“事实、想象、离奇”都由两个音义结合体构成，内部还有结构关系，因此还可以切分成“事”和“实”、“想”和“象”、“离”和“奇”，至此内部不再有结构了。这种内部不再有结构的音义结合体，就叫语素。“素”，指元素，最小的构成成分，“语素”就是语法中最小的构成成分。

通过这种切分过程的分析，大家对各级语法单位及其层级关系就有了一个比较直观的印象，能够大体感知到每级语法单位的结构和功能。这样，我们就可以给这些单位下个比较准确的定义。

（一）语素

语素是语言中最小的音义结合体。它既是最小的词汇单位，也是最小的语法单位。语素可以组合成词，如上句中的“事”和“实”组合成“事实”，“想”和“象”组合成“想象”，“离”和“奇”组合成“离奇”。有的语素还可以独立成词，如上句中的“比、更”。可见，语素是构词的备用单位。

关于语素的内容，第三章“词汇”中已经讲过了，这里不再重复。需要补充的一点是：有时一个词由多个语素组成，如果不是并列关系（如“高精尖”由三个语素直接并列组合而成），语素之间就有组合先后的层次差别。如“高低杠”，先由“高”和“低”这两个语素组成一个**语素组**（即一个词内部由语素组合而成的结构体）“高低”，然后这个语素组再跟“杠”组合成词。在分析语言单位和各种语言现象时，“层次”是个非常重要的概念。

（二）词

词是最小的能够独立运用的语言单位。跟语素一样，词既是词汇单位，也是语法单位。词是由一个或几个语素构成的，如上句中的“比、更”和“事实、想象、离奇”。词是构成短语和句子的备用单位，词与词组合后加上语调可以构成句子。有时一个词加上语调也可以单独成句。例如：

①A：这次考第一的竟然是大卫！

B：他？

②A：你到底唱不唱？

B：唱！

③ A：你最喜欢哪种戏曲？

B：京剧。

关于词的内涵的理解，第三章“词汇”中也讲过了，这里不再重复。

从语法系统的角度来看，可以将词划分为实词和虚词两大类别，本章第三节（实词）和第四节（虚词）将分别详细叙述。其中虚词是语法学习的重中之重。当然，实词的语法功能，尤其是其中的某些特殊小类，也需要特别关注。

（三）短语（词组）

短语是由两个或两个以上的词按照一定方式组合起来构成的语法单位，也叫**词组**，有时也叫结构、句法结构。

短语是造句的备用单位，大多数短语加上语调以后可以成为句子。例如：

① 你去。　② 打开窗子。　③ 多美的风景！

短语是由词构成的，但不是任何两个以上的词连在一起就是短语。例如：“特别幸运”是短语，而“幸运特别”就不是短语。可见，短语内部的构造是有规则的。

小的短语和词（或其他短语）组合后可以组成更大的短语。“一座房子”是一个短语，“建一座房子”也是一个短语，“在山坡上建一座房子”还是一个短语。可见，短语构造是可以递归扩展的。

从上面对语素、词、短语（词组）之间关系的分析来看，词是语素和短语之间的语法单位。在词的定义中，如我们在上一章所指出的那样，用“能否独立运用”来区分词和语素，用是不是“最小的”来区分词和短语。

（四）句子

句子是具有特定语调的、能够表达一个相对完整意思的语言单位。句子是由短语或词构成的，它带有特定的语调，前后都有较长的语音停顿。一个短语带上语调后可以成为一个句子，即便是一个词，带有一定的语调后也可以成为一个句子。句子是语言的使用单位。

短语和句子的一个重要特征就是词语的排列次序（即语序，也叫词序），本章第五节（短语）、第六节（句子的类型）、第七节（复句）将分别详细叙述。语序问题是虚词之外语法学习的另一个重中之重。

（五）句群

上面将语法单位分成语素、词、短语、句子四个层级，实际上还有比句子更大的语法单位，这就是句群。**句群**是由前后衔接、表达一个中心意思的几个句子构成的语法单位。例如：

① 她眼睛瞎了，可心里亮堂。他眼睛雪亮，其实心里早就瞎了。

② 现代自然科学，不是单单研究一个个事物，一个个现象，而是研究事物、现象的变化发展过程，研究事物相互之间的关系。这就使自然科学发展成为严密的综合起来的体系。这是现代自然科学的重要特点。（钱学森《现代自然科学中的基础学科》）

③ 孔乙己是站着喝酒而穿长衫的唯一的人。他身材很高大；青白脸色，皱纹间时常夹些伤痕；一部乱蓬蓬的花白的胡子。穿的虽然是长衫，可是又脏又破，似乎十多年没有补，也没有洗。他对人说话，总是满口之乎者也，教人半懂不懂的。因为他姓孔，别人便从描红纸上的“上大人孔乙己”这半懂不懂的话里，替他取下一个绰号，叫作孔乙己。（鲁迅《孔乙己》）

这些是由两个或多个句子构成的句群，有的句子里面还有若干分句。

在汉语教学中，句群一般放到写作课、篇章教学中去讲解，本书主要关注句子结构的语法，下文讨论的最大语法单位就是句子（包括单句和复句）。

由语素到词，由词到短语，由短语或词到句子，层层构造，其中有很强的规则性。语法分析就是发现、描写和解释其中的规则。每种语言的构造规则并不一致，汉语的构造规则有自己的特点。下面几节根据语法单位之间由低到高的构造层次来介绍现代汉语语法的基本内容。先介绍词的语法分类，然后分析由词构造的短语的结构类型，再分析由短语或词构造的句子的结构类型、功能特点。其中，带有显著汉语特色的内容，我们会介绍得比较详细，而且尽可能从认知的角度做出解释。

三、汉语韵律词

上面介绍的五个层级的语法单位（语素、词、短语、句子、句群）都是从语法结构的角度来分析的。其实，对于汉语，还有一个非常特殊也很重要的观察角度，即根据词语的音节数量来分类，这种分类可以有效说明很多汉语语法现象和特点。我们在“词汇”一章介绍“汉语词的构造”时，已简要地从词汇的角度提到了词语的音节分类（包括单音节词、双音节词和多音节词），这里再从语法的角度进一步说明，后面各节相关地方我们还会经常提到这方面的特点。

汉语中的词，双音节词占优势（占70%以上），这影响了汉语构词造句的大格局。我们以前的研究和教学没有充分关注，甚至没意识到：在汉语语法系统中，词语长度对词语的语法功能有很大的影响。如很多概念既可以用单音节词表达，也可以用双音节词表达，但这两种形式在与其他单位进行组合时往往有很大差别。以“读”和“阅读”为例，二者的概念意义差不多，但我们可以说“阅读报纸、读报纸、阅报、读报”，却不能说“阅读报”。类似这样的情况是成系列的，数量很多。例如：

安—安装　　办—办理　　编—编辑　　测—测量

免—免除　　率—率领　　败—失败　　递—传递

还—归还　　缓—延缓　　买—购买　　降—投降

还有的概念，既可以用双音节形式表达，也可以用三音节形式表达，但句法表现也很不相同。如同为述宾式的“负责”和“负责任”概念意义也相近，但可以说“负责这项工作”，却不能说“负责任这项工作”。可见，“负责”的表现跟词一样，而“负责任”是个短语。述补式也有这样的情况，如“摆齐”和“摆整齐”，可以说“摆齐桌子”，但不能说“摆整齐桌子”。类似这样语法功能受音节数量限制的情况在汉语中是广泛存在的。

如此一来，就需要引入一个与上述五个层级的语法单位有所区别的、基于词语长度（即音节多少）来划分的汉语语法单位，这个单位叫韵律词。**韵律词**指汉语中由两个音节构成的能够自由运用的语法单位。相对于双音节词这样的标准韵律词，由三音节构成的词叫超韵律词，如“图书馆、计算机、潜规则、高大上、短平快”，而四音节及以上的语言单位则可以分析为韵律词的组合或韵律词与超韵律词的组合，如“一日/千里、中央/电视台、柴米/油盐/酱醋茶”。

韵律词跟词汇词既有联系，也有区别。词汇词即前文所定义的“词”，也就是我们一般理解的可以收入词典中的词，它的界定与音节的多少没有必然的联系（当然以单音节和双音节为主），而韵律词是以音节数量（即双音节）来定性的。这样，只有双音节的词汇词才是韵律词。而且，由于韵律词是根据音节多少来定义的，因此韵律词就不一定是词汇词，也可以是临时整合在一起的双音节组合，如“我校、极佳、放在、人人”。只要在造句时两个相邻的音节能够组合在一起共同发挥语法作用，都可以将它们看作韵律词。这样看来，词汇词的“词”和韵律词的“词”，内容并不完全一样，只是在造句时都起到“词”的作用。下面举几种情况说明：

双音节短语可以构成韵律词，如上面提到的“摆齐”就是这样的情况。又如述补式“关严”（单音节＋单音节）与“关严实”（单音节＋双音节），意义也相近，但我们可以说“关严窗户”，却不能说“关严实窗户”（若说成“把窗户关严实”就合格了），其原因就在于“关严”可以构成一个韵律词，故可以作为一个整体支配宾语，而“关严实”无法构成韵律词，因而不能支配宾语。与此相关的另一类现象是，述补式的“*修改正、*站立稳”（双音节＋单音节）和述宾式的“*缺少德、*修理车”（双音节＋单音节）虽然语义上都能搭配，但韵律上都不能成立，而必须说成“单音节＋单音节”的“修正（改正）、站稳”和“缺德、修车”，也是受到音节数量限制的缘故。像“我校、贵地”之类虽然不是词汇词，但都是韵律词，整体参与造句活动。

有的组合在句法上甚至不是短语，也可以构成韵律词。如“放在桌子上”和“送给他”，从传统语法理论看，其结构关系是“放/在桌子上”和“送/给他”，但我们说话时并不是这样停顿的。单音节动词“放、送”与其后的单音节介词“在、给”先构成一个韵律词，在句法上具有了整体性，类似一个词，然后再参与造句活动。也就是说，在话语中，停顿须出现在这个整体之后，念作“放在/桌子上”和“送给/他”。它们的整体性有一个很显著的标志，就是这两个结构带“了”时，“了”只能附于这个整体之后，如“放在了桌子上”和“送给了他”，而不能说“放了在桌子上”和“送了给他”。“放在”和“送给”都是临时性的韵律词。汉语词汇系统中有很多不合词法规则的词（如“勇于、善于、合乎”和“因而、而后、而立”之类），都是根据韵律词的产生机制而逐步形成的。像“消失在无垠的旷野中”，此时“消失”是双音节词，已是一个韵律词，但后面的“在”读轻声，也需要附着到前面动词上去，读为“消失在/无垠的旷野中”。这里的“消失在”没有超出超韵律词的长度。

其他情况，如“人人、家家，看看、洗洗”这样的重叠式，在实际交际中也都可作为韵律词起作用。

除此之外，汉语中一些词的特殊搭配限制和语体要求也与韵律词有关。

一批单音节词在句法语义上是独立的，但必须与另一单音节词构成双音节韵律词才能使用，不能单用。例如“校、错、感、佳”：

我校师生　　*我们校师生

错杀无辜　　*错杀害无辜

深感荣幸　　*感荣幸

成绩极佳　　*成绩佳

一批双音节词，要求与之组合搭配的另一个词也是双音节形式。例如“伟大、获得、进行、极为”：

伟大国家　　*伟大国

获得奖励　　*获得奖

进行修改　　*进行修/*进行改

极为严重　　*极为重

以上“校、错、感、佳”类单音节词和“伟大、获得、进行、极为”类双音节词一般都在正式语体当中使用，口语中基本上不能这样使用。

韵律词的语法现象，比我们这里提到的要丰富复杂得多，这里只是列举数例以引起我们在教学和使用中对相关现象的重视。这实际也是汉语语法系统的重要特点之一（参见本章第九节“现代汉语语法系统的特点”关于“音节数量对汉语语法影响显著”的说明）。

四、构式

我们在“词汇”一章的第六节讲到过“语块”概念，这一概念近年来在语言研究和语言教学中受到较多关注。它跟这里的“构式”有相同之处，也有不同处。语块指的是由多个词语组成的、形式和意义都较为固定的单位，并根据语块形式和意义的凝固程度，将语块分为熟语式、离合式、搭配式、框架式和系联式五大类。而“构式”是一个涵盖范围更广、更大的概念，它不但包括语块，还包括抽象的句型、句式等内容。构式和语块的共同点在于都强调形式或意义上有某些特殊之处，而这些特殊之处正是语言学习的重点，因而它们都是语言教学中需要关注的新概念和新认识。相对于语块，构式除了扩大观察的范围，还更加关注形式和意义的匹配关系。就一般的认识而言，语块都是构式，但构式不等于语块。教学上更多地将两者区别对待，语块教学更多地体现词汇性特征，构式教学则更多地侧重语法性表现。

由于“构式”这个概念比较新颖，一般大纲和教材中都未曾出现，但目前的二语教学和习得研究则已经将其作为重要的切入点。这里引入这个前沿性概念，以强化教师和学生的构式意识。

所谓**构式**，是指这样的形式—意义配对体：它的形式或意义的某些方面具有特异性，不能完全通过它本身的组成成分推导出来。[①]因此，不同的构式具有不同的特征，每个构式在形式和意义上均具有整体性，即整体不等于各部分之和。不同构式之间虽然可以有形式上或意义上的关联（如主谓宾句和“把”字句、“被”字句），有的还可以进行变换操作，但不能因此认为这些不同构式之间具有等同关系。不同构式各有其独特的性质。

从构式的概念来说，特别强调两个方面：一是形式和意义上的特异性，二是形式和意义之间的匹配关系。如我们一般将“把”字句的结构形式描写为“A＋把B＋动词＋C”，但在二语习得和教学过程中，还要弄清楚这种形式上特殊的句式的意义和用法是什么。基于构式的教学理念就需要特别关注“特殊形式所表达的意义是什么”“这种结构形式和意义之间的匹配关系是怎样的”等问题。过去的教学和研究对构式的意义（包括用法）重视不够，因而对形式和意义之间的匹配关系自然也没有去充分地重视。一般来说，构式有一个显著的特征，就是它的整体意义不等于各部分意义加起来的总和。例如（N代表名词，V代表动词）：

① 穿小鞋、开后门、塞牙缝、吃大锅饭、经天纬地、前怕狼后怕虎

② 有＋N：有钱、有品位、有票房、有感情、有手段、有上进心

③ $N_1+V_{失去义}+N_2$：王冕死了父亲、他丢了大门钥匙

这三个例子代表了三种不同类型的构式：例①是形式完全固定的构式，例

---

① 广义而言，大大小小的各级语法单位都是构式，因为它们都是形式和意义的结合体。也就是说，从语素、词到短语、句子，这些不同层级、不同大小的形式—意义配对体统称为构式。但一般更多地关注构式所具有的“特异性”的一面。在实际的教学中，则更多地关注短语和句子在形式或意义的某些方面所具有的特异性“构式”。

②是形式半固定的构式，这两类可分别称作熟语性构式（或习语性构式）和框架性构式（或框式构式），它们也是语块的主要内容；例③则代表完全抽象的句式，即句式性构式。例①是熟语（习语），这类构式都有规约性意义，不能从字面义推导出来。如“穿小鞋”的整体意义不是动作“穿”加上对象“小鞋”合起来的意义，而是“比喻暗中对人进行刁难或施加约束、限制等”[①]。当然，它的形式（动作+对象）和意义之间有一定的对应关系，这也是比喻义产生的基础。例②中的“有”表示“拥有，具有，领有”，但是整个短语的意义并不是简单地表示拥有某个物体。“有钱”的字面义可以指拥有某些钱，但它还有另外一层意思，即指比较富有，而有个三五块钱就不能说“有钱”了。同样，“有品位”不仅表示某人拥有某种品位，还隐含着“品味高雅”的意味。例③这个句式的意思是N_1失去了具有领属关系的N_2，从而带来了某种损失。如“王冕死了父亲”，表达的不仅是“王冕的父亲死了”这种字面义，还有“王冕承受着失去父亲的不幸”这种隐含的整体性意义。

在语法教学中，人们最关心的构式就是例②和例③所代表的两种类型，尤其是例③所代表的句式，一直是教学的重点和难点。我们这里以一组相关句式为例来说明（关于各个句式，后文将有具体说明，这里可以不必深究）：

④ a. 主谓宾句：驴子踢坏了大门。

b. “把”字句：驴子把大门踢坏了。/妈妈把衣服收到柜子里了。

c. 完整“被”字句：大门被驴子踢坏了。/衣服被妈妈收到柜子里了。

d. 施事隐含的“被”字句：大门被踢坏了。/衣服被收到柜子里了。

e. 受事主语句：大门踢坏了。/衣服收到柜子里了。

这五个句式代表了不同的构式，它们的形式和意义及其匹配关系分别是（A代表动作发出者，B代表结果的承受者）：

a. 主谓宾句：

形式：A+［动作+结果］+B

意义：A对B实施某种动作并产生某种结果，凸显受到影响的B。

b. “把”字句：

形式：A+把B+［动作+结果］

① 此释义来自《现代汉语词典》（第7版）（商务印书馆，2016），具体可参见199页。

意义：A通过某种动作对B施加影响并使其发生变化，凸显B的变化结果。

c. 完整"被"字句：

形式：B＋被＋A＋［动作＋结果］

意义：B受到A施加的某种动作的影响而发生变化，凸显B的变化结果。

d. 施事隐含的"被"字句：

形式：B＋被＋［动作＋结果］

意义：B受到某种动作的影响而发生变化，凸显B的变化结果。

e. 受事主语句：

形式：B＋［动作＋结果］

意义：B在某种动作作用下发生变化，凸显B的变化结果。

需要注意的是：正如词常有多义性一样，构式往往也有多义性。上面对五种句式的构式意义的概括比较抽象，实际上构式在具体使用中语义内容会有所变化，从而形成多义关系，或者说形成构式的不同下位类型。以"把"字句为例：

⑤ 老师把书放在了桌子上。

⑥ 老师把黑板擦干净了。

⑦ 老师把考试成绩告诉了她。

⑧ 他的问题把老师都问蒙了。

这四个"把"字句，具体的语义内容是有差别的，可以看作"把"字句的不同下位类型。例⑤表示某人移动某物，使某物到了一个终点位置；例⑥表示某人处置某物，使某物的状态发生了变化；例⑦表示某人以语言方式转移了某个信息，使该信息到了另一个地方（即为另一人所有）；例⑧表示某件事出现后影响了某人，使其状态发生了变化。当然，这些不同的语义侧面都跟上面概括出来的"把"字句的语义有关系，都表示"由于某种动作的影响而使某个对象发生变化"，凸显的是变化的结果。又如双宾句"$S+V+NP_1+NP_2$"，它的基本意义指"S通过动作行为V使NP_1和NP_2之间的关系发生变化"。它实际上包含两个类型：一个是给予类，表示"S通过动作行为V使NP_1收到NP_2"，如"他送了我一束玫瑰花"；一个是取得类，表示"S通过动作行为V从NP_1处获取NP_2"，如"他收了我一束玫瑰花"。研究构式和教授构式，都需要特别关注构式的多义性以及构式下位类型中所使用的各个构式成分。

基于构式的视角，我们可以清楚把握句式形式和意义的匹配关系，进一步帮助学生学会如何使用特殊句式、在什么场景中使用何种句式。如教“把”字句时，可以构建一个“搬家”的语境，这里面有动作发出者，有被搬运、被放置、被整理的各种物品，而且这些物品最终都发生了位置的变化（位移也是一种变化结果）。这样，如果从动作发出者的角度出发，用“把”字句就很自然和方便了，如“她把衣服收进了箱子里、大山把电视搬走了”。如果换个角度，从被处置的物品出发，看看它们如何被放置的、放置在哪儿了，则使用“被”字句和受事主语句才是合适的选择，如“衣服（被她）放进了箱子里、电视（被大山）搬走了”。句式的形式、意义（功能）和语境三者之间存在着匹配关系，这种化一为三、合三为一的分析思路和教学策略，不但有利于提高我们对语言现象的认知能力，也能有效提升我们语言教学的水平。我们在二语教学中常常使用的任务教学法，便可以从这个角度来重新设置教学的过程。需要特别明确的是：任务教学法的根本目标不是将语言表达作为手段去完成实际任务，而是在结构化语境中以实际操作为手段去完成语言习得任务。

五、字本位①

前面关于语法单位（语素、词、短语、句子、句群）的介绍，都是基于目前语言教学与研究的主流认识而言的，将语法分为词法和句法两个部分，其中句法（通常所言的语法就是指句法）将“词”作为基本单位，在此基础上，借助词类、句法成分等概念，通过逐级说明其组合关系，推导出不同层次的短语，进而生成句子，从而实现对整个语法系统的描写。这一观点，可以称为“词本位”②。词本位观是目前汉语语法教学和研究中较为通行的观点。

与此同时，也存在着另一种“字本位”的思路。字本位是一种汉语观，认为汉语是以字为基本单位的语言（即字基语言），而并非以词为基本单位的语言（即词基语言）。字本位观中的“字”，不仅指作为书写单位的汉字，也包括作

① 这里关于字本位的认识及用例，多参照吕必松《汉语语法新解》（北京语言大学出版社，2015）的论述，也参考其他主张字本位观的学者的理解，同时渗透了我们对相关问题的认识。

② 关于语法系统的基本单位，语法学界曾提出过不少“本位”，如词本位（词类本位）、句本位（句子成分本位）、词组本位、小句本位以及语素本位等，还有复本位。若从基本单位出发，这些都可以看作广义的以“词”为基本单位的本位。我们这里笼统地称作“词本位”。

为语音单位的音节和作为意义单位的概念，它是语音、语法、语义交织的枢纽。对于汉语使用者，“字”也是最具有心理现实性的单位。因此，字本位观提出：以“字”代替“词”作为汉语的基本结构单位。也就是说，“字”是形、音、义三位一体的最小的语言单位和语法单位。在字本位体系中，大于字的单位，即词和句，都是在字的基础上逐级组合生成的。注意，字本位中的“字”固然首先体现为具有形体特征的汉字，但作为语言基本单位，它是形音义的结合体。所以，字本位观是一种汉语观，而不能简单地理解成汉字观、汉字教学观。

由于在词本位观下，汉语由语素（大致等于“字”）到词、由词到短语的组合方式基本一致，因此字本位语法将二者统一，以“字”为基础，将“字”以上的组合单位定义为字组，通过“字”的组合规则生成更大的语言单位。由此将各层级的组合规则统一为同一套规则，即遵循“1+1=1”的组合方式。在此框架下，字的语义分类（字类）和字与字之间的组合规则就代替了词本位观中的词类和句法成分的概念，成为推导出更大语言单位的基础。例如：

1	+1	=1
我	+们	=我们
都	+是	=都是
汉	+语	=汉语
教	+师	=教师
汉语	+教师	=汉语教师
都是	+汉语教师	=都是汉语教师
我们	+都是汉语教师	=我们都是汉语教师

字本位作为一种新的观点，在一定程度上反映了汉语语音、语义、文字单位三位一体的特点以及“字”作为概念单位所具有的意义独立性和生成能力。这一观点，对于汉语作为第二语言教学有着一定的意义。例如，以词为基本单位的汉语教学，有时会导致学生出现将“鸡蛋、牛奶”作为一个整体进行记忆，却不知如何表达“鸡、牛”的情况。如果在教学中，明确指出这些组合中的单字所具有的意义以及它们互相组合的规则，则可以避免这一情况，使学习者将词语纳入以“字”为线索的网络中，有效地扩充词汇量。又如“鸡蛋”和“鸭蛋”，使用者一般会感到它们构造形式相同，但在词本位中，根据语素是否独立成词，将“鸡蛋”分析为词组（短语），而将“鸭蛋”分析为词，因为“鸭”是不成词

语素（如口语中不能说“一只鸭、鸭飞了”，而应该说成“一只鸭子、鸭子飞了”，但可以说“一只鸡、鸡飞了”），不能独立成词。而字本位语法可以将它们统一处理为同样形式的“字组”，一定程度上简化了规则系统。当然，如此一来，如何说明“鸡”和“鸭”在用法上存在的差异，则又成了一个新问题。

字本位理论是一个值得探索的新路径。当然，就目前的教学和研究现状来看，字本位理论尚在建构和发展过程中，还有许多基础性的概念、关系和规则需要挖掘和建立。目前基于字本位的实证分析和教学实践也尚不充分，尤其是对外汉语教学界，除了汉字教学和词层面的教学有了一些基于字本位的探索外，主流仍然是通行的教学观念和模式，汉语能力培训和评测也是以通行的知识框架为基础，国际汉语教学界虽也有探索，但教学实践不够广泛。这是理论体系本身的问题还是教学实践不足的问题，需要进一步认识和论证。基于此，本书仍以学界通行的理论基础作为分析汉语语法系统的基本结构框架，但我们在分析汉语词汇和句法的韵律特征时，不时会以“字”的观念作为参照。

思考与检测一

一、填空。

1. 语法是语言中__________的规则。

2. 汉语语法单位包括________、________、________、________、句群等。在这些语法单位中，带有语调的单位是________。

3. 词是最小的能够独立运用的语言单位。在这个定义中，用________来区分词和语素，用是不是________来区分词和短语。

4. 汉语标准的韵律词包含________个音节。

5. 构式是指这样的________对：它的形式或意义的某些方面具有________，不能完全通过构式本身的________推导出来。

二、有人说，语法没有什么好学的，很多人从来没有学过语法，照样可以说话、写文章；还有人说，学第二语言，主要是反复听和说，这跟学不学语法没有关系。对这些问题，你怎么看?

三、请分别指出下列句子中的各级语法单位。

1. 人是有思想的动物。

2. 白昼和黑夜的绝对界限并不存在。

四、指出下列单音节成分哪些可以自由使用，哪些必须构成双音节形式才能自由使用。若是必须构成双音节形式才能自由使用的，请各举两个由其组成的双音节韵律词。

爱　敌　感　狗　国　邀　人　手

五、比较下面两句话，指出它们之间的差别所在。

1. 她偷偷地喜欢班长好长时间了，可是一直不敢跟他说。

2. 她暗恋班长已有多年，但始终不敢明言。

六、举例说明韵律词和词汇词的联系和区别。

七、请设想一个到商场买东西的语境：你从货架上取下了10件商品，然后分别放进了购物筐中，再到收款台付款；在付款台前，你又将商品一件一件地从购物筐中拿出来，放到收款台上让收银员看。就这一系列过程，请分别构造出20个“把”字句、“被”字句和受事主语句；然后以“把”字句和“被”字句的比较为例，谈谈如何利用构式的理念和方法来开展句式教学。

八、举例说明词法和句法的研究范围。

九、如果你的母语不是汉语，请在你的母语书面语中找出几句话，分析它们的各级语法单位，并比较它们跟汉语在词语排列的顺序上有没有什么不同。

十、请收集一些关于字本位和词本位的论著，比较一下它们各自的逻辑基础，并举例说明两者的差异所在。

第二节　句法成分

一、句法成分的内涵

既然短语和句子是由若干成分构成的句法结构（独词句除外），那么，如果想分析、理解这些结构，就有必要先认识组成这些结构的各种成分。

句法成分是根据句法结构内部组成成分之间的关系和各自的语法作用划分

出来的结构成分。下面以句子为基础来说明。[①]

上面说到，有时一个词加上语调后就可以构成一个句子，这是独词句。除了独词句，句子都是由两个或两个以上的词构成的。只要一个句子由两个或两个以上的成分构成，这些成分在构成句子的过程中所充当的角色、发挥的职能就会不同（并列成分除外），因此有必要了解它们之间的差异。分析句法结构，就是对各种句法成分所起的作用及其关系进行考察。例如：

① 我们学习普通话。

在这句话中，“学习”是动作，“我们”是动作的发出者，“普通话”是动作的对象，它们在句子中的作用并不相同。另外，“普通话”跟“学习”的关系比“我们”跟“学习”的关系更为紧密，因为如果用停顿来测试，一般都觉得“我们”与“学习”之间的停顿要比“普通话”与“学习”之间的停顿要长一些；而且要加一些语气词的话，加在“我们”后比加在“学习”后要自然得多（如“我们啊，学习普通话”）。这样，我们得到的就是“我们”和“学习普通话”这样两个结构成分。“我们”是陈述的对象，可以叫作主语，“学习普通话”是陈述主语的，叫作谓语；“学习”对“普通话”起支配作用，叫作述语，“普通话”是动作支配的对象，叫作宾语。这样就得到了四个句法成分：主语和谓语、述语和宾语。它们是主要的句法成分。这些术语的命名跟它们在句子中所起的作用有关。如：相对于动作而言，“主语”似乎处于“主”位，“宾语”似乎处于“客”位（“宾”位）；“谓”和“述”都有陈述的意思，谓语是相对于主语的陈述，述语相对于宾语而言（述语还可相对于补语，见下），它跟宾语一起构成对主语的陈述。

句法成分可以由词来充当，也可以由短语（词组）来充当。请看下面加点的句法成分：

---

① 在汉语教学中，一般的句法结构分析都是以句子为基础，因此句法成分有时也称作**句子成分**。其实，两者之间是有差别的。句法成分分析不限于句子，任何句法结构（以短语为核心）都可以进行句法成分分析，它更关注句法结构内部的层次和关系；而句子成分分析是以句子为对象的，它更关注句子的组成部分及其关系。我们将在本章第五节的“五、层次分析法”和“六、句子成分分析法”中分别做出具体说明。由于两者共用一套核心术语名称（即主语、谓语、宾语、定语、状语、补语），因此，在不影响具体逻辑系统的情况下，为教学和理解的方便，统称为句子成分也是可行的（句子成分还包括独立于句子基本结构之外的特殊成分）。本节对句法成分的说明便是以句子为基础的，而且在分析句法结构时，吸收了句子成分分析的一些策略。

② 阳光明媚的春天来临了。（做主语）
③ 他们踏上了北去的列车。（做宾语）
④ 天安门城楼非常雄伟。　（做谓语）
⑤ 自习室打扫干净了。　　（做谓语）

上面加点的部分都是短语，并且整体做句法成分。它们内部还可以进一步划分出更小的成分来：例②主语“阳光明媚的春天”中，“阳光明媚”修饰“春天”；例③宾语“北去的列车”中，“北去”限制“列车”；例④谓语“非常雄伟”中，“非常”修饰“雄伟”；例⑤谓语“打扫干净了”中，“打扫”是述语，“干净”是“打扫”的结果。“阳光明媚”“北去”“非常”“干净”是一些新的句法成分，需要用新的术语去称说。其中，“阳光明媚”和“北去”作用基本相同，在主语和宾语中起修饰限定作用，可以称作定语（“定”本指限定）；“非常”在谓语中起修饰描写作用，可以称作状语（“状”本指摹状）；“干净”在谓语中对述语起补充说明的作用，可以称作补语（“补”本指补充）。

这样，我们就得到了一些基本句法成分：主语和谓语，述语和宾语，述语和补语，以及定语、状语。这些句法成分基本上是按照两两相对的方式分析得来的。一般汉语学习者比较容易理解主语和谓语、述语和宾语，以及定语和状语，因为都可在自己的母语中找到相对应的成分；而对汉语的补语则有些不好理解，这是汉语中一个比较特殊的句法成分。

下面对这些句法成分的内涵做具体说明。

二、一般句法成分

我们在界定句子的一般句法成分时，都是根据两两相对所形成的关系来说明，因为没有“独立存在”的句法成分。认清这一点很重要。

（一）主语和谓语

结构完备的句子大多是由主语和谓语两个成分构成的。**主语**表示陈述的对象，能回答“谁”“什么”之类的问题；**谓语**表示陈述的内容，能回答“做什么”“是什么”“有什么”“怎么样”之类的问题。主语和谓语之间的关系是陈述关系。例如：

① 袁隆平‖培育出了水稻新品种。

② 水兵们‖刚刚睡着。

③ 辱骂和恐吓‖决不是战斗。[①]

④ 店内外‖充满了快活的气氛。

⑤ 今天‖星期六。

⑥ 电脑‖已经修好了。

⑦ 这批新来的‖我一个都不认识。

⑧ 这件事‖不怪他。

⑨ 他来管理展览馆‖很不合适。

上面各句“‖”的前边是主语，后边是谓语。实际上，主语是用来充当话题的，也就是作为谈话的起点，谓语便是对这个话题展开的陈述。[②]

主语和谓语是相互配对的成分，在主谓句（即由主语和谓语构成的句子）中，主语以外的部分都是谓语。没有主语就无所谓谓语，没有谓语也就无所谓主语。例如下面的句子就无所谓主语和谓语：

⑩ 快跑！

⑪ 多美的风景啊！

⑫ 不准随地吐痰。

⑬ 谁呀？

⑭ 哎哟！

汉语跟世界上绝大多数语言一样，都是主语在谓语之前。

（二）述语和宾语、补语

谓语里面如果还有宾语、补语，就有必要区分出述语和宾语、补语。也就是说，在谓语里，谓语的核心成分后面可以出现两种不同性质的成分，因而可以形成不同的配对关系。

---

① 这句话是鲁迅先生的一篇文章名，原名为《辱骂和恐吓决不是战斗——致〈文学月报〉编辑的一封信》。

② 注意，不能反过来说“话题都是主语”。例如：“关于这个问题，我们已经讨论过三次了，还没有达成共识。”其中“这个问题”是话题，但在这里不能说是主语，它前面有介词“关于”。而且，这里的话题统辖后面两句，而主语是单句内相对于谓语的句法成分。

1. 述语和宾语

在这种配对关系中，**述语**是谓语里面起支配、关涉作用的成分，**宾语**是谓语里被支配、被关涉的成分。述语和宾语之间是支配关系或关涉关系。例如：

① 袁隆平||培育出了|水稻新品种。

② 他们||是|今年诺贝尔医学奖的获得者。

③ 家里||来了|两个客人。

④ 这些捐来的书||送给|希望小学。

在谓语中，“|”的前边是述语，后边是宾语。

述语和宾语是相互配对的成分，没有述语就无所谓宾语。比较下列句子：

⑤ 研究计划||他们已经制定好了。

⑥ 他们||已经制定好了|研究计划。

例⑤没有宾语，“研究计划”不是宾语，而是全句的主语，充当话题，作为“他们已经制定好了”这一陈述的对象。例⑥的“研究计划”是宾语，“已经制定好了”是述语。当然，在这两句中，“制定”和“研究计划”的语义关系没有发生改变，都是动作和对象的关系。由此可见，语义关系和句法关系是两个不同的层面，并不完全对应。

注意，主语和宾语之间没有直接的结构关系。如果一个句子是主谓句，并且谓语里有宾语，它的结构关系一般是这样的：

⑦ 珍 妮 喜 欢 中 国 画。

主语 谓语

述语 宾语

可以根据述语在宾语前还是宾语后将世界上的语言分成不同的类型：像汉语、泰语、英语、法语、西班牙语、葡萄牙语、意大利语等，充当述语的动词在宾语之前，这种语言常称作VO型语言（或称SVO型语言，其中S、V、O分别代表主语、动词和宾语）；像日语、韩语、德语、荷兰语、土耳其语等，充当述语的动词在宾语之后，这种语言常称作OV型语言（或称SOV型语言）。

2. 述语和补语

在这种配对关系中，**述语**是谓语里面表示动作或状态的成分，**补语**指在某个方面对动作或状态起补充作用的成分，表示“怎么样”“多久”“多少次”等意思。例如：

① 孩子||哭〈醒〉了。

② 同学们||把教室打扫〈干净〉了。

③ 同学们||把教室打扫得〈见不到一丝灰尘〉。

④ 他的毛笔字||写得〈漂亮〉。

⑤ 听到这个消息，她||高兴〈极〉了。

⑥ 我||在北京生活了〈二十年〉。

上面各句“〈 〉”内的成分都是补语。以①为例，谓语是“哭醒了”，其中动词“哭”是述语动词，“醒”是用来补充说明“哭”的结果的，做补语。有的补语必须用“得”引出，如例③④。

汉语的补语是个比较特殊的成分，跟在动词或形容词的后面，其作用是对动词或形容词进行补充说明，但所表达的意思和结构类型相当复杂。对汉语补语的详细分析，参见本章第五节中介绍“述补短语”时的分析。

宾语和补语都是相对于述语而言的句法成分，有时可以同时出现在述语后边。例如：

⑦ 落日的余晖||染〈红〉了|整个天空。

⑧ 他||突然爬〈上〉了|高高的院墙。

若从前面介绍的韵律词来看，这里的“染红”和“爬上”都是韵律词，整体上分别充当“整个天空”和“高高的院墙”的述语。这样看来，补语和宾语并不在同一个结构层次上，补语先和自己前面的述语结合，然后整体做述语再跟后面的宾语结合。也就是说，这里的两个“述语”，处在不同的层次，所指并不相同。以“染红了整个天空”为例：

⑨ 染 红 了 整个天空

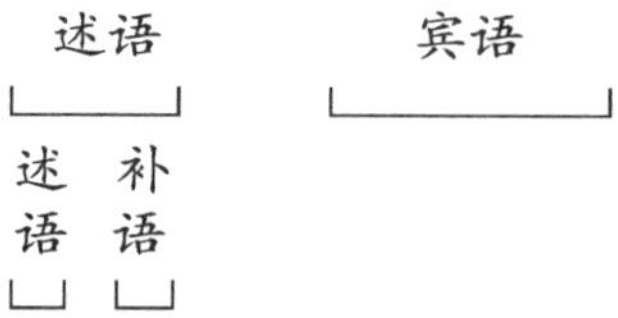

（三）定语和状语

前面说过，当主语、谓语、述语、宾语、补语由短语充当时，它们的内部结构就可以进一步划分成两个部分。其实，除了表示并列关系的联合短语（如"更快更高更强"）外，其他短语中两个成分的句法地位都不相等。其中，主谓短语中主语和谓语之间是陈述关系，述宾短语中述语和宾语之间是支配关系或关涉关系，述补短语中述语和补语之间是动作或状态与补充说明的关系。除此之外，有的短语中相关成分之间还存在修饰和被修饰的关系。我们将其中被修饰的成分看作**中心语**，将跟中心语相对应的起修饰作用的成分看作**修饰语**。例如：

① 我的自行车‖坏了。

② 我们‖来到了美丽的西双版纳。

③ 李校长‖已经退休了。

画线的成分都是中心语，加点的成分都是跟它相对应的修饰语。[①]

根据修饰语的性质差异，可以将修饰语分为定语和状语。补语也常被看作修饰语，实际上它跟定语和状语的性质差异很大。定语和状语的语言共性比较强，而补语的汉语特色较为显著。

1. 定语

定语指结构整体为名词性成分时在其中起修饰作用的成分，表示"谁（的）""什么样（的）""多少"等意思。一个包含主语和宾语的句子，主语或宾语本身又可以包含定语和中心语。例如：

①（汉语）语法‖比较有趣。

② 浪花里‖飞出（欢乐）的歌。

③（十几个）人‖一窝蜂地涌进（那个）（狭窄）的房间。

④（安娜）的美丽‖惊动了（所有）的人。

---

① 在分析句法成分时，定语和中心语之间的"的"、状语和中心语之间的"地"、述语和补语之间的"得"，是否要归入相应的句法成分中，不同的教材有不同的处理策略。本书为统一起见，将它们都看作标示句法成分性质的标志，而不归入相应的句法成分中。述语之后的"了、着、过"也做同样处理。这样处理，也为说明什么词类充当什么句法成分带来方便。注意："买的没有卖的精"中"买的"和"卖的"都是"的"字结构，这里的"的"跟定语和中心语之间的"的"性质不同。

⑤（他）的加入||给大家带来了（许多）欢乐。

上面各句“（ ）”内的成分都是定语，有的是描写性定语（如例②中的“欢乐”和例③中的“狭窄”），起着说明事物性质、状态的作用；有的是限定性定语（其他各个定语），起着区别事物的作用。以①为例，整个主语“汉语语法”是名词性成分，也就是说，它的作用相当于一个名词，可以用“什么”来代替。这个主语的中心语是“语法”，它的修饰语“汉语”就是定语。需要说明的是：例④主语的中心语“美丽”虽然是形容词，例⑤主语的中心语“加入”虽然是动词，但主语“安娜的美丽”和“他的加入”都是整体作为名词性成分，因此这里的修饰语“安娜”和“他”都是定语。

一般情况下，汉语的定语都在被修饰的成分之前，即便定语非常复杂，如“我们请来的南京大学的一位有丰富研究成果的现代汉语语法学教授”。日语、韩语等也一样，而泰语、越南语等语言的定语在被修饰的成分之后，英语等一些语言中定语的位置要复杂一些，在前在后的都有。

2. 状语

状语指结构整体为动词性或形容词性成分时在其中起修饰作用的成分，表示“怎么样（地）”“哪里”“什么时候”“多么”等意思，或表示肯定、否定等。谓语里放在中心语前边起修饰作用的成分都是状语。例如：

① 他||［激动］地呼喊。　（描写性状语）

② 院子里的玫瑰||［非常］鲜艳。　（程度状语）

③ 爱丽丝||［到中国］学汉语。　（地点状语）

④ 王老师||［明年］退休。　（时间状语）

⑤ 沉默||［不］代表没有意见。　（否定状语）

⑥ 今天||［又］星期二了。　（频度状语）

上面各句“［ ］”内的成分都是状语，语义类型各有不同（上述各例并没有概括所有类型）。以①为例，整个谓语“激动地呼喊”是动词性成分，也就是说，它的作用相当于一个动词，可以用“做什么”来代替。这个谓语中的中心语是“呼喊”，它的修饰语“激动”就是状语。需要说明的是：例⑥中的“星期二”虽然是名词，但在这里充当了谓语的中心语，因此前面的“又”做状语。这类名词做谓语的情况比较特殊，对此我们将在后面介绍名词的语法特点时做出特别说明。

一般情况下，汉语的状语都在被修饰成分之前，即便状语非常复杂，如“二十年前在这个山村就向村民仔细调查过”。英语等一些语言中状语的位置要复杂一些，和定语的位置一样，也是有前有后的。

当然，相对于其他句法成分而言，状语的位置要灵活一些。有的状语可以出现在主语的前边，起到修饰全句的作用。例如：

⑦ [也许] 他参加过奥林匹克运动会。

⑧ [通常] 我在图书馆看书。

有时定语和状语被移到中心语的后边，此时，定语和状语的前边一定有停顿，书面上一般用逗号标示出来。凡是这样后置的定语和状语，都可以无条件地还原。例如：

⑨ 一会儿回来时请帮我带杯（　）咖啡，楼下漫咖啡的。（定语后置）

⑩（　）小草刚刚从土里钻出来，嫩嫩的，绿绿的。（定语后置）

⑪ 我还 [　] 打电话呢，给他。（状语后置）

⑫ [　] 干杯，为我们的昨天、今天和明天！（状语后置）

在口语和书面语中，定语和状语的倒装形式所表达的重点并不相同。简言之，口语中的倒装内容大多是临时追补（如例⑨⑪），而书面语中的倒装内容则突出所表达的意思，并且往往强化所说的话的感情（如例⑩⑫）。具体情况，参见本章第六节“句子的类型”中关于“倒装句”的说明。

修饰语是相对于中心语而言的，中心语和修饰语也是按照一分为二的方式分析得来的。

三、句子的特殊成分

句子中除了上面这些成对的一般性句法成分外，还有一些独立于句子之外的特殊成分。我们把不跟别的成分发生固定结构关系的一些特殊成分叫**独立语**，也叫**独立成分**。它在结构上相对独立，不参与句子结构的组合；位置也比较灵活，既可以位于句首，也可以位于句中，还可以位于句尾。独立语可以分为插入语、呼答语、感叹语、拟声语等。

插入语的功能是补足某种句意，如估计、解释、举例、提醒、根据、范围、总括、肯定、关联等。例如：

① 看样子，他今天不会过来了。

② 不料这秃儿却拿着一支黄漆的棍子——就是阿Q所谓哭丧棒——大踏步走了过来。（鲁迅《阿Q正传》）

③ 有一些文学家，比如老舍，就含愤自杀了。

呼答语表示称呼、招呼、答应。例如：

④ 你醒醒呀，妈妈！

⑤ 喂，你怎么还不动身？

⑥ 是是是，你说得太对了！

感叹语表示强烈的感情或语气。例如：

⑦ 啊，这么幽静的山林！

⑧ 竟然想在蚊子腿上剔瘦肉，哼！

⑨ 哎呀呀，哪股风把你吹来了。

拟声语模拟事物的声音。例如：

⑩ “呼——呼——”，凛冽的北风刮了整整一夜。

⑪ 砰——啪，屋后突然传来了两声巨响。

⑫ 咚咚咚，外面有人在擂门。

思考与检测二

一、分别指出下列句子的各个句法成分。

1. 新进的光盘已经卖光了。
2. 每个人都无限眷念自己的母亲。
3. 张家界的美好景色深深地吸引了各地的游客。
4. 老师傅把教学楼的大门漆成蓝色。
5. 那几个孩子早就做完了老师布置的寒假作业。

二、指出下列各句中的“好”所充当的句法成分。

1. 他是一个好人。
2. 我把那把坏椅子修好了。
3. 好可能变坏，胜可能变败。

4. 你真好，能跟你在一起真高兴。

5. 这么长时间没有回家了，我真的好想我的家人。

6. 他说好，你说坏，到底怎么样？

三、指出并修改下列句子中的搭配不当之处。

1. 毕业后我要旅游广西桂林，欣赏桂林山水。

2. 他的演讲给我留下了深入的印象。

3. 这个小伙子个子很结实。

4. 他们接连访问了几个车间。

5. 新修的马路十分特别笔直，一直伸向远方。

6. 他昨天买了很多书籍，塞了满满一书架。

7. 我还没来得及上车，车就开始了。

8. 我听懂明白你的话了。

第三节　汉语词类（上）——实词

一、词类划分依据和词类系统

（一）词类的本质

我们可以根据不同的需要，从不同的角度对词进行分类。例如：根据音节的多少，词可以分成单音词和复音词（包括双音节词和多音节词）；根据语素的多少，词可以分成单纯词和合成词，合成词又可以根据语素组合的性质差异分成复合词、派生词和重叠词；我们还可以根据词的来源将词分成新词和古语词（时间），方言词、社区词和外来词（空间）等。

上面几种分类主要是从词汇的角度划分出来的，这些内容在“词汇”一章中已经做了比较详细的说明。这种分类所得到的结果不是我们所说的“词类”，也就是说，不能简单地从字面上理解“词类”的内涵。实际上，“词类”专门指从语法的角度对词所做的分类。

既然词类是指词的语法分类，划分词类的标准就应该是语法上的标准，而不是语音上或者词汇上、语义上的标准。从本质上说，**词类**是根据词的语法功能所划分的类。

（二）词类划分的依据

既然要根据语法功能划分词类，那么我们首先必须了解什么样的内容属于词的语法功能。同时作为参照，我们还需要进一步了解为什么形态和意义不能作为汉语词类划分的基本依据。

1. 词的语法功能

词的语法功能主要包括充当句法成分的能力和词与词之间的组合能力。

（1）充当句法成分的能力

词的语法功能，首先表现在能不能充当句法成分和充当什么句法成分上。如"突然"和"忽然"，它们的理性义和色彩义基本相同，但它们充当句法成分的能力不完全相同。例如：

① 电灯突然灭了。	② 电灯忽然灭了。
这件事很突然。	*这件事很忽然。
一次突然事件。	*一次忽然事件。
这件事来得突然。	*这件事来得忽然。

从两者用法的比较中可以看出，"突然"能够做状语、谓语、定语、补语，而"忽然"只能做状语，可见它们在用法上有很大的不同。从语法上考虑，它们应该是不同的词类。

根据能不能独立充当句法成分，我们可以将汉语的词类系统分为两大类：实词和虚词。能够独立充当句法成分的词是**实词**，不能独立充当句法成分的词是**虚词**。

（2）组合能力

词的语法功能，还表现在能跟哪些词组合，不能跟哪些词组合。实词的组合能力表现在实词跟实词组合和实词跟虚词组合的能力上。例如表4-1（"+"表示能搭配，"−"表示不能搭配）：

表4–1　实词组合能力示例

搭配成分＼例词	通才	通缉	通俗
一个	+	−	−
正在	−	+	−
很	−	−	+

这里，“一个”表示数量，“正在”表示时间，“很”表示程度。“通才”可以跟“一个”之类的词组合，不能跟“正在”和“很”之类的词组合；“通缉”可以跟“正在”之类的词组合，不能跟“很”之类的词组合，也不能跟“一个”之类的词组合；“通俗”可以跟“很”之类的词组合，不能跟“正在”之类的词组合，同样也不能跟“一个”之类的词组合。这样，我们就可以根据它们组合能力上的差异得到三个词的类别，“通才、通缉、通俗”这三个词可以分别归入后面要讲到的名词、动词、形容词。

2. 词的形态特征

词的形态就是指词在构词造句中的变化形式。有的语言（如德语、俄语、英语等印欧语）形态标志比较丰富，依靠词的形态，基本上就能把不同的词类区分开来；而汉语缺少形态标志，因此不能将形态特征作为划分词类的基本依据。如“桌子”，不管是做主语（“桌子很干净”）还是做宾语（“擦桌子”），不管是单数（“一张桌子”）还是复数（“很多桌子”），词形都一样。又如汉语的主语不管是单数（“那个孩子哭了”）还是复数（“孩子们哭了”），谓语的形式也没有变化，而“孩子哭了”中的“孩子”是单数还是复数，只有在语境中才能判断出来。

当然，这不是说汉语的词就没有任何形态了。汉语的形态与印欧语不同，主要指能不能重叠，能不能带上表示多个体的“们”，词语中是否含有某些词缀。例如：“研究”可以按ABAB方式重叠为“研究研究”，“干净”可以按AABB方式重叠为“干干净净”，两者都不能带上“们”；“老师”不能重叠，但能带上“们”。由此可见，“研究、干净、老师”三者性质不同，形态特征也不相同，这也是人们将它们分别归入动词、形容词、名词的部分依据。其实，即便有这样一些形态特征的差异，在实际的词类划分时也相当受限，不能贯彻到底。如：动词“缺少”不能按ABAB方式重叠为“缺少缺少”，形容词“困乏”不能按AABB方式重叠为“困困乏乏”，“桌子”不能用“桌子们”表示复数（特殊的拟人语境除外）。至于将词缀作为划分词类的依据，同样非常受限。如：由“老～、～子、～儿、～头”构成的词是名词，由“～化”构成的词是动词，根据词缀确实可以判明它们所属的词性；但是汉语中由词缀构成的词数量非常少，而且没有普遍性，难以类推。如：“鸭子、狮子”可以说，“鸡子、虎子”（这里的“子”读轻声）却不能说；“美化”可以说，“美丽化”却不能说，而“简化、简单化”又都能说。因此形态特征在一定条件下可以当作划分词类的辅助特征，但不能作为基本依据。

3. 词的意义

这里词的意义首先指词汇意义、概念意义。有时意义上基本属于同一类的词，语法功能却有很大差异，如上面所举的“忽然”和“突然”就是如此。再如“银”和“铁”虽然都指金属，概念意义属于同类，但是两者在用法上有明显的差别。如不能说“银很软、需要银、一块银”，但可以说“铁很重、需要铁、一块铁”。由此可见，“银”和“铁”不能归为一个词类，倒是“银子”跟“铁”属于同一类，因为我们可以说“银子很软、需要银子、一块银子”。当然，属于同一类概念意义的词，词类相同的概率往往比较高。

另一方面，语法功能相同的词，在抽象意义上往往有共通之处。如：名词可以表示人或事物的名称，动词可以表示动作行为、心理活动、变化消失等，形容词可以表示事物的性质或状态。这种抽象的类别意义，一般看作**语法意义**。但我们不能反过来说，意义（尤其是词汇意义）上相通，在语法上就属于同一类。如“年”和“月”，两者都表示时间，但“一个月”可以说，“一个年”不能说，因此它们属于不同的语法类别；又如“成功”和“胜利”是同义词，都能做谓语，但“成功”能受“很”修饰，“胜利”不能，因此两者也属于不同的词类。可见，词的意义在划分词类时只能作为参考特征，不能作为基本依据。

综上所述，词类划分的标准只能是词的语法功能，我们只能将词的形态特征作为辅助标准，同时参考词的意义。

这样，我们主要从下面这些方面来分析和掌握各个词类的特征：（1）能充当什么句法成分；（2）能跟哪些成分组合；（3）跟特殊的“鉴别词”（即可用于鉴别词类功能的特殊词语，如表示否定的词“不、没/没有”，表示程度的词“很、十分”，表示时态的词“了、着、过”等）的组合情况；（4）能否重叠，若能重叠，那么重叠的形式是什么，重叠后的意义是什么，重叠后的功能是否改变。

这样的分析思路就是语法研究中的基本分析方法：分布分析法。所谓**分布**，指一个语言成分与其他成分搭配的能力，也就是指一个语言成分能在哪些环境中出现与不能在哪些环境中出现的差别总和。下文对各类词的语法特征的分析就是从这些方面来着手的。

（三）汉语的词类系统

上面根据能否独立充当句法成分将汉语的词类系统分为实词和虚词两大类，每个大类下面还可以根据语法功能做出进一步划分。

根据能跟哪些词组合、怎么组合、组合以后形成怎样的关系，可以将实词划分为不同的类别。实词一般包括名词、动词、形容词、区别词、数词、量词、代词以及比较特殊的实词——拟声词共8类词。副词也能独立充当句法成分（做状语），据此应该归入实词；但因大多数副词意义虚化，有的只起关联作用，因此在汉语作为第二语言教学中多将其归为虚词，本书也根据这种惯例来处理。

虚词的语法功能主要表现在它跟实词的组合关系上。例如：

写了	写着	写过
从巴黎（出发）	在巴黎（工作）	到巴黎（读书）
北京和上海	机智而勇敢	去或者不去

显而易见，这些加点的词不能单独充当句法成分，但“了、着、过”有共同点，这里都跟在动词后面，可以归为一类；“从、在、到”有共同点，这里都用在名词前面，和名词一起修饰后面的动词，可以归为一类；“和、而、或者”有共同点，连接前后两个成分，可以归为一类。

根据能跟哪些实词组合、组合后形成怎样的关系，可以将虚词划分为不同的类。虚词一般包括副词、介词、连词、助词、语气词以及比较特殊的虚词——叹词共6类词。这里之所以将叹词归入虚词，是因为它独立成句，不做任何句法成分。

也有人将拟声词和叹词看作实词和虚词之外的特殊词类。相对而言，这两类词在语法教学和研究中不如一般的实词和虚词重要，本章也不做重点讲解。

这样我们一共得到14类词。本节分析汉语实词，下一节分析汉语虚词。

需要注意的是：不同的语言，词类划分的结果不一定完全相同。汉语的个体量词，在有的语言（如英语）中并不存在。虚词的区别就更大，不仅类别有异，不同语言中同一词类的语法表现也存在着差异。例如：汉语的介词都用在被引介的成分之前，英语、法语、泰语等也如此；而日语中相当于汉语介词的格助词（日语助词中的一类）则都用在所引介的成分之后，韩语、土耳其语等也如此。又如汉语不少动词、形容词可以不改变形式直接充当主、宾语，但在英语、日语等语言中一般不可以。这是我们学语法时需要特别注意的地方。

（四）词类和词性

这里附带说一下大家经常混淆的两个概念：词类和词性。词类就是把一种语言中所有的词根据语法功能划分出的类，如我们这里提到的14类词。**词性**则是具体词语的语法属性，实际也就是某个词在性质上属于上面14类词中的哪一类。如“桌子”这个词的词性是名词，就是指这个词具有名词所具有的属性，可以归入名词。这样说来，词类重在根据语法功能进行分类（对一种语言中所有的词而言），强调的是类别；词性重在根据语法功能进行归类（对一种语言中一个个具体的词而言），强调的是性质。

下面我们就对汉语中各个词类进行具体说明。

二、名词

名词是表示人或事物（包括方位、处所、时间）名称的词。例如：

人	农民	作者	同学	老赵
树	汽车	月光	制度	爱情
昨天	现在	中国	外屋	南边

表示方位、处所、时间的名词，分别称为方位词、处所词、时间词。除这三类名词外，其他名词都可看作一般名词。

（一）名词的语法功能

1. 主要语法功能

由于方位词、处所词、时间词跟一般名词的语法特点不尽相同，后面单独说明。这里主要说明一般名词的语法功能。

（1）一般能受数量词语的修饰

① 一本书　　　　三个人　　　　十头黄牛

② 一些枪支　　　一点想法　　　一部分责任

第①组用定量的数量词语修饰，第②组用不定量的数量词语修饰。也有一些名词通常不能受数量词语修饰，如“鲁迅、北京”这样的表示特定对象的专有名词。

（2）一般不受副词的修饰

*不老师　　　　*很桌子　　　　*忽然思想

（3）能用在介词后边

对朋友（负责）　　　按规则（办事）　　　关于学费

当然，能用在介词后面的不一定就是名词，如“向她（看齐）、比一百万（还多）”中的“她”是代词，“一百万”是数词。

（4）经常做主语、宾语，多数能做定语，也能带定语

孩子在睡觉　　　　想法有问题[①]　　　　（做主语）

他在看小说　　　　我突然来了灵感　　　（做宾语）

（师范）学校　　　（长城）的伟大　　　（做定语）

知识宝库　　　　　高尚的心灵　　　　　（带定语）

2. 特殊语法功能

以上几个方面是名词的主要特征，但名词还有一些特殊情况，在教学和现实语言生活中经常遇到，这里也附带做一些补充说明，以提高大家观察问题和分析问题的能力。

---

① 本书中的句法成分标示，具体可参见124页本章第五节“短语”中的“六、句子成分分析法”部分的说明。

（1）名词做谓语的情况

名词一般不能做谓语，但在一些特殊情况下可以。例如：

① 今天星期六。

② 下一站王府井。

③ 小王已经副教授了。

④ 张军快团长了。

⑤ 鲁迅浙江人。

⑥ 大李小眼睛。

既然形式上特殊，意义上一定也有特殊之处，这样形式和意义才能匹配上。前四例中画线名词所表示的意义通常出现于一种序列中（即表示序列义），如时间序列（星期一……星期五、星期六、星期日）、空间序列（某路公共汽车站点依次为：西单、天安门西、天安门东、王府井、东单……）、职衔序列（职称：助教、讲师、副教授、教授；军职：班长、排长、连长、营长、团长、师长、军长、司令员；军衔：少尉、中尉、上尉、少校、中校、上校、大校、少将、中将、上将）。这些名词做谓语时都表示一种基于前面序位的变化，因此后面都可以带“了”，表示某种变化。表示时间序列、空间序列的可以不带“了”，因为它们自身带有某种变化；而表示职衔等序列义的名词做谓语时必须带“了”，这样才能将这种变化突出出来。至于后两例，实际做谓语的是偏正结构，分别表示籍贯和特征，凸显的是这方面的特征，光杆名词则不能直接做谓语（如不能说“大李眼睛”）。这一现象的条件是偏正结构表示主语不可变化的属性。

这些丰富的语言事实告诉我们：凡是有特殊情况的，都要努力揭示背后的条件，发现规律性的东西，这样才能使教学中所谓的“习惯用法”或“例外”少一些，对语言的系统性的认识更充分一些。一般而言，凡是规则都有例外；然而这些例外的出现都有条件，不可笼统地归为无从解释的“习惯”或“例外”，因此又可以说，凡是例外都有规则。学习一种语言，就是领悟现象、条件和规则之间的关系。

（2）程度副词跟名词的组合

上面说到了名词一般不受程度副词的修饰，但有一个语言现象值得关注，就是近些年流行一种程度副词修饰名词的现象。例如：

很骑士　　特中国　　太香港　　十分江南

很阳光　　特春风　　太逻辑　　非常学术

其实，这些名词在语义上都有一个共同的特征，就是都能够提取出描述性语义特征（即语义结构中起描写、修饰、陈述等作用的特征）。例如："很骑士"中的"骑士"具有"讲义气、有风度"等语义特征，"太香港"中的"香港"具有"新潮、中西结合"等语义特征，"很阳光"中的"阳光"具有"明朗、有朝气"等语义特征。如果一个名词的语义结构中难以提取出描述性语义特征，如"桌子、天花板、张三"，就难以进入"副词＋名词"这样的组合中，我们一般不说"很桌子、非常天花板、特别张三"（除非临时语境赋予它们某些非常凸显的描述性语义特征）。

（3）名词后面加"们"的问题

汉语名词的单复数没有形态变化，但学习者常将"们"看作名词的复数形式。其实，"们"的使用有许多限制。概括起来，"们"有下面两种用法，其中第一种是名词后加"们"的情况。

第一种，有的指人名词后面可以加上"们"表示群体。这些指人名词往往可以用于称呼人的场合。例如：

孩子们　　同学们　　朋友们　　先生们　　乡亲们

这些指人的普通名词不加"们"时可以是个体，也可以是群体，如"带孩子游动物园"。加了"们"后就不能受具体的数量词修饰，如不能说"三个孩子们"。也就是说，加了具体的数量词就不能带"们"，带了"们"就不能加具体的数量词。

非指人的名词一般不能加"们"，如一般不能说"狐狸们、小狗们、铅笔们"，但在童话故事里以及其他具有拟人色彩的表达中可以用。

表示职业、身份等概念时，即使指的是多数或群体，也不能加"们"。例如：

① 教师（*们）是人类灵魂的工程师。

专有名词如果加上"们"，则表示同一类人，这类人具有这个专有名词所蕴含的特点。例如：

② 在一块儿走过一趟车便算朋友，他们四个人把车放在了一处。祥子们擦擦汗，就照旧说笑了。（老舍《骆驼祥子》）

可见，汉语中的"们"并不像英语的"-s"那样做复数形式使用。英语的普通名词可以前有数词后有复数标志，如“three boys”，但是英语基本没有用于个体的量词。其实，这是有语言共性的，有“个、本、条”这类个体量词的语言（如汉语、日语、韩语、泰语）带上数词（同时还要加上量词）后就不能有复数标志；没有个体量词的语言（如英语、法语、西班牙语）则可以同时前有数词后有复数标志。母语为非汉语者在学习汉语时，要有意识地拿它来跟自己的母语比较，发现两者间的共性和个性，并努力发现这些异同现象之间的关联，以提高自己对语言结构的认识。

第二种，“我们、你们、他们（她们、它们）”中的“们”，可以看作复数形式，起后缀作用。这类表达的后面可以带上数量成分，如“你们八个人、她们三位”。进一步的说明参见下文“代词”中关于人称代词的介绍。

（二）一般名词

名词包括一般名词和较为特殊的方位词、处所词、时间词。这里先介绍一般名词。

一般名词可以分为普通名词和专有名词两个大类，普通名词还可以进一步分类。

1. 普通名词

普通名词是表示非特定的人或事物名称的词。普通名词的前面一般可受数量词修饰，但所搭配的量词类别差异很大。它可以分为下面四个小类：

（1）**个体名词**：表示具体的人和事物的名称，也叫**可数名词**（个体名词都有合适的个体量词跟它搭配）

人（个）	树（棵）	马（匹）	书（本）
电脑（台）	沙子（粒）	教室（间）	椅子（把）
飞机（架）	地图（张）	钢笔（支）	学者（名、位）

跟印欧语比较，汉语中个体名词跟量词的这种特定的搭配关系是汉语的一个特点。

（2）**集合名词**：表示一类人和事物的名称。前面不能用个体量词计量，可用“些、部分”等，有的还可根据具体搭配要求选择合适的表示集合的量词，如

“批、堆、片、帮”等

马匹　　布匹　　纸张　　枪支　　船只　　车辆　　书本　　人口

物品　　森林　　花卉　　树木　　河流　　书籍　　银两　　群众

（3）**物质名词**：表示物质名称。前面不能出现个体量词，但能与表示重量、容量的量词（表示容量的量词通常是由名词借用来的）搭配使用

酒：一两酒、十瓶酒　　　　　　粮食：五吨粮食、一袋粮食

土：两吨土、一车土　　　　　　面粉：三斤面粉、一桶面粉

水：半吨水、一碗水　　　　　　氧气：十千克氧气、一罐氧气

（4）**抽象名词**：表示抽象事物的名称。前面一般只能出现“种、类、点、些”等量词

科学　　文化　　物质　　观念　　风尚

苦头　　规则　　条件　　内容　　积极性

2. 专有名词

专有名词是表示特有的人和事物名称的词。前面一般不出现数量词。例如：

杜甫　　长城　　黄河　　北京　　冥王星　　澳大利亚

（三）方位词、处所词、时间词

由于表示方位、处所、时间的名词，语法功能跟一般名词不完全相同，这里单独介绍。

1. 方位词

方位词，也叫方位名词，表示方向或相对位置关系；包括单纯方位词和合成方位词。

（1）单纯方位词：表示方位的单音节词（典型的单纯方位词共有16个）

上　　下　　左　　右　　前　　后

东　　西　　南　　北

里　　外　　内　　中　　间　　旁

（2）合成方位词：在单纯方位词前边加“以、之”，或者后边加“边、面、头”，或者把两个单纯方位词并举

以～（上、下、前、后，东、西、南、北，外、内）
之～（上、下、前、后，东、西、南、北，外、内、中、间）
～边（上、下、左、右、前、后，东、西、南、北，里、外、旁）
～面（上、下、左、右、前、后，东、西、南、北，里、外、对）
～头（上、下、前、后，东、西、南、北，里、外）
上下 前后 左右 里外 内外 中间
东西 南北 东南 东北 西南 西北

此外，下面这些词也属于合成方位词：

南方 北方 东方 西方 当中 其中 内部 外部
这边 那边 这面 那面 这头 那头
底下 背后 跟前 面前 头里 开外

注意："上、下、中"等方位词有引申用法，表示抽象义。如："思想上、事实上、在学习上"中的"上"表示某一方面，"这种情况下、在他的指导下"中的"下"表示一定的情况、条件，"研究中、营业中、在建设中"中的"中"表示状态持续。

2. 处所词

处所词，也叫处所名词，表示处所；能出现在"在、到、往"等的后面，能用"哪儿"提问。例如：

～处（高处 低处 远处 近处 明处 暗处）
附近 远方 近郊 里屋 前院 两旁 周围
北京 中国 亚洲 食堂 教室 邮局 图书馆

第一、二行表示处所，第三行表示地名、机构。表示地名、机构的名词具有两重性：既是一般名词又是处所词。如"教室"作为个体名词可以说"一间教室"，作为处所名词时可以说"在教室"；又如"北京"作为专有名词时可以说"北京是中国的首都"，作为处所名词时可以说"来到北京"。

3. 时间词

时间词，也叫时间名词，表示时间；能出现在"在、到"等的后面，能用"什么时候"提问。例如：

昨天 明年 上午 现在 目前 从前 最近

早晨 周末 秋天 春节 来年 课外 刚才

方位词、处所词、时间词的语法功能主要是：都能做主语、宾语（包括用在介词后面做宾语）、定语等，这是它们跟一般名词在用法上相同的地方。但是，处所词、时间词经常修饰动词或句子做状语，而一般名词很少做状语。例如：

① 咱们［北京］见。

② 他们［昨天］去了巴黎。

③［里面］他们几个正在商量着事儿呢。

④［现在］我们就开始讨论这项议题吧。

方位词除了可以单用外，还经常跟在别的词语（主要是名词）后边，组成方位短语，表示处所和时间，有的还可以表示数量的范围。例如：

手里 校外 黄河边 球场中间 大江南北

会后 出国以后 天亮之前 假期当中

五岁以下 八十开外 三米之内 一千左右

汉语中大部分由方位词构成的表达方式，即方位短语“……＋方位词”或由介词和方位词共同构成的短语“介词＋……＋方位词”，在别的语言中常常用介词结构来表达（如英语）或者用格助词、格标志来标示（如日语）。如“桌子上有本书/有本书在桌子上”，英语便是“There is a book on the table”。汉语的“介词＋……＋方位词”像一个结构框架，由介词和方位词合起来共同标示所框定的范围。如果介词不出现（此时的介词一般是“在”），就构成方位短语“……＋方位词”。方位短语在句首时，前面一般不用介词，如“屋子里有人、桌子底下趴着一条狗、台上演着梆子戏”。可见，汉语方位词是一个特殊的类。汉语方位词的意义和用法都比较复杂，而介词的意义和用法则相对简单一些。相关内容还可进一步参见下一节中关于“介词”的说明。

三、动词

动词是表示动作、行为、心理活动以及事物的存在、出现、变化、消失等的词。例如：

跑　　写作　　看见　　思索　　评判　　怕　　讨厌
有　　变化　　上来　　应该　　是　　属于　　进行

（一）动词的主要语法功能

1. 多数能受副词“不、没（没有）”修饰

不去　　不吃　　不讨论　　不睡觉　　不担心
没去　　没吃　　没讨论　　没睡觉　　没担心

2. 经常做谓语或者谓语中心语，大部分能带宾语

① 小王||来过。
② 今天我||休息。
③ 他||天天看报纸。
④ 奶奶||一直想着叔叔。

3. 有些动词后可以加“了、着、过、起来、下去”，分别表示完成、持续、经历、开始、继续的动态

扫了地　　弹了钢琴　　推了一辆车　　（表示完成）
扫着地　　弹着钢琴　　推着一辆车　　（表示持续）
扫过地　　弹过钢琴　　推过一辆车　　（表示经历）
扫起来　　弹起来　　推起来　　（表示开始）
扫下去　　弹下去　　推下去　　（表示继续）

（二）及物动词和不及物动词

根据能不能带宾语，可以把动词分为及物动词和不及物动词。

1. 及物动词

及物动词能带宾语。例如：

① 看　　挖　　是　　有　　树立　　节约　　打量　　准备
知道　　告诉　　通知　　送　　教　　罚　　偷　　租

② 姓　位于　属于　处于　加以　给以　出乎　懒得
具有　进行　促使　成为　当作　装作　濒临　企图

绝大多数及物动词在一定的上下文中可以略去宾语（如第①组），有少数及物动词不管在什么场合都要带宾语（如第②组），这类动词被称作黏宾动词。例如：

我姓李　中国属于亚洲　懒得理他
进行研究　成为世界冠军　濒临灭绝

大多数及物动词带一个宾语，有的及物动词后面可以带两个宾语，通常一个指人，一个指事物，这就是所谓的**双宾语**，这类动词称作双宾动词，由双宾动词构成的句子称作**双宾句**（或**双宾语句**）。例如：

给予义：送他一本书　赔了他五百块钱
取得义：拿了他一本书　骗了他五百块钱
称说义：叫他夜猫子　说别人坏话

表示"给予"义的双宾动词如"给、送、卖、还、抛、教、赔偿、奖励、告诉、通知"等，表示"取得"义的双宾动词如"买、拿、要、抢、偷、骗、问、咨询、请教、贪污"等，表示"称说"义的双宾动词如"叫、喊、称、称呼、骂、夸、表扬"等。

表"给予"义和"取得"义的双宾句中，表示事物的远宾语往往含有数量词，如"送他一本书"中的"一本"。两个宾语之间存在领属关系的变化过程。"送他一本书"中的"他"和"一本书"之间本来没有领属关系，"一本书"是通过"送"这个动作而发生位移后才到了"他"那儿，"他"是这本书位移的终点，起点是"送"的人。与之相反，"拿了他一本书"中的"他"则是这本书位移的起点，终点是"拿"的人。从结构上看，双宾语句可以看作两个宾语依次跟动词结合的结果，如"送他一本书"中，先组成"送他"，然后跟"一本书"结合。

2. 不及物动词

不及物动词，不能带宾语。例如：

① 病　死　走　醒　睡觉　散步　鼓掌　发抖
毕业　工作　休息　报名　旅行　失败　放电

② 比赛　结婚　接轨　交手　相识　争执　座谈
　拜年　代课　护航　敬礼　求情　示威　祝福

第②组不及物动词有些特殊：说它们是不及物动词，是因为后面不能带宾语；说它们特殊，是因为它们还可以关联一个类似宾语的对象成分，但这个成分只能在动词之前通过介词引介出现。例如：

和世界接轨　与路人争执　跟法国队比赛

给老师拜年　为商船护航　向政府示威

需要说明的是：像“来了一个客人、死了一头牛、小孩睡大床”等结构中的宾语，跟“砍柳树、删除文件”中的宾语在性质上有很大差异。由于“来、死、睡”这些动词在没有宾语时的用法跟不及物动词完全一样，如“客人来了、黄牛死了、小孩睡了”，这就给区分及物动词和不及物动词带来了一定的困难。实际上任何划分都有中间状态存在，关键在于分清中间状态存在的条件，我们在研究和教学中对此要有清楚的认识。如果严格根据能不能带宾语，这些动词可看作及物动词；如果根据所带宾语的性质差异，规定只有带某些性质的宾语的动词才是及物动词，那么这些动词也可看作不及物动词。

另外，有的动词带宾语和不带宾语时的意义不同。例如“笑”，在“别笑残疾人”中，带了宾语，是及物动词，表示嘲笑、讥讽义；在“他笑了”中，不能带宾语，是不及物动词，意为露出愉快的表情。

（三）单音节动词和双音节动词

汉语词类系统中，音节数量（即词长）往往对词语的语法功能和语义内容有影响。这在各种词类中都有体现，在动词中显得尤为突出。汉语中有不少对应的单音节动词和双音节动词。例如：

读—阅读　挖—挖掘　修—修理　装—安装

虽然它们都是及物动词，但在句法和语义上往往有不小的差别，这种差别还会带来语体表现上的不同。例如：

挖：挖隧道　挖洞　挖土豆　*挖进度

挖掘：挖掘隧道　*挖掘洞　*挖掘土豆　挖掘进度

无论是单音节动词还是双音节动词，都可以带双音节宾语，如“挖隧道”和“挖掘隧道”。但单音节动词还可以带单音节宾语，如“挖洞”，双音节动词一般不能（代词除外），如一般不说“挖掘洞”。虽然都能带双音节宾语，但带宾语的语义受到一定的限制。由于单音节动词所表示的动作相对具体，因此可以用于表达日常生活的事件，如“挖土豆”；而双音节动词所表示的动作相对抽象，因此一般不说“挖掘土豆”。单音节动词一般不能修饰双音节名词，双音节动词可以，如一般不说“挖进度”，但可以说“挖掘进度”。

双音节动词充当定中结构中心语和主语、宾语更自由。例如：

*我们的挖很顺利→我们的挖掘很顺利　　　（定中结构中心语）

？买很方便→购买很方便　　　（主语）

？我们正准备装→我们正准备安装　　　（宾语）

单双音节动词用法的差异体现了它们在语体特征上的不同，即双音节动词的组合往往带有正式的色彩。

这种音节多少的不同所带来的句法、语义和语体特征上的差异，我们在过去的教学中关注不够，而它们对形成正确的汉语表达，尤其是写出准确的书面汉语，是特别重要的。

（四）动词的特殊小类

在汉语词类系统中，动词的情况最为复杂，有些小类的用法很特别，如判断动词、趋向动词、助动词（能愿动词），它们的语法功能在许多方面跟一般动词不尽相同。其中，判断动词“是”将在后文介绍特殊句式“是”字句时再做说明，这里先介绍趋向动词和助动词（能愿动词）。

1. 趋向动词

趋向动词是表示动作趋向的词。所谓趋向，指相对于某个参照点的位置移动。它有单音节的，也有双音节的，可以分为三组：

第一组：来　去

第二组：上　下　进　出　回　过　开　起

第三组：第二组＋第一组

上来　下来　进来　出来　回来　过来　开来　起来[①]

上去　下去　进去　出去　回去　过去　开去

① 普通话中很少用“起去”这个词，有的方言中有“起去”这样的说法。

第一组和第二组是简单趋向动词，第三组是复合趋向动词。第一组单用时以说话人的位置为着眼点，如说“你来”是让听话人向说话人的位置移动，说“你去吧”是让听话人从说话人的位置向别处移动。第二组以说话人之外的事物或位置为着眼点，如说“上楼”，只是说从较低的位置向较高的位置移动。第三组兼具前两组的特点，如“你上来”，既表示让听话人向说话人的位置移动（“来”），还包含让听话人从较低的位置向较高的位置移动（“上”）。当然，趋向动词基本上都有引申用法，如：“孩子笑起来了”中的“起来”已经不是具体的位移，而是表示从不笑到笑的变化；“他考上了大学”中的“上”表示有了某个结果或达到了某个目标。

趋向动词具有一般动词的特点，如可以单独做谓语或谓语中心语，还经常用在别的动词或形容词的后边表示趋向，充当补语，称作趋向补语。例如：

① 拿来　送去

② 穿上　脱下　挤进　跑出　领回　跳过　走开　站起

③ 抬上来　跳下去　闯进去　转回来　跨过去　打开来　站起来

如果再带宾语的话，宾语的位置一般有下面几种可能性：

④ 拿〈出〉一支笔

⑤ 拿〈出来〉一支笔

⑥ 拿〈出〉一支笔〈来〉

第一组、第三组趋向动词还有一个特点，就是它们后面可以带一个动作发出者。例如：

⑦ 来了一个客人　去一个人吧

⑧ 上来一个人　进来一个小孩　过去一辆车

注意：“上”和“下”，既可以做趋向动词，也可以做方位名词（如“桌子上、山坡下”）。

2. 助动词（能愿动词）

助动词指用在动词、形容词的前边表示能力、可能、必要或意愿等的动词。由于助动词中有很多与能力和意愿有关，因此汉语教学中常将这一类助动词称作**能愿动词**。例如：

表能力或条件允许：能$_1$（孩子能走路了、你也能参加会议）、能够$_1$、会$_1$（我会跳街舞）、可以$_1$（我可以跑一万米、你可以回家了）、可$_1$（他一餐可吃十个包子）

表可能或推测：可能、能$_2$（电脑什么时候能修好）、能够$_2$、会$_2$（明天会下雨）、应该$_1$（他应该来了吧）

表必要：应、该、应该$_2$（你应该答应他）、应当、要$_1$（应该义：你要告诉我真相）、得（děi，得休息了）、不得不

表许可：可以$_2$（你现在可以回家了）、能$_3$（阅览室里的书怎么能随便拿走呢）、能够$_3$（校园里能够抽烟的地方很少）

表意愿：愿、愿意、要$_2$（愿意义：你要干什么）、肯、敢

表功用：能$_4$（跑步能健身）、能够$_4$（红木能够制家具）、可$_2$（看电影可练听力）、可以$_3$（旅游可以增长知识）

助动词往往是多义的，必须结合具体场景中所表达的事件来理解。

助动词常用于“助动词＋动词性成分/形容词性成分”结构中做述语，后面所带的成分做宾语。[①]例如：

① 他可能来北京。

② 为这事我已竭尽全力了，你应该满意了吧。

③ 他这种人，敢想敢做，敢做也敢当。

它还可以单独做谓语，能用“不”否定。例如：

④ 从高空往下跳，你敢吗？

⑤ 你想这样写当然可以。

⑥ 让他去冒险，既不可能，也不应该。

它可以用肯定否定结合的形式，即“助动词＋不＋助动词”来提问。例如：

⑦ 我能不能用一下你的手机？

⑧ 你愿意不愿意陪我去一趟商场？

如果助动词是双音节的形式，也可以采取下面这样的形式来提问：

⑨ 你愿不愿意陪我去一趟商场？

---

① 有的教材将“助动词＋动词性成分/形容词性成分”结构中的助动词看作状语。

⑩ 我可不可以看完电视再做作业？

从可以单独做谓语、可以用肯定否定结合的形式来提问等用法来看，“助动词＋动词性成分/形容词性成分”的用法更接近典型的述宾结构，而与状中结构不同。从这些方面来看，助动词跟“喜欢、同意、爱、恨”这类心理动词功能相近。

（五）动词的重叠

动词的重叠就是把动词词形重复一次，单音节动词A重叠成AA（第二个字读轻声），双音节动词AB重叠成ABAB。大多数表示动作行为的动词都可以重叠，这些动作行为都是主语可操控的，其他动词重叠的可能性很小。

听听	走走	玩玩	写写	想想
研究研究	学习学习	休息休息		

动词重叠式基本上表示“量小”，即动作持续的时间短（时量小）或进行的次数少（动量小）。

如果动词表示的是持续性的动作，重叠后表示时量小。例如：

① 我把空担子在街旁放下，想看看有庆是不是也在里面跑。（余华《活着》）

② 小林感到有些为难，讲不好，不讲也不好，于是只拣些重要的讲了讲。（刘震云《一地鸡毛》）

如果动词表示的是非持续性但可以反复进行的动作，重叠后表示动量小。例如：

③ 桑塔老爹心事重重地摇摇头，拖带着破竹筐跳了出去。

④ 我悄悄走到加丽亚宿舍门口，胆怯地敲了敲门。（邓友梅《在悬崖上》）

由于表示“量小”，在有祈使意义的句子中便有尝试的意味。例如：

⑤ 你这样编筐可不行，让我来编编看。

⑥ 这个问题我琢磨半天了还理不出个头绪，还是你来研究研究吧。

需要注意的是：动词重叠式往往用于非正式的表达中，尤其多用于现场交际时的口语表达中。一些书面色彩比较重的行为动词，一般不能重叠使用，如一般可以说“读读这本书、讨论讨论这个问题”，但通常不能说“阅读阅读这本书、写作写作论文”。

（六）离合词

复合词内语素之间一般结合紧密，不能插入别的成分，但有的词中两个语素可以拆开来使用，拆开之后就成了两个词。这样的词便是离合词。

1. 离合词的内涵及其构造方式

离合词指的是两个语素之间可以插入别的成分的合成词。也就是说，这个词中的两个语素可离可合。离合词是双音节形式（即我们在本章第一节提到的韵律词），基本上都是动词。

离合词主要有述宾式和补充式两种构词方式，但也有少数其他形式。例如：

① 理发（理一次发）	革命（革了他的命）	打仗（打了三年仗）
放假（放一天假）	撤职（撤了他的职）	生气（生谁的气）
抬杠（抬什么杠）	睡觉（睡了一觉）	鞠躬（鞠了一个躬）
洗澡（洗个澡）	游泳（游过泳）	考试（考了一天试）
② 打倒（打得/不倒）	打通（打得/不通）	长大（长得/不大）
推翻（推得/不翻）	碰见（碰得/不见）	看见（看得/不见）

第①组里的离合词一般是不及物动词，绝大部分是述宾式合成词，中间插入其他成分后构成述宾短语。同类的词很多，例如：

把关	罢官	罢工	帮忙	毕业	操心	吵架
吃惊	喘气	道歉	丢脸	放心	负伤	负债
告别	见面	化妆	练笔	留神	散步	站岗

述宾式动词大多可以当离合词使用，使用频率越高的，离合的可能性越大。我们在“词汇”一章中分析惯用语时曾指出，动宾式惯用语都可以拆开使用，如“泼冷水—泼他的冷水、做手脚—做了很多手脚”等。道理都是一样的。

也有少数非述宾式合成词形成的离合词，它们也像述宾式一样，可以拆开后形成述宾短语。例如：“洗澡”，本来是联合式（“澡”的本义是洗身子），现在一般当述宾式使用，如“洗了澡、洗了一个澡”等；“鞠躬”本来也是联合式，“鞠”的意思是弯曲，“躬”的意思是弯下身子；“睡觉”本来是连动式，“觉”的本义是醒，读jué，如“先知先觉”，引申为醒来，如“大梦谁先觉”，后引申为睡眠，如“睡午觉”，读jiào。现在由于这些语素的意义在现代汉语中已经变得较为隐晦，因此作为离合词使用时都重新分析为述宾式，如“鞠个躬、睡了一个好觉”。这样的词常见的仅以上数例。

注意：离合词拆用后如果中间有个体量词的话，则用已经泛化了的量词“个”，如“理个发、放个假、洗个澡”。个别情况也可以用别的量词，如“洗把澡”。

第②组里的离合词都是及物动词，由补充式合成词组成，做补充成分的语素表示的是前面动作的结果。它们中间可以插入“得”或“不”。又如：

摆平　猜中　拆散　吃透　达到　打断　分开

分清　干掉　割断　看破　看上　离开　瞄准

扑灭　铺平　逃走　推动　相中　压服　择（zhái）开

这是汉语中相当特殊的一种结构，具有很高的能产性。

2. 离合词的用法

根据离合词的内涵，离合词的特点是：两个构成成分经常结合在一起使用，同时它们又可以拆开，插入别的成分，或变换位置。

离合词的两个成分合在一起是具有单一意义的词，分离扩展后就是短语。如“撤职”是一个不及物动词，但有时可以在“撤”和“职”之间插入其他成分，说成“撤了职、撤他的职”等，这时就成了述宾短语；又如“打倒”也是动词，但可以说成“打不倒、打得倒”等，这时就成了述补短语。

大部分述宾式离合词的后一个成分还可以提到前面来使用。例如：

① 仗打完了，该过和平的日子了。

② 这份心就不用你操了，你还是管好自己的事情吧。

后一个成分提到前面来之后，动词的前后往往需要加上别的一些成分，整个结构就变成了主谓结构，如“仗||打完了”“这份心||就不用你操了”以及“脸||丢尽了”“面||见过三次”等。不能提前的，大多是后一成分很少能独立使用，如“吃惊、毕业”等。

值得注意的是：不管离合词在具体使用中如何分离，它们在一起时产生的整体意义并不因为分离而改变。如“理发”，其实是特指人去特定地点修剪、整理头发，形式上分开之后（如“理了一次发”）依旧是这样的意思，而不是一般的整理头发（理＋发）。也就是说，不管离合词是离还是合，它都具有相同的整体性意义，这也是称其为词的重要原因。

3. 扩散中的离合现象

现代汉语中的离合词现象有逐渐扩散的趋势，有些以前不怎么能离合的词，现在也有离合的用法，尤其是中间加上“什么”后，更容易接受。例如：

① 后悔：事情早过去了，还后什么悔呀。

② 着急：他都没说话，你着什么急呀。

③ 跳高：就你这弹跳力，别跳什么高了，改跳绳得了。

注意，离合词的分离用法，基本上都具有口语体特征。

四、形容词

形容词是表示性质、状态等的词，还包括一些表示数量的词。例如：

好　热　真　粗　长　伟大　严格　（表性质）

多　少　全　够　多少　许多　好多　（表数量）

雪白　笔直　绿油油　血淋淋　糊里糊涂　（表状态）

（一）形容词的主要语法功能

1. 大部分能用副词“不”和“很”修饰

① 不热　不粗　不干净　不清楚

不多　不少　不全

② 很细　很甜　很宽阔　很严格

很多　很少　很全

除“多、少、全”几个形容词外，这些形容词都是表示性质的。表示状态的形容词一般不受副词修饰。

2. 能修饰名词（做定语），有些形容词能修饰动词（做状语、补语）

① 大眼睛　优秀员工　谦虚的人　笔直的马路　好多人

② 快跑　仔细检查　通俗地讲解　认真地记笔记

③ 看明白　　说快（了）　　洗得干净　　　弄得乱七八糟

3. 常常做谓语，不能带宾语

天气热　　房间干净　　理想伟大　　外面漆黑　　人多

像“端正、丰富、活跃、纯洁”这样的词，既能受副词“很”修饰（“态度很端正”），又能带宾语（“端正态度”）；但是它们不能在一个结构中同时具有这两种功能，如不能说“很端正态度”。由此可见，这样的词兼具动词和形容词两种用法，前加程度副词时是形容词，后带宾语时是动词（及物动词）。

由于动词和形容词的主要语法功能是都能做谓语，因此两者常常合称为谓词。谓词还包括代替动词、形容词的代词，如“这（么）样、那（么）样、怎（么）样、怎么”。在对述语和补语组成的结构（即述补结构）进行语法分析时，由于动词做述语占绝对优势，因此有时便直接用“动补结构、动结式（不带‘得’的述补结构）”来称说“述补结构、述补式”。如“动结式”中的“动”就包括做述语成分的动词和形容词，分别如“打破、睡醒”和“（苹果）烂光了、（树苗）干死了”中的“打、睡”和“烂、干”。

（二）性质形容词和状态形容词

除个别表示数量的形容词外，根据能不能用程度副词修饰及其表达功能的差异可将形容词分为性质形容词和状态形容词两大类。

1. 性质形容词

性质形容词通常表示事物的性质，主要包括单音节性质形容词和一般的双音节性质形容词。

性质形容词能够受程度副词“很、十分”等修饰，如“很漂亮、十分结实”。

性质形容词做谓语时，往往要在它的前面或后面加上一些成分。例如：

① 他很老实。/他老实得很。

② 天气有点热。/天气热得很。

③ A：最近过得怎么样？

B：很好/还行/有点糟糕。（*好/*行）

也就是说，在一般语境中，“他老实”没有“他很老实”听起来自然。如果单说一句“他老实”，往往有对比的内容隐含着，如“他老实，你不老实”。可见，这里的“很”等词并不完全表示程度，同时还起到了完成句子表达的作用。只有在“人小志气大”“夏天热，冬天冷”“海南岛比秦皇岛热”这样的比较句中，性质形容词才可以单用。由此可见，汉语性质形容词单独做谓语的能力比较弱，前后加上一些成分后就使性质表现得更具体了。其实，英语的形容词也不能单独做谓语，必须跟在系动词be等的后面，如“She is pretty.”等。当英语交际中说“She is very pretty.”（她非常漂亮）时，这里的“very”便表示程度。

具有反义关系的性质形容词常有正向和负向之分，如“大、热、宽、漂亮、复杂”和“小、冷、窄、丑陋、简单”。这种成对的两个反义词在语义范围、使用场合、使用频率等方面都有差异，如“那间教室有多大？”和“那间教室有多小？”，我们在第三章“词汇”中分析“反义词的不对称现象”时，专门讨论过这个问题。

2. 状态形容词

状态形容词通常表示事物的状态，具有描写性。它主要由下列几种方式构成：

（1）AB式

雪白　漆黑　金黄　蜡黄　通红　血红　鲜红　碧绿
蔚蓝　花白　笔直　溜圆　冰凉　冰冷　火热　火红
油亮　崭新　猴精　滚热　滚烫　稀烂　飞快　喷香

这些词中，A表程度高，有的为比喻性用法；B为单音节性质形容词。

（2）ABB式

白花花　红彤彤　黑漆漆　直溜溜　甜滋滋　亮晶晶
冷冰冰　干巴巴　乱哄哄　静悄悄　硬邦邦　胖乎乎
香喷喷　毛茸茸　雾蒙蒙　汗津津　血淋淋　泪汪汪

这些词中，A多为单音节性质形容词，少数为单音节名词；BB是叠音后缀。

（3）一些特殊形式

糊里糊涂　啰里啰唆　马里马虎　娇里娇气　小里小气
稀里糊涂　老实巴交　傻了吧唧　灰不溜丢　黑咕隆咚
可怜兮兮　冰冰凉　麻麻亮　滴溜圆　稀巴烂

这类词口语色彩很强，大多含有贬义（尤其是形容人时）。

状态形容词不能受程度副词修饰，原因是状态形容词在语义上已经含有比较高的程度，如可以说“很白、很香”，不能说“很雪白、很白茫茫、很喷香、很香喷喷”。

状态形容词充当句法成分时受到的限制要比性质形容词小得多，做谓语、定语、状语时一般要带“的”或“地”。例如：

全身冰凉	教室里乱哄哄的	（做谓语）
（花白）的头发	（灰蒙蒙）的天空	（做定语）
[笔直]地坐着	[稀里糊涂]地答应了	（做状语）
坐得〈笔直〉	砸个〈稀巴烂〉	（做补语）

（三）形容词的重叠

有些性质形容词可以重叠，重叠后用法跟状态形容词相同。形容词重叠的语法意义跟特定的句法位置有关。

1. 性质形容词重叠

性质形容词中，单音节的重叠式是AA式，双音节的重叠式是AABB式。这些重叠式有的在口语中可以儿化。例如：

热热（的）　大大（的）　重重（的）　好好儿　慢慢儿

干干净净　明明白白　实实在在　痛痛快快儿

注意：单音节重叠式AA式儿化，第二个字读阴平，如“慢慢儿”读作“mànmānr”；如果不儿化，读原调。

这些重叠式做状语、补语的时候，表示程度深。例如：

① 他仿若叹息的声音轻而淡薄，却[重重]地打在她心头。

② 母亲在修饰自己的同时也总把他打扮得〈干干净净〉。（王朔《我是你爸爸》）

形容词重叠式做定语、谓语时表示程度的作用不明显，但描写的作用很强。例如：

③ 世间有多少悔恨和过失都发生在（短短）的一瞬！（王凤麟《野狼出没的山谷》）

④ 要叫我说，这后生可是又老实，又勤快，通情达理的，大大方方的。（张石山《镢柄韩宝山》）

单音节的重叠式有时还包含喜爱的感情色彩。例如：

⑤ 这个卖菜的小姑娘，眼睛大大的，眉毛弯弯的，很是讨人喜欢。

2. 状态形容词重叠

状态形容词中，“雪白”类可重叠，其重叠式是ABAB式，一般表示程度深的意思。例如：

① 她的双颊冰凉冰凉的。

② 他那（焦黄焦黄）的长脸上布满了皱纹。

③ 她的小脸冻得〈煞白煞白〉的。

其他两类状态形容词不再重叠。稍有特殊的是“A里AB”，能产性很强，含贬义的口语性双音节形容词常可使用这种形式（又如“慌里慌张、古里古怪、流里流气”），因此有时也被看作AB的特殊重叠式。

五、区别词

（一）什么是区别词

区别词表示事物的属性，有分类的作用。例如：

单/双	正/副	横/竖	金/银
雌/雄	男/女	公/母	荤/素
彩色/黑白	良性/恶性	单项/多项	高频/低频
个别/共同	国营/私营	家养/野生	军用/民用
天然/人工	主要/次要	男式/女式	木本/草本

国产	平装	高层	万能	袖珍	冒牌	木质
常绿	祖传	额外	常务	机要	远程	活期
非典型	非理性	非正规	非婚生	非海洋性		

由于属性往往有对立面，因此区别词常常成对或成组地存在。这也就造成了很多区别词在构词形式上带有比较明显的特征。例如：

～式：西式/中式　新式/老式（旧式）　便携式
～型：大型/中型/小型/微型　流线型　应用型
～性：阴性/阳性　急性/慢性　世界性　国际性
～等：初等/中等/高等　上等/下等　头等　次等
～级：初级/中级　甲级/乙级/丙级　特级　超级
有～：有色　有线　有限　有声　有机　有期
无～：无色　无线　无限　无声　无机　无期
多～：多维　多元　多功能　多民族　多用途
单～：单瓣　单程　单面　单色　单轨　单项
双～：双边　双份　双面　双色　双轨　双重

（二）区别词的主要语法功能

1. 能不带“的”直接修饰名词做定语，大多数能带“的”构成“的”字短语

金项链　男教师　副校长　横坐标
彩色电视　短期项目　急性肺炎　多功能相机
男的　横的　野生的　天然的　多年生的

2. 不能单独做谓语、状语、补语、主语、宾语，但组成“的”字短语后可以做主语、宾语

① 这种病，慢性的很难治。
② 汽车，我要买中型的；电脑，我要买微型的。

3. 前面不能加“不”来否定，但可以加“非”；加“非”后语法功能不变

非正式　非天然　非主要　非中型　非军用

4. 不能受“很”等程度副词修饰

*很慢性　*特别国产

注意：有的论著和教材中根据区别词可以像形容词那样常做定语，但又不能像形容词那样做谓语这个特点，将这类词称作**非谓形容词**，从而将它归入形容词（属于形容词中比较特殊的一类），而不单立一类。无论是归入形容词中的一个小类还是独立为区别词这一大类，我们都需要关注该类词和形容词的区别。两者区别见下表4–2：

表4–2　区别词、形容词主要语法功能的区别

词类 主要语法功能	区别词	形容词
能做定语	+	+
能做谓语、状语、补语	–	+
能前加“不”	–	+

有些程度义明显并高频使用的区别词有向形容词发展的趋势，可以受程度副词修饰，如“（很）高级、（非常）低级、（非常）有限、（特别）正式”等；有些表示方式的区别词有跟副词兼类的趋势，不但能做定语，还可以做状语，如“高频词、高频出现”。

六、数词

数词是表示数目或次序的词。例如：

一　二　三　十六　万　半　几

六七十　三分之一　第五　初九

（一）数词的主要语法功能

数词的语法功能比较单纯，除计数外，很少单独运用，通常跟量词组合成数量短语（即数量词）。例如：

一个　六本　十二条　八十座　两千棵

一双　两套　三五群　一些　几点

半斤　六米　十五天　一次　三回

关于数量短语（数量词）的用法，参见下文“量词”中的说明。

（二）数词的分类及称数法

1. 基数词

表示数目多少的数词。基数词大多是表示确定数目的“定数词”，包括整数、分数、小数、倍数；少数是表示不确定数目的“概数词”。

（1）整数

零（〇[①]） 一 二 三 四 五 六 七 八 九 十 两

十[②] 百 千 万 十万 百万 千万 亿

举一个例子来说明其读法：“624 840 395 712”读作“六千二百四十八亿四千零三十九万五千七百一十二”，位数“个”不读出来。汉语整数的读法分组是四位一级，这跟英语等语言中三位一级的称数方法不同。上面这个数字的读法规则就是：

6 2 4 8	4 0 3 9	5 7 1 2
千 百 十	千 百 十	千 百 十
亿	万	（个）

一个数列中间有空位时，在同一级中不管空几位，都读一个“零”，如“30 081 050”读作“三千零八万一千零五十”。注意：三位数以上的数字需要将十进位的单位“十”念出来，比如“312”读作“三百一十二”，而不是读作“三百十二”。

另外，在法律文书、财务票据等数字书写场合，使用汉字大写形式，如：零、壹、贰、叁、肆、伍、陆、柒、捌、玖、拾、佰、仟、万、亿。为的是易于辨认，不易涂改。

（2）分数

五分之三（$\frac{3}{5}$） 一又二分之一（$1\frac{1}{2}$） 百分之五（5%）

千分之十一（11‰）

---

① 注意：“〇（líng）”是个独立的汉字，书面上占一个汉字格，多用于数字中或标示序号，如“二〇〇七”“〇、一、二、三”等。不要写成阿拉伯数字“0”（书面上占半个汉字格）。有很多书面表达中将“二〇〇七年”写作“二00七年”，既不正确，也不协调。

② 举例中有两个“十”，一个是表示数字“10”，一个表示数级单位（如“二十、五十”中的“十”）。

“半”的意思是“二分之一”，如“半斤、一斤半”。

（3）小数

二点六（2.6）

一百五十七点八二五（157.825，也可读作：一五七点八二五）

（4）倍数

四倍　　六点五倍

（5）概数

八九十　　几　　一百多　　八十开外　　将近一万

表示概数的方法有多种，后面单独说明。

2. 序数词

表示次序的数词。汉语序数的基本表示法是在基数前加“第”，如“第一、第二、第五千四百六十七”。

汉语在很多情况下直接用基数词表示序数（即下面各例中的数字）。例如：

年份、月份、日期：一九四九年　　一月　　九月　　八日　　三十一号

亲属排行：二哥　　三弟　　三妹　　二伯　　四婶　　三儿子　　五姑娘

组织结构：一班　　二组　　四厂　　三场　　六队

成行列的东西：一排　　二行　　三列

楼房层次：五楼　　二层

等级：一等座　　二等座

有的序列表达中，排在第一或最后的（有时还包括排在第二、三的）有特定的表达。例如（下面各例中的第一个字都表示序数）：

元月（用于公历一月）

正（zhēng）月（用于农历一月）/腊月（用于农历十二月）

大伯　　大哥/大姐/小弟　　长子（大儿子）/次子/小儿子

首班车/末班车　　底层/顶层　　底楼/顶楼

头等/末等　　冠军/亚军/季军

序数词也可以直接用在量词后面表示序数，多见于书面语。例如：

论文著作：图一　　图三　　表一　　表五　　注一　　注九

书籍：卷一　　卷二　　上卷/中卷/下卷

教科书：练习一　　练习六

有时可以用中国农历的纪年方式来表示序数，天干包括“甲、乙、丙、丁、戊（wù）、己、庚、辛、壬（rén）、癸（guǐ）”，地支包括“子、丑、寅、卯（mǎo）、辰、巳（sì）、午、未、申、酉、戌（xū）、亥（hài）”，如“甲等、丁级、丙班、丙组、子时、丑时、甲子年、辛亥年”等。传统计时方式还有用“初＋数词”的，如“初一、初二……初十”和“初伏（头伏）、初旬（上旬）、初九（头九）”。

（三）概数的表示方法

汉语概数的表示法多种多样，主要有以下一些形式：

1. 相邻（包括相近）的两个数词连用

八九十　　三十八九　　百儿八十　　三五（走了三五天）

2. 在数词后加表示概数的词

主要有“多、来、把”和“左右、前后、上下、开外、以上、以下、以内、以外”等。例如：

二十多人　　五十来里路（意指大约五十里路）

百把人　　块把钱　　个把月　　个把人（意指一两个人）

三天左右　　九号前后　　五岁上下　　六十开外

一千以上　　八十以下　　二十五以内　　六十以外

3. 在数词前加表示概数的词

主要有“上、成、近、将近、约、大约、约莫”等。例如：

上千　　成百　　近五百　　将近两万

约六十　　大约三十九　　约莫七八个

4. “几”和“两”

“几”是疑问代词，有时并不表示疑问，而表示概数，如“几个、几十、几百、十几”。

“两”是基数词，但有时活用作概数，如“过两天我再来、怎么就这么两个人”。这里的“两”实际都可换成“几”，意思不变。

（四）“二”和“两”

它们都表示数目“2”，但用法上有不少差异。

1. 用在量词前面

在一般量词前用“两”。例如：

两个　两件　两张　两次　两趟　两回

“两”可以用在所有的度量衡单位之前（同音同形的传统重量单位“两”除外），而“二”一般多用在中国传统的度量衡单位如“斤、两、钱、石（dàn）、斗、升、顷、亩、分、尺、寸”等之前。例如：

二（两）斤　二（两）斗　二（两）亩

二（两）尺　二（两）分　二两（*两两）

两米　两公斤　两公顷　两立方米

注意：“两位”一般用于客观的计数，如“来了两位客人”；“二位”则用于面称，如“二位里面请”，有尊敬之意。

2. 用于其他场合的情况

除上面跟量词组合的情况外，数词中基本上都用“二”。例如：

二十　九十二　三百二十万　第二　二月　五点二

“两”主要用于“百、千、万、亿”前，处于数字的开头。例如：

二（两）百　二（两）百三　两亿四千万

（五）“俩”和“仨”

“俩（liǎ）”是“两个”的意思，“仨（sā）”是“三个”的意思，它们自身带有量的成分，是数量词。在口语中，一般用“两个、三个”的地方，都可以用“俩、仨”，如“姐妹俩、他俩、仨馒头、仨瓜俩枣”，不能说“姐妹俩个、他俩个、仨个馒头”。需要注意的是，这两个词都有比较浓的北方话口语色彩。

七、量词

量词是表示人或事物、动作行为的计量单位的词。例如：

个　本　件　条　对　批　米　斤　些　点

下　次　回　遍　趟　顿　遭　场　阵　番

年　天　时　分　分钟　秒　会儿

注意：量词本身并不包含数量的意义，即这里的“量”并非指数量。从认知上看，量词实际是在给能够标出界限、可以计算数量的事物分类，所以语言类型比较中常将量词称作分类词，也叫单位词。

（一）量词的主要语法功能

量词一般不能单独使用，基本上都是跟数词结合，组成数量短语。例如：

一个　两根　三块　四批　五回　六斤　一些　一点

正因为如此，人们常将数量短语称为“**数量词**”。下文就用数量词来指代数量短语。

数量词前面有指示代词“这、那”或疑问代词“哪”时，如果其中的数词为“一”，可以省略。例如：

这三段　那几段　哪几段　这/那/哪（一）段

这两次　那几次　哪几次　这/那/哪（一）次

这五天　那几天　哪几天　这/那/哪（一）天

在“喝杯酒、送本书给他”中，量词“杯、本”前的数词“一”也省略了。

（二）量词的分类

根据所计量的对象的差异，汉语的量词大体上可以分为两大类：名量词和动量词。

1. 名量词（物量词）

名量词表示人或事物的计量单位，也叫**物量词**。名量词既有大量的专用量词，也包含借用自其他词类（基本上是名词和动词）的量词。

（1）专用名量词

A. **个体量词**：用于计量个体事物。例如：

个　位　员　把　本　件　张　面　只（zhī）

粒　颗　头　匹　条　根　支　架　台

艘　辆　幅　句　段　篇　首　页　瓣

项　间　所　座　截　节　块　片　笔

其中使用范围最广的是“个”，它的意义和用法已经泛化，通用度比较高，可以称作泛化量词。

B. **集合量词**（集体量词）：用于计量成组或成群的事物。例如：

个体数量确定：双　副　对　打（dá，十二个）

个体数量不定：堆　丛　束　队　班　批　群　帮　伙

C. **度量量词**：用于计量物体的长度（度）、面积、体积（量）、重量（衡）等。例如：

长度：丈　尺　寸　分　米　毫米　公里

面积：亩　分　公顷　平方米　平方公里

体积：升　斗　立方米　立方厘米　立方公里

重量：斤　两　克　磅　公斤/千克　吨

其他：元　角　分　码　伏　安培　赫兹

由度量量词组成的数量词在用法上有一些特殊之处，如：可以直接跟形容词组合（“三米长、一公斤重”），可以在数量词和名词之间加“的”（“三米的布、一公斤的肉”），甚至还可以将这两者结合起来（“三米长的布、一公斤重的肉”）。

D. **类别量词**：用于计量物体的种类。例如：

种　类　样　般　等　路　流　级　品

E. **不定量词**：用于表示不确定的数量。只有下面两个词：

些　点/点儿

F. **复合量词**：由两个或两个以上量词复合而成。例如：

人次　架次　秒立方米　吨公里　小时公里

部集　篇本　台件　台套

这些复合量词表示复合的单位，上下两行各代表一种类型。一个人参观一次是一“人次”，一秒钟流过一立方米是一“秒立方米”，这样，“20人次”既可能是5人每人4次，也可能是2人每人10次，还可能是3人每人4次、4人每人2次的总和，当然也可能是其他。这类复合量词基本上表示的是相乘（或相乘后再相加）的关系。书一部或一集可称为一“部集”，物品一台或一件可称为一“台件”，这样，“20部集”既可能是10部书加10集书，也可能是13部书加7集书，或者其他。这类复合量词的关系是选择不同量词后的相加关系。

还有一个特殊的复合量词“件套”，现在一般指由若干件构成的一套，如“买3件套的床上用品”指的是由被单、被罩、枕套等3件构成的一套床上用品。有时“件套”也可以跟“部集”用法相同，如“三千多件套军事后勤装备”。

（2）借用名量词

可以临时把跟事物相关的名词或动词借用过来用作名量词。例如：

A. 借自名词

一桶油　几碗饭　五碟花生米　八盒点心　两三口饭

一手油　一头白发　一头汗　一身油污　一腿泥　一嘴瞎话

一屋子书　一地鸡毛　一桌子水　一湖水藻　一广场游客

常用的借自名词的名量词大多做容积的计量单位。第二行的名量词表面上看不是容器，其实从使用者的认知加工机制的角度来看，也被视为容器。语言表达是以使用者的认知加工为基础的。

受实际使用场景和对象的限制，与第二、三行的量词结合的数词基本上限于“一”，表示“满”的意思，如可以说“满头白发、满屋子书”，意思不变。根据现实交际的可能，也有不用“一”的情况，如“（摸了）两手油、（堆了）几屋子书”。这两组数量结构中间可以加“的”，如“一头的白发、一屋子的书”，可见这里的数量词带有修饰性，不是单纯的计量。

B. 借自动词

一捆柴　一卷纸　一挑水　一拨人马　一串冰糖葫芦

有一些借用的名量词，当它修饰名词时有很强的修辞色彩，书面语色彩很浓。例如：

一钩残月　一轮圆月　一江春水　一湖春水　一腔热血

一缕情思　一线希望　一丝微笑　一瓣绿意　一月山泉

一弯新月　一抹晚霞　一挂瀑布　一流小溪　一插康乃馨

它们大多借自名词（如前两行），也有的借自动词（如第三行）。有的已经成为与特定名词高频搭配的量词了，有的还只是创造性的临时借用，如“一瓣绿意、一月山泉、一流小溪、一插康乃馨”。语言的创造性往往来自组合对象的重新搭配。

2. 动量词

动量词表示动作行为的计量单位。动量词比名量词少得多。动量词也是既有专用动量词，也有借用动量词。

（1）专用动量词（这类动量词数量不多）

下　次　回　遍　趟　顿　通　遭　阵　番　把　场

（2）借用动量词

可临时把跟动作相关的名词借用过来用作动量词。这在动量词中占多数。例如：

打两枪　　舞几棍　　切一刀　　洗一水　　画几笔

看一眼　　喝一口　　踢一脚　　扫一腿　　打一拳

这些被借用作动量词的名词，基本上是跟动作所凭借的工具以及人体器官等有关的名词。

有些量词既可以做名量词，也可做动量词。例如：

一顿丰盛的晚餐（名量词）　　狠狠地揍了他一顿（动量词）

下了一场大暴雨（名量词）　　夫妻俩大闹了一场（动量词）

（3）关于“看一看”之类的结构

关于“看一看、讲一讲、试一试”这样的结构，其中的“（一）看、（一）讲、（一）试”的性质，语言学界和汉语教学界都有不同认识。其实，将这种用法归入动量词的用法，是有其合理性的，教学中处理起来也有方便之处。我们拿专用动量词和借用动量词来比较：

讲一次：讲了一次、讲上一次、一次就讲清楚了

画几笔：画了几笔、画上几笔、几笔就画完整了

看一看：看了一看、看上一看、一看就看明白了

它们在一些重要的句法结构中表现相同，因此，将“（一）看、（一）讲、（一）试”看作动量词是合适的。这种结构的广泛使用与汉语相关表达需要使用量词而动量词又特别缺乏有关。

当然，这类结构中的数词基本上都是“一”。如果“一”不出现，整个结构就成了动词重叠形式，如“看看、讲讲、试试”。这就能说明为什么汉语动词重叠形式基本上表示“量小”，因为它来源于“看一看”之类的“动词+动量”结构，只是省略了“一”。而名词、形容词、量词及数量词的重叠往往表示量大等，是因为它们直接重叠而来，如“山山水水、干干净净、条条（大路）、一本一本（地）”等，这种量大义与形式多是相匹配的，具有象似性关系。

（三）数量词的主要语法功能

数量词可以充当各个基本句法成分，由名量词构成的结构常做定语、宾语、主语、谓语，由动量词构成的结构常做补语、状语和定语。例如：

①他会说（三种）外语：英语、法语和西班牙语。

②小说，我就借一本；杂志，要借五本。

③这些衣服，一件给你，一件给他，其余的都给小妹。

④苹果三块，香蕉四块。

⑤这篇小说我已经看过〈三遍〉了。

⑥导游［一把］拉住了游客。

⑦我已给过你（两次）机会，你不珍惜。

（四）量词和名词的搭配

汉语中名词跟量词的搭配关系比较复杂。什么名词跟什么量词搭配，虽然能够找到一些理据，但很多时候也只是一种习惯。其中最为复杂的就是个体量词跟名词的搭配问题。例如“一头牛、一头猪、一匹马、一条狗、一只羊、一只老虎、一只狐狸、一只鸡”，不容易说出其中的组合条件。

当然，有时也可以大体上找到一些组合的共性（有的是通过比喻、引申等方式发生关联）。例如：

张：一般用来计量带有平面的片状物，如“纸、画、相片、地图、奖状、唱片、桌子、床、烙饼、渔网、脸”等；还用来计量某些可以张开或闭合的东西，如“弓、嘴”。如果用于物体，则该物体可展开。

片：一般用来计量平而薄的东西，如“瓦、药、树叶、花瓣、雪花、面包、平原、树林、沙漠、蓝天、汪洋”。如果用于物体，则该物体薄而平；如果用于沙漠、海洋之类，则是基于视角感知上的薄而平。引申后还可用于抽象的场景、景象，如“哭声、胡言乱语、新气象、新天地、寂静、漆黑”。

条：一般用来计量条状物，如“绳子、带子、裤子、毛巾、辫子、尾巴、路、街、街道、香烟、船、鱼、蛇、好汉、新闻、命令”。如果用于长条形的物体，则该物体多可弯曲。“好汉”用“条”做量词是比喻用法。“新闻、命令”用“条”做量词与其载体或呈现方式有关。

根：一般用来计量细长物，如“草、葱、针、铁丝、火柴、扁担、树桩、柱子、棍子、蜡烛、油条、香肠、手指、头发、藤、羽毛、线、绳子”。大多数用于直而呈现一定硬度的物体（“线、绳子”等除外）。

扇：一般用来计量能像扇子一样开合的片状物，如“门、窗户、屏风、石磨、门板”。

许多语言没有专用的个体量词，而汉语的个体量词很丰富，这构成了汉语的一个重要特点。特定量词和计量对象之间存在特定的选择关系，即便是通用度比较高的泛化量词“个”，跟名词的搭配也是有限制的。例如：可以说“一个人、一个枕头”，而不能说“一个狗、一个被子”。而且很多能用“个”的名词也常常有专用的量词，如“一个教室、一个教堂”更多的时候说成“一间教室、一座教堂”。这就使得量词在汉语教学过程中成为一个重点和难点。量词的学习主要靠平时的积累。

另外，从语言比较的角度来看，大致存在这样一种互补的情况：有个体量词的语言，名词往往就没有单复数上的要求；没有个体量词的语言，名词往往就有单复数上的要求。对此，我们在前面分析名词后面加“们”的情况时已经有过一些说明。这有助于我们正确使用汉语的“数词＋量词＋名词”这种结构。汉语这种结构有两项基本要求：一是数词和名词之间一般要有量词，因此“三书、五汽车”不能说；二是名词前有了数量词后就不能再用复数的形式，因此“三个姑娘们”不能说，只能说“三个姑娘”或“姑娘们”。留学生中常见的偏误“三姑娘们”就违背了上述两点，这可能是母语背景为英语的学习者从英语的“three girls”等相关表达中直接翻译过来的。其实，不同语言之间的差异有一个很有趣的现象：一种语言在某方面有，往往在另一方面就体现为无，很多现象是互补的。学习语言时认识到了这一点，会有很大的帮助。

当然，对于集合量词、度量量词，一般语言中都有类似的表达，如“一群孩子、一伙强盗、一捆柴火、一篮子鸡蛋”和“一米、一公斤、一升”，在英语中表达为“a group of children、a band of robbers、a bundle of firewood、a basket of eggs”和“a meter、a kilogram、a liter”。不过，这里的“group、band、bundle、basket”和“meter、kilogram、liter”在英语语法描写体系中被看作名词。

（五）量词及数量词的重叠

1. 量词的重叠

单音节量词（主要是个体量词和部分专用动量词）大多可以重叠：名量词重叠后可以充当定语、主语、状语、谓语，但不能做宾语、补语；动量词重叠后一般都是做状语。重叠式的语法意义基本上表示“每一”“逐一”或“多”。例如：

① （条条）大路通罗马。（表示“每一”）

② 村村通电话，家家有电视。（表示“每一”）

③ 这儿淳朴善良的民风［代代］相传。（表示“逐一”）

④ 白云朵朵，春风阵阵。（表示“多”）

⑤ 他特别喜欢听讲座，而且［回回］都提一些稀奇古怪的问题。（表示“每一”）

双音节量词和多音节量词不能重叠，临时借用的量词基本上也不能重叠。外来量词，即便是单音节，也不能重叠，如“米、克”等。

2. 数量词的重叠

数量词也可重叠，构成“一AA”式或“一A一A”式等。重叠式的语法意义也是随着句法位置的不同而有差异。例如：

① （一箱箱）货物堆积在码头。（表示“多”）

② 一个个都是神枪手。（表示“每一”）

③ 获奖人员［一个一个］地走上主席台。（表示“逐一”）

如果重叠式中的数词不是“一”，则只能带上“地”后做状语，表示

"每"。例如：

［两斤两斤］地分　　［三根三根］地拿　　［五粒五粒］地数

（六）时间量的表达问题

由于时间量的表达有一些特殊之处，需要单独说明。

用于计量时间的词主要有"年、月、天、日，星期、周、旬、季，小时、刻（刻钟）、分（分钟）、秒（秒钟），上午、下午、晚上，会儿"等。这些词语之间的语法功能差异比较大，可以分成三组来说明。

1. 月

上面这些词中，"月"前面可以跟数量词组合，但一般不能直接跟数词结合。例如：

一年有十二个月/*一年有十二月

准备了两个月的粮食/*准备了两月的粮食

因此，"月"是个名词。注意："一月、二月、正月"之类表月份的词并不表示时间量，而是指每年的特定时间，本身就是名词，不是数词修饰名词。

2. 年、天、日、周、旬、季、刻（刻钟）、分（分钟）、秒（秒钟）、会儿

这些词的用法与"月"正好相反，它们可以直接跟数词组合，中间不能插入量词。例如：

准备了一年（的）粮食/ *准备了一个年（的）粮食

一连听了50分钟（的）相声/ *一连听了50个分钟（的）相声

可见，这些词本身就是量词（叫作时间量词、时量词），直接跟数词组成数量词。它们不用于个体的计量，组成的数量词和名词之间可以加"的"，其他的如"两天、一日、几周、一旬、四季、两刻（刻钟）、五分（分钟）、十秒（秒钟）"。

与这些词相似，"会儿"也是量词，但所组合的数词只能是"一"，而且组成的数量词后面一般不能再跟名词。例如：

你再等我一会儿吧/ *你再等我一个会儿吧

3. 小时、上午、下午、晚上、星期

这几个词既可以直接跟数词组合，也可以跟数量词组合，其中的量词都是“个”。例如：

长达五（个）小时的演讲

整整抄了一（个）上午/下午/晚上

去西安旅游了两（个）星期

这些词被量词修饰时可以看作名词，这是通常的用法。量词不出现时用法相对受限，这时可以将它们看作借用为量词。当然，说它们是名词兼量词，也无不可。

由此可见，相同的语义范畴，句法上有可能存在着显著的差别。我们在前面说明词的划分标准时，曾以“银”和“铁”为例，说明概念意义相同的词语法功能上存在差别。上面“星期”和“周”的区别与此道理一致。这正是我们主张划分词类以语法功能为根本标准的原因。

八、代词

代词是起代替、指示作用的词。例如：

我　　你　　他　　这　　那　　这里　　那样　　什么　　怎么样

（一）代词的分类

根据代词作用的不同，可以把代词分为三类：

1. 人称代词

人称代词是代替人或事物的词。例如：

表示个体：我　　你（您）　　他（她、它）

表示群体：我们　　咱/咱们　　你们　　他们（她们、它们）

　　　　　大家　　大伙儿　　彼此

表示个体或群体：自己　　自个儿　　别人　　人家

2. 指示代词

指示代词是指示或区别人、事物、情况的词，通常在意义上两两相对。例如：

表近指：这　这儿　这里　这会儿　这些　这样　这么样　这么

表远指：那　那儿　那里　那会儿　那些　那样　那么样　那么

其他：某　本　每　各　另　该　其他　别的　其余

3. 疑问代词

疑问代词是对人、事物或情况表示疑问的词。例如：

谁　什么　哪　哪里　哪儿　多会儿　几时

几　多少　怎样　怎么　怎么样　多

（二）代词的主要语法功能

代词是一类特殊的实词。它是把名词、动词、形容词、数量词、副词中具有代替作用的词归在一起而形成的类，因此，它只是根据代替功能而分出的类，没有语法功能（基于组合关系）上的一致性。代词的作用跟所代替、所指示的词大体相当。也就是说，代词跟所代之词的主要语法功能一致。如果代替的是一般名词，就能像一般名词那样做主语、宾语、定语；如果代替的是动词，就能像动词那样充当谓语；如果代替的是副词，就只能做状语。以疑问代词为例：

① 什么最好？/你想要什么？/什么地方最穷？（代名词）

② 就这么些东西，你随便挑吧。（代数词）

③ 我想把他怎么样就怎么样，谁也管不着。（代动词）

④ 他的眼睛怎么了？（代动词或形容词）

⑤ 他想怎么办就怎么办。（代副词）

上面三类代词的关系及其语法功能，可以用下表4-3来表示：

表4–3　人称代词、指示代词、疑问代词的主要语法功能

按语法功能分类		按作用分类			
所代的词类	所代的内容	人称代词	指示代词		疑问代词
名词	人或事物	我、你、他…… 我们、你们…… 自己……	这、那	某、本……	谁 什么、哪
	处所 方位		这儿、这里 那儿、那里		哪儿 哪里
	时间		这会儿 那会儿、		多会儿 几时
数量词	数量		这么些 那么些		几 多少
动词 形容词	性质 状态		这（么）样 那（么）样		怎么 怎（么）样
副词	方式 程度		这么 那么		多 怎么

（三）代词使用的几种特殊情况

1. “咱/咱们”和“我们”

“咱/咱们”除了包括说话人，还包括听话人在内；“我们”不一定包括听话人在内，既可用作包括式，也可用作排除式。“咱/咱们”有强烈的口语色彩。例如：

①田先生，咱（们）该走了。（包括式）

②田先生，我们该走了，您别忘了行李。（包括式）

③田先生，我们该走了，过几天再来看您。（排除式）

2. “您”和“您们、您几位”

“您”在北京话中是“你”和“你们”的敬称，但受“我—我们、你—你们、他—他们”这个称谓系统的影响，现在也有人用复数形式的“您们”。目前“您们”只偶尔用于书面语中（主要用于写信时），口语中一般用“您几位”这类格式，如“对不起，让您二位久等了”，但也出现了使用范围扩大的趋势。例如：

① 每一份荣耀背后，都离不开您们一直以来的支持与陪伴！

② 今天是您们大婚的日子，我们谨此奉上最真挚的祝福。

③ 他们有没有时间常来微信群或微博解疑，我不担保哦。所以，您们也要多担待多理解。

3.“他、她、它”和“其他、其它”

表示第三人称单数的tā在书面语上分别写作“他、她、它”，“他”指男性，“她”指女性，“它”指物。“他、他们”只有在语境中明确不指女性时，才专指男性，在别的情况下（如无须区分性别或性别不明时）泛指第三人称。“其他”可用于任何性别和事物，如“其他人、其他地方、其他水果”，但指事物时可以用“其它”。没有“其她”一词。

4.“这”和“那”的使用

“这、那”经常做主语，不大做宾语。做主语时，可以指人，也可以指物；做宾语时，只指物，不指人。例如：

① 这/那是刚来的留学生。

② 这/那是那个留学生的宿舍。

③ 他们一到学校，就看看这，问问那，对什么都好奇。

另外，汉语“这”的使用频率远高于“那”，而英语“that”的使用频率远高于“this”。这两种语言在表达所指物体跟交谈双方的距离时都只有近指和远指，没有中指，但汉语实际上是把中指归入了近指，而英语则将中指归入了远指。以“A手里拿着一本教材问B”的场景为例，试比较：

汉语：

A：这是什么？

B：这是教材。

英语：

A：What is this?

B：That is a textbook.

与此类似，汉语常用“这就是说”，英语常说“that is to say”。也就是说，汉语指示附近的位置、刚做的事，一般用“这”以及“这么、这样”等表达。

（四）代词的活用

所谓活用，是指在特定的语境中并不明确指代某个对象，而是用来虚指或任指，如“你一言，我一语”“你追我赶”中的“你”和“我”并非指特定的人。上面三类代词都可以活用，其中疑问代词的非疑问用法是教学中的一个难点。

1. 虚指

代词的**虚指**用法指在特定的语境中代词虽有所指，但不确指任何事物。例如：

①大家你看着我，我看着你，谁也不想说第一句。

②在人群里，她挤来挤去，看看这，看看那，非常冷静，以免上当。

③我看看这一本，又看看那一本，都是好书，价钱凭良心说也真公道。

上面几句中，人称代词“我”和“你”、指示代词“这”和“那”都有所指，但指称、替代的对象不具体、不明确。这种现象就是代词的虚指用法。这两类代词用于虚指时常常成对出现，而且都是单数形式。

疑问代词的虚指用法更为常见，不知道、说不出、不想说出的时候都可以这样用。例如：

④他在地铁口站了半天了，好像是在等谁。

⑤我倒不怕潘佑军的老婆，就怕潘陆军暗地里和她说过什么，这话经她之口传给杜梅。（王朔《过把瘾就死》）

⑥我好像在哪儿见过他，不然怎么这么面熟？

这里的疑问代词“谁”“什么”“哪儿”并不表示疑问，虽有所代但所指不确定。

2. 任指（泛指）

代词的**任指**用法指一个代词在具体的语言环境中，所指的对象是某个整体中的所有成员或者任何一个，没有例外，也叫**泛指**用法。疑问代词的任指用法比较常见。例如：

①他记得当时什么也没有发生，连一片树叶也没有掉下来。（余华《难逃劫数》）

② 我们这些躲在坑道里还活着的人呆呆看了半晌，谁都没说话。（余华《活着》）

③ 要不怎么会读了好几年大学哪儿都不要，又被贬回村里了呢？（梁晓声《毕业生》）

这里的疑问代词“什么”“谁”“哪儿”并不表示疑问，而是表示周遍性，含有“任何事情”“任何人、所有的人”“任何地方、所有地方”的意思。

下面这些句子中的人称代词实际也是表示任指：

④ 人在梦游时，你越说他在梦游，他就会沉入越深的梦境。（王小波《未来世界》）

⑤ 自己的事自己做，自己的言行自己负责。

⑥ 这种人从来都是只顾自己，不管别人。

九、拟声词

拟声词是描摹声音的词，也叫**象声词**。例如：

啪	呼	当当	哗哗	咣当	啪嗒
扑通	乒乓	哗啦啦	轰隆隆	滴滴答答	
噼里啪啦	丁零当啷	叽里咕噜	叽叽喳喳	（溪流）潺潺	
呜呜	（狗）汪汪	（鸭子）嘎	（牛）哞	（羊）咩	

拟声词主要做状语和定语，也可做谓语、补语等，还常作为独立成分使用。例如：

① 林子里［叭］地响了一枪。（做状语）

② 忽听得一阵（砰砰）的打门声。（做定语）

③ 锣声锵锵，鼓声咚咚，号声嗒嗒。（做谓语）

④ 他刚躺下就睡得〈呼呼〉的。（做补语）

⑤ 当当当，前面传来一阵铜锣声。（独立使用）

⑥ 砰！大门被撞开了。（独立使用）

上面拟声词的例子都是描摹事物的声音，实际上拟声词也可描摹人的声音。例如：

⑦ 他哎哟了一声，跌倒在地。（做谓语）

⑧ 她唉地叹了一口气。（做状语）

⑨ 他哈哈哈的笑声响彻整个大厅。（做定语）

如果这种描摹人声音的词独立使用，一般看作叹词。参见虚词中对“叹词”的介绍。

拟声词一般不受其他词修饰。

思考与检测三

一、填空。

1. 词类是根据词的________所划分的类。

2. 能够带宾语的动词是________动词，不能够带宾语的动词是________动词。

3. 离合词是指________的合成词。

4. 能受“很”修饰的形容词是________形容词，不能受“很”修饰的形容词是________形容词。

5. 根据代词作用的不同，代词可以分为________、________、________三类。

二、把下面的词分成名词、动词、形容词三组。

电话　变动　绿化　绿地　碧绿　思考　思绪

高傲　高见　高举　提高　提纲　提升　下班

下面　下降　下贱　鲜红　热烈　热度　反对

反常　反话　反响　反映　繁杂　繁育　沉甸甸

三、给下列名词分别选择至少一个合适的个体量词（有的名词可以跟多个量词搭配）。

虫　厂　刀　风　锅　画　课　筐　门　牛

藕　票　墙　伞　绳　诗　糖　腿　戏　钟

船夫　电池　儿歌　肥皂　钢琴　瓜子　旗子

黄瓜　鸡蛋　浪花　骆驼　炮弹　任务　沙子

四、给下列量词分别选择至少一个合适的名词（有的量词可以跟多个名词搭配）。

1. 个体量词：

扇　顶　本　条　味　枝　首　款　台　幅

2. 集合量词：

双 丛 束 队 对 堆 副 伙 叠 群

五、“漆黑”和“黑暗”都是形容词，它们在用法上有没有什么不同？

六、形容词和区别词有什么异同？请举例说明。

七、下列每句中都有代词活用的情况，请找出活用的代词，并分别指出是虚指还是泛指。

1. 大家你看看我，我看看你，都不动手。
2. 咱不图这，不图那，就图那孩子思想好，干活勤快。
3. 我好像在哪儿见过你。
4. 我哪儿都不想去。
5. 谁也听不懂他说的话。
6. 他一定在说谁。

八、指出下列有偏误的地方，并改正。

1. 你的房间乱，得收拾收拾。
2. 生日那天，二十三四来个留学生来给我过生日。
3. 为了石油，这两个国家战争了。
4. 今年开学，学校简单了一些报名手续。
5. 我今天在王府井书店买了二本书。
6. 他会上提的意见很主要。
7. 我没有什么朋友，每天都非常孤零零的。
8. 一场猛然的车祸，把他胳膊撞断了。
9. 这个养牛场养了一百多只奶牛。
10. 珍妮回国结婚男朋友去了。

九、关于离合词的教学，有人觉得应该先教整体（“合”），然后再教插入、变化的形式（“离”），即先词后语；有人主张反过来，先语后词。你怎么看？为什么？请将两种教法在教学中实践一下，看看它们的实际效果有无差异。

第四节　汉语词类（下）——虚词

汉语虚词主要包括副词、介词、连词、助词、语气词和叹词。若不包括语气词和叹词，现代汉语中的虚词约有八九百个，其中常用的有三四百个。除叹词独立使用外，其他虚词都必须跟实词结合在一起使用。

一、副词

副词经常修饰动词或形容词，表示程度、范围、时间、频率以及肯定或者否定等意义，有的还有一定的关联作用。例如：

很　挺　十分　都　总共　刚才　忽然　一直

到处　必须　不　悄悄　亲自　难道　也许

（一）副词的主要语法功能

1. 除极少数情况外，都只做状语

刚来　悄悄行动　非常兴奋　的确壮观

事情已经那样了，还能怎么办？

孩子出生才十天。

有的副词能修饰整个句子。例如：

难道你不知道哈里已经结婚了吗？

注意："很、极、透"等几个程度副词既可做状语，也可做补语。"很"做补语时前面必须有"得"，其他副词可直接做补语，后加"了"。例如：

［很］快—快得〈很〉　［极］痛苦—痛苦〈极〉了

［透］熟—〈熟〉透了

2. 副词一般不受其他词修饰

如不能说"我的非常、及时的重新、一个马上"等。注意："很不喜欢、马上就来、竟然一直亲自写讲稿"中的"很、马上、竟然"都不是直接修饰线性相邻的副词"不、就、一直"，这些结构的内部层次关系是"很［不喜欢］、马上［就来］、竟然［一直（亲自写讲稿）］”[①]。

3. 副词一般不能单说

只有“不、没有、别、也许、有点儿、一定、差不多、当然、马上、何必、刚好、的确”等少数几个副词可以单说。例如：

①他大声喝道：“不！我绝不离开！”

②A：你以后还会过来吗？

B：当然。

4. 有些副词在句中起关联作用

副词发挥关联作用的情形有以下几种：

（1）单用

画了又画　　死也不吐一个字

说走就走　　学了书法再学国画

（2）前后配合使用

又快又好	边写边改	不达目的不罢休	（叠用）
非走不可	再苦也能坚持	既聪明又勤奋	（成对使用）
只有你去才能把他请来		无论谁都得参加	（跟连词套用）

副词在起关联作用的时候仍然有修饰性，仍然做状语。

（二）副词的分类

副词虽然语法功能比较单一，但其内部成员的语义比较丰富，大体可以分为以下几类：

1. 程度副词

①更　更加　更为　越发/愈发　越加/愈加　分外

稍　稍稍　稍微　略　略微　有点儿　较　比较　较为

$再_1$（最好再热一点儿）　$还_1$（比他还高）

---

① 这句话中的“［ ］”和“（ ）”只表示结构间的层次关系，不标示句法成分。

②很　非常　十分　万分　多么　格外　相当　尤其　过于
挺　太　怪（怪可怜的）　好（好可怜）　真（真好）
最　最为　极　极其　极为　顶　甚　颇（颇有见地）

第①组是相对程度副词，都是有所比较后表示不同的量的程度，大多能用于比较句中；第②组是绝对程度副词，泛指某个确定的程度，一般不能用于比较句中。

2. 范围副词

①都$_1$（他们都来了）　全　总　总共　统统
几乎　净（浑身净是泥）　皆　俱　凡
一共　一概　一律　一并　一味（他一味讨好别人）
②只　就$_1$（别人都到了，就他还没来）　才$_1$（才考50分）
光（光靠他可不行）　仅　仅仅　单　单单
独（独撰论文十余篇）　唯独　不过　只是

第①组表示总括，第②组表示限定。

3. 时间副词

本来$_1$（他本来不想去，被我劝去了）　不时　才$_2$（你怎么现在才来）
曾　曾经　迟早　从来　都$_2$（这本书我都看完了，他还没看）　顿时
赶紧　赶忙　刚　刚刚　还$_2$（还在哭）　还是　忽然　将
将要　就$_2$（别催了，我这就来）　就要　老（最近老没见着他）　历来
立刻　连忙　马上　仍　仍旧　霎时　始终　随即　先　向来　一向
依然　已　已经　永远　在　早　早已　早就　正　正在

4. 频率副词（也叫频度副词）

又　再$_2$（再去一趟）　再三　一再　一直　也$_1$（你去我也去）
还$_3$（刚去过，还要去）　常　常常　经常　时时　时常
往往　始终　总是　仍然　屡次　反复　不断　重　重新

5. 否定副词

不 没 没有
未必 未曾 不必 不免 未免 不由得
未 别 莫 勿 甭 非（非去不可） 休（休要管他）

6. 方式副词（也叫**情态副词、描摹副词**）

暗暗 白（白跑） 百般 匆匆 独自 分别（分别介绍） 互相
急忙 渐渐 空（空跑） 陆续 猛然 悄悄 亲自 擅自 死死
特地 一道 一齐 一起 一同 毅然 逐步 逐渐 逐一 自相

7. 语气副词（也叫**评注副词**）

本来$_2$（他本来就该休假，你偏不让） 不妨 当然 倒 到底 的确
都$_3$（天都亮了他还没睡着） 反倒 反而 反正 根本 果然 何必
何不 何尝 何苦 简直 竟 竟然 究竟 就$_3$（我就不去） 就是
居然 可 亏 明明 莫非 难道 难怪 难免 偏 偏偏 其实 岂
恰恰 却 甚至 索性 无非 幸而 幸亏 千万 万万
也$_2$（三岁孩子也都知道，你竟然不清楚） 真的 只好 终于
必 必须 必定 一定 必然 务必 绝对 准 保准 一准
也许 或许 大约 大概（电脑大概能修好）

需要说明的是，副词虽然语法功能简单，但每个副词的个性都比较强，而且大多数副词的意义比较虚，有时一个副词有多种意义，因此应该作为教学的一个重点。

（三）副词的位置与表达

有不少副词在句中的位置不同，所表达的意思就可能发生改变。例如：

① 他七点钟才起床。

② 才七点钟他就起床了。

例①意指起迟了，前提是：起床应早在七点钟之前；例②意指起早了，前提是：起床应在七点钟之后。

③ 他幸亏带了雨伞。

④ 幸亏他带了雨伞。

例③中的“幸亏”修饰动词，受益者只是“他”，后续句常是“不然就要挨淋了”；例④中的“幸亏”修饰全句，受益者可以是“他”，也可以是别的人，后续句常是“不然就要淋雨了/不然孩子就要淋雨了”。

⑤ 我对这个人不太了解。

⑥ 我对这个人太不了解。

例⑤中“不太了解”指虽有一些了解，但不是很了解，“不”修饰“太了解”；例⑥中“太不了解”指很不了解，“太”修饰“不了解”。

⑦ 笔墨纸张都买齐了。

⑧ 都十二点了，还不休息。

⑨ 几年不见，都认不出来了。

例⑦中的“都”是表总括的范围副词，统括前面的“笔墨纸张”，“都”可以重读；例⑧和⑨中的“都”是表强调口气的语气副词，不能重读。

（四）“不”和“没/没有”的区别

“不”和“没/没有”是汉语中两个最常用的否定副词，虽然都表示否定，但在意义上和用法上具有明显的差别。

“不”主要用来否定动词性或形容词性成分，否定的主要是判断、客观事实、意愿、动作行为、可能性和性质状态等。例如：

① 读书不是为了自我陶醉，而是为了与时俱进。（否定判断）

② 海南冬天从来不下雪。（否定客观事实）

③ 有的人宁可饿死，也不吃“嗟来之食”。（否定意愿）

④ 我不喝白酒，喝红酒。（否定动作）

⑤ 我们不可能再回到从前。（否定可能性）

⑥ 今年的西瓜一点也不甜。（否定性质状态）

“没/没有”根据被否定成分的词类性质差异，可分为两种用法：

一是否定名词性成分时，主要否定领有或存在。此时“没”或“没有”是动词，做述语。例如：

⑦ 我没时间和你解释太多。

⑧ 大街上没人了，感觉空荡荡的。

⑨ 没有人能够随随便便成功，除非真的经历风霜雨雪的摧残。

⑩ 书到用时方恨少，而现在的情况是根本没有书。

二是否定动词性或形容词性成分时，主要否定的是动作行为的发生、完成或某种状态的出现。此时“没”或“没有”是副词，做状语。例如：

⑪ 他的工作不仅效率高而且从没有发生过差错。（否定动作的发生）

⑫ 我们还没喝完呢。（否定动作的完成）

⑬ 鸡蛋一看就还没熟。（否定状态的出现）

具体说来，“不”和“没/没有”的区别主要体现在以下几个方面：

两者都可以用来否定动作行为，但此时“不”涉及主观意愿，而“没/没有”不带有主观意愿。如“我不去北京”有“不愿意去、不想去”的意思，“我没去北京”只是客观叙述在说话之前我还不曾去过北京。

两者也都可用来否定性质状态，只不过“不”侧重的是主观上对某种性状程度的否定，而“没/没有”主要用来否定某种性状的产生和变化。例如：“不红”是对“红”这种性状的程度的否定（“苹果不红”意思是“苹果不够红”），“没红”是直接对“红”这一性状的出现或产生的否定（“苹果没红”的意思是“苹果可能是青的”）。

从根本上来说，“不”否定的是一个连续的动作或状态，“没/没有”否定的是有变化的动作或状态。这从跟它们相对应的肯定形式中也可以看出，如“不去—去、不红—红”“没去—去了、没红—红了”。还可以从它们的搭配情况看出，如“不拿—没拿、不喜欢—没喜欢、不让—没让、不进—没进”都可以说，而“像、是”只能用“不”来否定，“遗失、吃过”只能用“没/没有”来否定。像“吃完、洗干净”之类带有结果的结构，都只能用“没”来否定。这些本质差别还体现在下面的两点上：

时间用法上的差别。“不”多用于现在、将来，也可用于过去；而“没/没有”基本上只用于过去和现在。试比较：

⑭ 这样的事情我从来不做，以前不会，现在不会，将来也不会，永远都不会。

⑮ 上次的班级集体活动你没参加，这次小玉没参加，下次你们还不参加不太好吧。

“没/没有”偶尔用于将来，指某个动作将不会发生，某种情况不会出现，也与意愿无关。例如：

⑯ 明天他还没回来呢，你后天再过来讨论吧。

“不”可用在所有能愿动词前，而“没/没有”只能用在“能、能够、要、肯、敢”等少数几个能愿动词前，如可以说“我不愿与他同行”，不能说“我没愿与他同行”。即使都能否定的能愿动词，在否定时所表达的侧重点也不同。如：“我不能参加你们的讨论会”，侧重主观意愿和条件；“我没能参加你们的讨论会”，侧重客观情况。

二、介词

介词是起引介、标志作用的虚词。例如：

在　从　对　对于　关于　按照　为了　除了　比

介词必须跟所引介的成分一起组成介宾短语，共同修饰动词或形容词，有时也共同修饰名词（需要加“的”）。例如：

对读者负责　关于环境保护的问题　比他高

（一）介词的主要语法功能

1. 介词不能单独充当句法成分

如不能说“他从、他们根据、我对于”。

2. 能用在名词、代词、动词（主要是名词）前组成介宾短语，主要充当状语

① 他［在西藏自治区］工作。

② 我已经［向他］转达了你的问候。

③［通过学习］我的认知水平有了很大提高。

有少数介词（“关于、对、对于”之类）形成的介宾短语带上“的”后可以做定语：

④ 我知道不少（关于月亮）的传说。

⑤ 大家（对上课进度）的建议，我们会认真考虑的。

介宾短语有时可以做补语：

⑥ 从清晨工作〈到深夜〉。

⑦ 巴金出生〈于1904年〉，逝世〈于2005年〉。

做补语的介宾短语中的介词在韵律上往往跟前面的动词连在一起，也就是说，停顿出现在介词之后，如“（从清晨）工作到/深夜、（鲁迅）出生于/1881年”。这些结构中如果能带表示动态的“了”的话，“了”要放在介词的后边，如“工作到了深夜、放在了桌上、走到了终点”。这是汉语介词用法比较特殊的地方。这种现象体现了汉语语法系统中句法结构和韵律结构的不完全对应，或者更准确地说，这是韵律和语法交互作用的体现。像“勇于、敢于、善于”这样的“单音节＋于”的词，已经成为一个必须带上宾语的及物动词了。韵律语法是我们观察语法现象的一个新视角，一直没有受到应有的关注。

在口语里，某些单音节动词后接“在＋处所”时，有时“在”可以不出现，如“搁桌上、藏衣柜里、躺沙发上、住上海、存银行”，此时这里的处所往往被直接分析为动词的处所宾语。这些单音节动词如“摆、藏、存、倒、吊、蹲、躲、放、飞、搁、挂、关、跪、记、靠、立、晾、趴、泼、睡、锁、躺、跳、贴、写、印、粘、站、住、坐”等。双音节动词通常一般不能省去“在”，如“搁置在桌上、蹲守在村口”，这样使用有较浓的书面语色彩。

（二）介词的分类

介词虽然语法功能比较单纯，但其所引介的对象比较复杂。根据介宾短语与后面被修饰成分的关系，可以把介词大体分成以下几类：

1. 引介时间、处所、方向

从	自	自从	打	在	到	于	至	
及至	向	往	朝	朝着	奔			
由	沿	沿着	顺	顺着	趁	趁着	当	当着

2. 引介方式、依据、工具

以	凭	论	经	经过	通过	拿	按	照
按照	据	根据	随着	依照	遵照	本着	用	靠

3. 引介对象、范围

对　对于　关于　至于　和　跟　同　与

朝　向　为　给　替　于　把　将　管

4. 引介比较的对象

比　较

5. 引介被动关系的引起者

被　叫　让　给

6. 引介排除的对象

除　除了[①]

7. 引介原因或理由

因　因为　由于　由

8. 引介目的

为了　为　为着

在同一个句子中，若干介宾短语可以同时出现。例如：

我［为了他的问题］目的［按这个方案］方式［在很多地方］处所［向不少人］对象调查了不少材料。

由于汉语的介词大都是由及物动词虚化而来，有的介词虚化的程度并不深，因此会出现介词和动词同形的情况，需要结合具体句法关系来确定它们的词性。例如：

在：① 他住在学校吗？　　（介词）

② 他是在学校还是不在？　　（动词）

这属于词的兼类现象。关于词的兼类问题，下文将有相关说明。

① 除了引介排除的对象外，“除了”还可将引进的对象包含在内，表示补充，如“我除了学习汉语，也学习日语”。

三、连词

连词是在语法结构中只起连接作用的虚词。例如：

和　　跟　　同　　与　　及　　而　　并　　因　　或

并且　　或者　　如果　　不但　　但是　　因为　　所以

连词可以连接词、短语和句子，有的连词甚至还能连接比句子大的单位。

（一）连词的主要语法功能

1. 连词不能充当句法成分

连词只有连接作用，表示两个语法单位之间的各种关系，不起任何修饰或补充的作用。

2. 连词既可以用于主语之后，也可用于主语之前，这是连词区别于其他词类的一个重要特点

① 如果你心中有绿洲，就能走出沙漠。

② 你如果心中有绿洲，就能走出沙漠。

当然，这有一定的条件。上面每个例子中所包含的两个小句的主语相同，此时连词可以用在前一个小句的主语之前或之后；如果两个小句的主语不同，连词一般用在前一个小句的主语之前。例如：

③ a. 如果你把善行看作施舍，别人就未必接受你的善行。

b. ？你如果把善行看作施舍，别人就未必接受你的善行。

④ a. 虽然现在还是冬天，但是春天就在眼前。

b. ？现在虽然还是冬天，但是春天就在眼前。

注意：“和、跟、同、因、因为、由于”等，既可做连词，也可做介词。

（二）连词的分类

根据连接对象的差异，连词可以分为以下几类：

1. 词间连词

这类连词在词或短语之间起连接作用。例如：

和　　与　　同　　跟　　及　　以及

这些连词只能用来连接词或短语，不能用来连接分句。它们一般单独起连接作用，如“我和他、战争与和平、我的哥哥跟他的姐姐、开会以及写总结”。

2. 句间连词

这类连词在分句之间起连接作用。例如：

虽然……但是……　　不但（不仅）……而且……

因为……所以……　　如果……那么……

要么……否则……　　与其……不如……

尚且……何况……　　尽管……可是（但是）……

即使　　然而　　还是　　宁可　　以致　　从而　　于是

句间连词只能用来连接分句，不能用来连接词语。它们常常配对使用，相互应和。有时虽然形式上只出现了一个，但这种相互配合、应和的关系仍然存在。例如：

① 我身体不怎么好，可是每星期讲几节课是没有问题的。

② 虽然我身体不怎么好，每星期讲几节课还是没有问题的。

例①中的句间连词“可是”和隐含的“虽然”之类的关系词语相应和，例②中的“虽然”和隐含的“但是”之类的关系词语相应和（实际上句中的副词“还”也起到了关联作用）。不过，汉语中这种成对出现的关联词，如果只出现一个的话，一般出现在后面小句的句首，不管后面小句是主句还是从句，如例①中的“可是”和例③中的“虽然”。

③ 每星期讲几节课是没有问题的，虽然我身体不怎么好。

关于句间连词的语义和用法，我们将在后文“复句”一节中具体说明。

3. “并、并且、而、而且、或、或者、还是、要么”既能做词间连词，也能做句间连词

① 这个躬着背，双手插在袖管里的老人，让雪花飘落并且融化在他胸口上。（余华《在细雨中呼喊》）

② 韩冬生不懂京剧，并且不喜欢一切戏曲。（刘心武《公共汽车咏叹调》）

③ 我们以为人生是出悲剧或者喜剧，其实不然，你能走出悲剧，最终往往是喜剧；你若沉湎喜剧，结局又常常是悲剧。

④ 这些东西，全装在镜框里，或者蒙上塑料薄膜。（叶蔚林《蓝蓝的木兰溪》）

四、助词

助词是附着在实词、短语或句子之上的虚词。助词只表示语法意义，没有实在的词汇意义。根据出现的位置可以把助词分为两类：

后附的助词：	的	地	得	似的	
	了	着	过	看	来着
	们	来	把		
	等	等等	什么的		
前附的助词：	所	被	给	连	

由于每个助词的意义和用法都个性鲜明，难以把握，因此一直是语言学习的重点和难点。

（一）助词的主要语法功能

助词黏附性强，必须附着在其他词语的后头或前头。也就是说，助词不能脱离其他语言单位而独立使用。由于助词的个性很强，我们将在下面“助词的分类”中分别介绍汉语中重要助词的语法表现。

（二）助词的分类

助词的用法特别“虚”，根据其在所“助”结构中发挥作用的不同，可以分为结构助词和动态助词两大类。下面主要介绍结构助词“的、地、得”和动态助词“了、着、过”，对其他助词的用法也做一些说明。

1. 结构助词“的、地、得”

结构助词主要是把中心语和附加成分（定语、状语、补语）连接起来，表示某种结构关系。最常见的结构助词是“的、地、得”。

“的、地、得”在口语中都读轻声（de），但作用不一样，在现代汉语书面上习惯写成三个不同的汉字。

（1）的：连接一部分定语和中心语

妈妈的眼镜　她的头发　美丽的祖国　参观的人

水声潺潺的山涧　骑着高头大马的将军

“的”常常附加在一个词或短语的后边，构成一个“的”字短语。例如：

中国的　红的　我的　这样的　睡觉的　吃的

卖菜的　我所了解的　戴着一副黑边眼镜的

“的”字短语的作用相当于一个名词，在句中做主语或宾语。例如：

吃的||已经准备好了。

你||怎么老是欺负外来打工的？

（2）地：连接一部分状语和中心语

潇洒地挥手　悄悄地说　飞快地跑　愉快地接受

快快乐乐地生活　眼泪汪汪地诉说　整天大鱼大肉地吃

（3）得：连接一部分述补短语的中心语和补语

听得懂　讲得不错　提得起来　快活得很

看得我眼花缭乱　骂得小明大气都不敢出

2. 动态助词“了、着、过”

动态助词附着在动词、形容词之后，表示动作、性状的发生或存在的状态。它们也往往被称为体助词。最常见的动态助词是“了、着、过”。

（1）了：表示动作的完成或变化的实现（即状态的出现）

一般而言，动作行为有一个从开始到完成的过程，状态也有从开始出现到变化结束的过程。用“了”就可以表示这种动作或状态的变动情况。例如：

做了作业　到了纽约　看了一遍　会议开了一天

橘子红了　菜花黄了　麦子熟了　面目模糊了

如果某个动词没有动作的过程，某个形容词不能表示状态的改变，一般就不能加“了”，如不能说“属了、等于了”“碧绿了、黄灿灿了”。

母语非汉语的学习者对汉语的动态助词“了”的使用往往把握不好（汉语中还有一个表示语气的“了”，下文再说明）。其实，学习“了”关键要抓住一点：动态助词“了”用在突出某种结果出现（或者是动作的完成，或者是变化的实现）的场合。这种结果的出现隐含着存在某一过程。例如：

① 他想起了那次考试，不由得捶了几下自己的脑袋。

② 这本书我看了三天还没有看完。

③ 经你一劝说，我心情轻松了一大截。

④ 这个月就晴了四五天。

这些句子中的“了”显然都是突出某种结果。

在表达一连串动作的句子中，动态助词“了”一般用在最后一个动词性成分后，这是因为一连串的动作形成一个整体事件，因而“了”一般放在最后一个完成的动作动词之后，整个句子构成一个整体的句调。例如：

⑤ 打完球就洗了个澡。

⑥ 他拿起皮包冲出家门跨上了自行车。

前面的动词性成分后也不是不能用，如果想依次突出这些动作完成的结果，即把每个动作都看作一个独立的事件，也是可以用的，每个分句各有一个句调。例如：

⑦ 打完了球就洗了个澡。

⑧ 他拿起了皮包，冲出了家门，跨上了自行车。

有时“了”也可以用于未来发生的动作。例如：

⑨ 明天我下了课就去看足球比赛。

这里第一个动作先于第二个动作。其实，相对于后一个动作的出现，前一个动作也是完成了的，即已经有了结果，只不过是未来完成而已。

当然，动态助词“了”的用法比上面说的还要复杂一些，但把握了最关键的一点也就找到了突破口。

（2）着：表示动作或状态的持续

动作可以持续，状态也可以持续。动作的持续，如：

窗外下着雪　　手里拿着一本书　　齐声唱着英文歌

表示动作的持续时通常可以用“正、在、正在”来修饰，如“窗外正下着雪”。

状态的持续，如：

穿着西服　　戴着一顶黑皮帽　　台上坐着主席团

亮着灯　　窗户朝南开着　　小马驹都在树林里拴着

站着说　　扶着老人上车　　骑着摩托车逃走了

“穿着西服”中的“穿”这一动作已经完成了，这种动作的结果作为一种状态而存在；“亮着灯”是“亮”这种状态的持续；“站着说”中有两个动作，前一动作“站”是后一动作“说”的伴随动作，“站着”既是动作的持续，这种动作本身也是一种状态。

既然这两种持续有重合的地方，那么有时一个句子就可能兼有这两种意思。例如：

河边种着树　　山上架着炮　　屋里摆着结婚用品

以“河边种着树”为例，既可指河边正在种树，这是动作的持续；也可指树种在河边，河边一直有已经种了的树，这是动作后状态的持续。

（3）过：表示曾经有过某种动作或者状态，现在该动作已不再进行，该状态已不再存在

看过那部电影　　到过非洲　　看过一遍

曾经漂亮过　　小时候胖过　　一直没闲过

值得注意的是：说某个动作曾经发生过、某个状态曾经存在过，目的不在于过去的动作或状态本身，而是着眼于这个动作或状态跟“当前”正在讨论的事情有关，或者对正在谈论的话题有影响。例如：

① 我看过那部电影，现在还能记得个大概。

② 我看过那部电影，可是已经忘记主角是谁了。

③ 我也曾经漂亮过，几十年的风雨才使我变成现在这个样子。

3. 其他助词

除了“的、地、得”和“了、着、过”这些助词外，常用助词还有不少，用法也都很特殊。下面再简单介绍一些，其中“所、给、被、连、似的、来、把、左右、上下、们”和“等、等等、什么的”属于结构助词，“看、来着”属于动态助词。

（1）所：经常附着在及物动词前边，组成“所”字短语，作用相当于一个名词，其中一部分已经凝固成词，可以单独指称事物

所见　　所闻　　所想　　所知　　（各尽）所能

更多的情况下，“所”字短语一般做定语（带上“的”）修饰别的名词，如“所写的小说、所做的事情、所策划的方案”，其中的名词在语义上是前面动词支配的对象。这种结构多用于书面语，口语里很少用。

（2）给：直接用在谓语动词前面，整个句子表示被动、处置等意思，有加强语气的作用

① 错的地方都给改过来了。

② 裙子被妈妈给收起来了。

③ 妈妈把裙子给收起来了。

这种“给”既用于被动句（如例①②），也用于主动句（如例③）。无论何种情况，动词支配的对象一定出现在“给”之前，做主语或“把”的宾语。类似例①的句子，如果“给”后出现了动作的发出者，如“错误的地方都给他改过来了”，这时的“给”是介词，而不再是助词。类似例②③的句子，动作的发出者已经在前面出现后，便不能再在“给”的后面出现了。

这种“给”字句具有很强的口语色彩，其中的“给”可不出现，但删去后口语色彩减弱。

（3）被：直接用在谓语动词前面，整个句子表示被动的意思

① 错的地方都被改过来了。

② 所有的人都被叫到操场上去了。

这种被动句中的“被”后面没有出现动作的发出者。如果“被”后出现了动作的发出者，如“错误的地方都被他改过来了”，这时的“被”是介词，而不再是助词。

相对于上面的“给”字句，这种“被”字句的口语性弱一些。

（4）连：用在要强调的成分之前，含有对比的意味，意思与“甚至”近似；后面一定要有“都”“也”配合使用

① 他连县城都没去过，更别说省城、首都了。

② 连王教授也没有见过这个字。

③ 我近来忙得连眨眼的时间都没有。

④ 连想也没想，他就报了名。

由于“连”后引进的成分可以做主语（如例②中的“王教授”），因此，“连”不宜看作介词，因为介词没有这种用法。

由“连……都/也……”构成的句式是一种强调句式，一般称作“连”字句。

这种用法还有一个特殊之处，就是“连”可以删去而不改变句子基本意思，此时被强调的成分（即“都/也”前面的成分）通常可以重读。

（5）似的：读shìde，可以附着在实词或短语之后，整体充当修饰语或谓语。这是一种比喻表达。它常常跟“像”配合使用

外星人似的打扮　　河水流动似的笑声

木头似的站在那儿　　这腿软得棉花似的

马车像小蚂蚁似的，在茫无际涯的草原上移动。

（6）来、把、多：经常附着在数词或量词之后，表示概数

百来人　　八里来路　　万把人　　百把里　　二十多个

（7）们：经常附着在指人的一般名词和人称代词后面，表示“群”的意义。其中，“朋友们、女士们、同胞们”中的“们”是助词，“我们、你们、他们（她们、它们）”中的“们”实际是后缀（关于“们”的意义和用法，参见上节“名词”一节中关于名词后面加“们”现象的相关说明）

（8）等、等等、什么的：这三个词都可以表示列举未尽。“什么的”具有口语性

① 唐代著名的诗人有李白、杜甫、白居易等。

② 他以妈妈式的耐心察看温度、光线、音响等等。（刘亚洲《恩来》）

③ 每次搬家都会遗失一些信件什么的。（余华《战栗》）

④（他）每天，书包里带块干粮，或者几个土豆，一棒玉米什么的，顶着星星去上学。（梁晓声《表弟》）

但是“等”还有列举已尽的用法，用在列举末项之后，这时后面往往有数量短语。这种用法只用于书面语。例如：

⑤ 这几年我们教研室先后开设了生成语法、认知语法、功能语法、构式语法、韵律语法、语体语法等六门语法前沿课程。

（9）看：用在动词性成分后表示尝试，通常称这种动态为尝试态；此时动词常用重叠形式或带上动量或时量补语；具有口语性，多用于对话中；也可用“看看”，若动词性成分比较复杂，往往多用“看看”

试试看　　讲讲看　　找找材料看（看）　　花点时间看（看）

喊一喊看　　唱一遍看　　先试验半年看（看）

（10）来着：位于句末，表示事情发生在不久前；只用在口语中

① 昨晚上我在剧院里见她来着。

② 我刚才去车站接人来着，不在家。

也可用来询问曾经知道但现在想不起来了的事情。例如：

③ 故宫的房子有多少间来着？有九千多间吧。

④ 喂，那个影星说什么来着？

五、语气词

语气词是附着在句子或别的词语后边表示某种语气的虚词。语气词都读轻声。普通话中最常用的语气词是“的、了、吧、吗、么、呢、啊、罢了”等。

跟印欧语相比，语气词是汉语中特有的一类词。对于母语为非汉语的学习者来说，语气词是语法学习的难点之一。

（一）语气词的特点

1. 附着性强，只能附着在句子或别的词语后边

语气词一般位于句末，但也可以出现在句中停顿处。例如：

① A：他来了吗？

B：他呀，还没见到影子呢。

② 汉语啊，英语啊，法语啊，德语啊，他都会。

由于语气词有很强的附着性，所以有的教材将它归入助词，称为**语气助词**。

2. 一个语气词总是表达某种语气，但它只是表达语气的手段之一，而且常跟语调一起表达语气

（二）语气词的分类

根据语气词所出现的句子种类（句类）的不同，可以大体分成以下几类：

1. 用于陈述句的

的　　了　　$呢_1$　　$啊_1$　　$吧_1$

啦$_1$　哪　呐　喽　嘛　呗　啵

罢了（而已）　也罢　也好　好了　着　着呢

2. 用于疑问句的

吗　么　呢$_2$　吧$_2$　啊$_2$　啦$_2$

3. 用于祈使句的

吧$_3$　啊$_3$　欸$_1$

4. 用于感叹句的

啊$_4$　欸$_2$　呢$_3$

上面这些语气词中，有的是两个语气词连用而产生的合音形式（后一个语气词以元音开头）。例如：

了＋啊→啦（le＋a→la）　呢＋啊→哪/呐（ne＋a→na / ne）

了＋哟→喽（le＋yo→lou）　么＋啊→嘛（me＋a→ma）

吧＋欸→呗（ba＋ei→bei）

这些语气词，需要重点掌握的就是"的、了、吗、么、呢、吧、啊、罢了"这几个比较常用的语气词。下面是这些常用语气词所表达的主要语法意义：

（1）的：表示情况本来如此，加强肯定语气

① 你放心，我一定会回来的。

② 这堆苹果，我刚才亲自数过的。

（2）了：表示已经如此或出现新情况

① 我已经是大学生了，你还天天把我当小孩子。

② 瞧，外面下雨了。

③ 我已经写完了毕业论文了。（第一个"了"是动态助词）

（3）吗：表示疑问，希望得到证实

① 你对这儿的情况这么熟悉，以前来过这儿吗？

② 3乘以7等于21吗？

（4）么：表示可疑，常带有反问的意味

① 别人糊涂，她能糊涂么？

② 这点破东西有那么值钱么？

（5）呢：表示提醒注意（用于陈述句）、疑问（用于疑问句）、夸张（用于感叹句）

① 他正在卧室里睡大觉呢。（陈述句）

② 我那双新球鞋呢？（疑问句）

③ 他会折好多种飞机呢！（感叹句）

（6）吧：用于陈述句、疑问句中表示猜测并寻求对方确认自己的判断；用于祈使句中表示委婉地劝说或商量去做某事

① 他把借的钱都还你了吧。（陈述句）

② 他该不会忘记开会的事儿吧？（疑问句）

③ 你明天早点过来吧。（祈使句）

（7）啊：增加感情色彩。用于陈述句、疑问句、感叹句中有舒缓语气的作用；用于祈使句，表示提醒对方注意做某事，在肯定祈使句中有催促的意味，在否定祈使句中有劝阻的意味

① 每个人都有每个人的难处啊。（陈述句）

② 你近来身体怎么样啊？（疑问句）

③ 他可真是好人啊！（感叹句）

④ 还有500米呢，快跑啊！（肯定祈使句）

⑤ 只有500米了，可别停下来不跑了啊！（否定祈使句）

（8）罢了：表示把事情往小、轻的方面说，不过如此（用于表示谦虚、轻视或安慰人等）

① 不用客气，我不过略表心意罢了。（谦虚）

② 就几块钱罢了，急什么急？（轻视）

③ 这孩子没有什么大病，不过着了点凉罢了。（安慰）

值得注意的是，“的”和“了”都有助词（结构助词或动态助词）和语气词两种用法。“的”既可以做结构助词（如“孩子的眼睛、美丽的心灵、大家所了解的”），也可以做语气词（“他会告诉你的、是他发现这枚古钱的”），两者的区别比较明显。“了”既可以做动态助词（如“打了电话、大风刮了一个晚上”），也可以做语气词（如“打电话了、刮大风了”），可是由于两者的区别不够显豁，有时不好把握，但也有关键的区别之处：当我们强调动作或状态的变

动情况本身时，实际就是在强调一种“动态”过程，这就是动态助词；而当我们强调新情况、新状态跟现在的联系时，这就是语气词。如下面例④中的“打了电话”，重在强调动作过程的完成，打电话的事件结束了；例⑤中的“打电话了”，强调打过电话这种新情况跟现在的联系，不着眼于打电话事件的过程，意在说明已经联系过了，不需要再联系了。

④ 刚给他打了电话，还没联系上。

⑤ 请放心，他已经在打电话了。

两个“了”可以配合使用，如“打了电话了”，前面的“了”是动态助词，后面的“了”是语气词。动态助词跟事件动作有关，因此靠近动词；语气词是用来表示整个表达的语气的，因此放在句末。这是语言表达对现实的模拟。而“我打了”中的“了”既可能是动态助词（来自于“我打了电话”的省略，如“我打了就走”），也可能是语气词（来自于“打电话了”的省略，如“我打了，她已经知道了”），还可能同时包含这两种用法（来自于“我打了电话了”中“电话”的省略，两个“了”合而为一）。

六、叹词

叹词是表示感叹、呼唤、应答的词。例如：

表示感叹：唉　啊　哼　呸　咦　嘿　喔　哟　哦
　　　　　噢　咳　哎哟　哎呀　哈哈

表示呼唤：喂　哎　嗳　嗨

表示应答：嗯　哎　唔　啊

叹词很特殊，常做感叹语，独立于句子基本结构之外，也能独立成句。它在句子中的位置比较灵活，但通常位于句子的开始。书面上通常用逗号或叹号将叹词跟句子的主体隔开。例如：

① 哎哟，我的妈哟，外头跟下火的似的嘿，呵，哎呀，我也享受享受这空调。（王朔《编辑部的故事》）

② 哎呀呀，都火上房了还惦着跑不跑的事，就是你要留我们也不敢留了。（何玉茹《一个叫李文娟的人》）

③ A：喂！说你呢，快过来一下。

B：哎，这就来。

注意，不少叹词没有固定的书写形式，如“ɑ”一般写作“啊”，但在某些文学作品中写作“呵”，但我们要尽量采取比较通行的写法。

七、词的兼类和活用

在语法系统中，大多数词都可以按语法功能的异同归入不同的词类，即一个词属于一个词类；但也有少部分词同时兼有不同的语法功能，因而可以归入不同的词类，这样的词一般称作**兼类词**，这样的现象叫**词的兼类**现象。例如：

代表：① 大家推举一位代表去领奖。（名词）

② 你代表大家去领奖吧。（动词）

因为：① 他因为这件事而受到了批评。（介词）

② 因为曾经爱过，所以更加伤心。（连词）

词语出现兼类的前提是不同词类的词在意义上要有联系，如果没有联系，那只能叫同音词。例如：

花[1]：院子里种了不少花。（名词，指植物的一部分）

花[2]：他网购花了不少钱。（动词，指因使用而消耗掉钱等）

有的词可以临时活用为其他词类，这样的现象一般称作**词类活用**。例如：

阿Q：① 阿Q经常用假想的胜利来安慰自己。（名词，常规用法）

② 他这个人一直很阿Q，倒也很自在。（临时活用为形容词）

临时活用不看作词的兼类，因为这种用法一旦脱离了特定语境，这种语法功能就不存在了。当然，有的活用现象使用频率较高，就慢慢固化成一个新的功能类型。

思考与检测四

一、用短竖线“|”把下面一段话的词划分开，并指出每个词的词性。

她趴在窗台上向窗外看，忽然发现眼前飞过一只雪白的小鸟。她张开嘴，想问一句，喂，小鸟，你飞到什么地方去呀？可是，她没有出声，静静地看着鸟儿飞了过去。

二、形容词和副词有什么不同？请举例说明。

三、指出下列各组中加点的兼类词或同形词各属于什么词类。

1. 比

①你俩来比一比，看谁高。

②今天的天气比昨天更冷了。

③我把祖国比成母亲。

2. 管

①王明一直管着我们班的文体活动。

②大家管她叫假小子。

③这管口红颜色很漂亮，你试试看。

3. 给

①刚装上的玻璃又给冰雹砸碎了。

②祖国给了我无限的温暖。

③忙了一整天，把那件事给忘得干干净净。

④奶奶给孙女讲过牛郎织女的故事。

4. 在

①赵老师一直在香港工作。

②他在做实验的时候，你要认真观察。

③他不在图书馆，在食堂。

④在这件事上，我也没有什么好的主意。

5. 要

①你要我去，我偏不去。

②明天要下雨，运动会就延期了。

③有人要这张邮票吗？

④做总结发言要简明扼要。

6. 对

①大家对你的身体健康很关心。

②这个房间的窗户正对着大街。

③你说得很对，我一定改正。

④这对夫妻自结婚以来就吵个不停。

7. 和

① 有事要和大家商量一下。

② 二加六的和是八。

③ 名词和动词的语法功能有很大差别。

④ 我和这件事毫无关系，你不要乱怀疑人。

8. 活跃

① 这几个南非留学生在晚会上十分活跃。

② 他一句话就把气氛给活跃起来了。

四、用“不”和“没（没有）”填空。

1. 你想__________想听听他的批评意见？

2. 说这样的话太__________道理了。

3. 他在音乐方面__________什么培养前途。

4. 吃__________下就别再吃了。

5. 他这样整天__________吃__________喝，会把身体搞垮的。

6. 这件衣服太脏了，实在洗__________干净。

7. 我__________学过阿拉伯语，所以我一句也__________会说。

8. 这个学生__________是西班牙人，就是葡萄牙人。

9. 这个问题，我们讨论过了，你们__________讨论吗？

10. 我根本就__________看见过你的课本。

11. 衣服__________干，再晾一会儿吧。

12. 这个会改在明天开吧，哦，__________，还是后天开比较好。

13. 我__________知道他__________去过国外。

14. 这里从来__________这么热过。

五、用结构助词“的”“地”“得”填空。

1. 呼呼（　　）狂风刮（　　）破旧的门框格格（　　）响。

2. 几句热情（　　）话，说（　　）大娘心里热乎乎的。

3. 生活是一张空虚（　　）网，轻轻（　　）把我笼在网中央。

4. 树叶儿绿（　　）发亮，小草儿也青（　　）逼你的眼。

5. 他把所有（　　）记录都一句一句（　　）检查了一遍，没有发现问题。

6. 听了他的一番话，我激动（　　）不知说什么好。

7. 在我（　　）家里，珍藏着一件白色（　　）的确良衬衫。

8. 这个小姑娘穿着一件破破烂烂（　　）衣裳，冻（　　）嘴唇发紫。

六、用“了”“着”“过”填空。

1. 白大夫翘（　　）胡子的嘴角上浮起了微笑。

2. 大年初一，孩子们都穿（　　）新衣服，高兴极（　　）。

3. 房角上高高地悬（　　）一块金字招牌“当”。

4. 刚看（　　）的东西，一会儿就忘（　　）。

5. 孩子兴奋地唱（　　）这学期学（　　）的一首首儿歌。

6. 我在北京语言大学学习（　　）四年汉语，今年暑假就要毕业（　　）。

7. 以前，我只是在画册上看见（　　）埃菲尔铁塔，今天终于登上（　　）。

8. 这个统计表好像被人改（　　），你再核对一遍。

七、归纳下列短语中“和”“并”“而”连接并列项时的用法（前加“*”的句子表示不能说）。

1. 和

① 工人和农民；中国和阿根廷；今天和明天

② 北京、天津、上海和重庆。

③ 他的话是那样明确和有力。（*他的话是明确和有力。）

④ 事情还要进一步调查和了解。（*事情还要调查和了解。）

⑤ 我还要说明和补充几句。（*我还要说明和补充。）

2. 并

① 讨论并通过；描写并解释

② 要继续保持并发扬优秀的民族传统。

③ 这些错误他们都发现并改正了。

3. 而

① 少而精；严肃而认真；光荣而伟大

② 这篇散文的文笔简练而生动。

③ 他计算得快而准确。

八、根据下列例子，指出“千万”和“万万”在意义和用法上的区别（前加“*”的句子表示不能说）。

1. 这件事你千万不要泄漏出去！

2. 这件事你万万不可泄漏出去！

3. 过马路千万要小心！

4. *过马路万万要小心！

5. *他千万没想到，这次综合课考试这么难。

6. 他万万没想到，这次综合课考试这么难。

九、请指出下列各例中加点的词是兼类词、同音词还是活用现象，并说明判断的依据。

1. 骄傲

① 我很庆幸，从头到尾我都不曾喊过，也没说过，所以我一直很骄傲，因为我坚持了下来。

② 到草原上放牧离不开藏獒，草原上经常有野狼出没，卡王和萨玛多次击退野狼的偷袭，他们是草原上的英雄，也是巴特尔的骄傲！

2. 明星

① 她貌不惊人，演技平平，在电影界成不了大明星。

② 你看今天咱也上电视了，咱也明星一回。

3. 制服

① 阿卡蒂奥已经是个正经的人，很勇敢，穿上制服挺神气，还佩带了一把军刀。

② 那边，两名侦查员也将大飞制服，从田野里将他拽回。

4. 兄弟

① 在那段荒唐的岁月中，他结交了三位好友，三个真正可以说是患难与共的兄弟。

② 雷杰打断了希颜的话，走到希颜身旁，左手很兄弟地拍了拍他的肩膀。

5. 方便

① 店铺陈设一家比一家漂亮，酒店对面穿过市政公园就是尖东广场，吃饭很方便。

② 大木筏停靠在离岸边很近的地方，以方便大家上岸。

6. 别

① 有些同志关心我，看我身体不好，劝我别去。

② 于是我摘下百合花，别在衣服上，站起来，继续向上爬。

十、改正下列句子中误用的虚词。

1. 他整天除玩电脑游戏，就是睡大觉。

2. 教课，做研究，及指导研究生，他都干得很出色。

3. 妈妈从来没有为了我的成绩发过愁。

4. 她只有往台前一站，就显得惊慌失措。

5. 你是想品茶或者想喝咖啡？

6. 他们曾经来了这个地方，所以有些熟悉。

7. 我们关于你的问题会认真研究的。

8. 暑假里，你是回国还是到各地旅游吗？

9. 因为别人相信了他的话，因此他显得很激动。

10. 有的人对于陌生人很冷漠。

十一、汉语的词分为14类，请选一种你熟悉的其他语言，看看这种语言中的词可以分成哪些词类，它们跟汉语的词类有没有什么不同。

第五节　短语

一、什么是短语

短语指的是由两个或两个以上的词按照一定方式组合起来构成的语法单位，也叫**词组**或**句法结构**，有时直接称为结构。它是介于句子和词之间的语法单位。

短语可以由很多种词类构成，而且类型也会因为划分角度不同而有很多种。例如：

我不去	调整计划	汉语教材	美丽的西双版纳
非常兴奋	飞快地跑	笔墨纸砚	勤劳而勇敢
讲清楚	热得满头大汗	桌子上	上飞机之前
在伦敦	到南极大陆	我的	获得第一名的

从上面这些例子来看，我们发现它们内部有较大的差异：有的短语是实词与实词直接组合，如“调整计划、汉语教材”；有的短语是实词与实词之间插入虚词的组合，如“美丽的西双版纳、勤劳而勇敢”；有的是实词与虚词的组合，如“我的、在伦敦”。

短语是造句的备用单位。一个短语如果能够独立，那么加上语调后就能造出一个句子。例如：

①A：明天去长城，有谁不去吗？

B：我不去。

②A：我的钢笔在哪儿？

B：桌子上。

③A：这是谁的笔记本电脑？

B：我的。

关于短语的类型划分，可以从两个角度进行：一个是根据短语内部成分之间的结构关系，一个是根据短语整体上所起的语法作用。前一种划分角度得到的是短语的结构类型，后一种划分角度得到的是短语的功能类型。

短语的结构类型可以分出很多种，不过，根据句法结构的基本格局以及是否含有特殊标志词，大体可以分为如下两类：（1）基本短语，包括：主谓短语、述宾短语、述补短语、偏正短语、联合短语；（2）特殊短语，主要包括：连谓短语、兼语短语、同位短语、方位短语、介宾短语、"的"字短语，其中后三类是带有特殊标志的短语（方位词、介词、"的"）。

根据短语的整体语法功能，可以将短语大体分为三类：名词性短语、动词性短语和形容词性短语。

需要说明的是：上文定义"短语"时指出，短语也叫词组或句法结构，然而在对内部成分和关系进行语法分析时，学界更倾向于使用"～结构"的说法，如"主谓结构、述宾结构、述补结构、连谓结构、兼语结构"等，尤其是带有特定词类或标志词的，多称作"～结构"，如"方位结构、介宾结构、'的'字结构"等。

二、基本短语结构类型

下面首先介绍五种基本短语类型。本章第二节中分析了一些基本句法成分：主语、谓语、述语、宾语、定语、状语、补语以及中心语、修饰语。基本短语就是这些句法成分之间两两对应组合的结果。

（一）主谓短语

主谓短语由主语和谓语两个部分组成，主语在前，谓语在后。两者之间是陈述关系，主语是被陈述的对象，指出要说的是谁或什么；谓语是对主语的陈述，说明主语是什么或者怎么样。例如：

小王‖修车	他‖在写小说	车子‖被撞坏
鲜花‖绽放	孩子‖已睡着	心地‖善良
大碗‖吃饭	高音‖不好唱	鲁迅‖浙江人
老李‖白头发	今天‖周末	教室里‖干干净净
浪费粮食‖可耻	安全‖很重要	散文‖两篇
4乘以5‖等于20	这种书‖把他读傻了	

上面的例子代表了主谓搭配的主要类型（尤其是谓语的类型）。从这里可以看出：大多数情况下，主语由名词性词语充当，谓语由动词性词语或形容词性词语充当；少数情况下，主语也可以是非名词性词语，谓语也可以是名词性词语。

汉语主语和谓语之间的语义关系丰富多样，主语可以是施事（动作行为的发出者），也可以是受事（动作行为的承受者），还可以是其他很多语义角色，如工具、方式、时间、处所、数量、原因、领有者、动作行为等等。教学中有时为了方便，将施事主语、受事主语之外的主语统称为**中性主语**。汉语主语类型之所以这么丰富，与汉语主语具有话题特征有关。

跟印欧语比较起来，汉语的句法结构有一个特殊之处，就是主谓结构做谓语。例如：

妈妈‖心地善良	北京语言大学‖留学生很多

以“妈妈心地善良”为例，这个结构中充当谓语的是主谓结构“心地善良”，而不是“善良”。也就是说，它不能切分成“妈妈心地‖善良”，因为这个结构首先要陈述的对象是“妈妈”，“心地善良”是用来说明“妈妈”怎么样的。换个角度看，这里的“妈妈”实际上是话题，后面的“心地善良”是来陈述这个话题的。汉语跟日语、韩语一样，是话题特征比较显著的语言。

（二）述宾短语

述宾短语由述语和宾语两个部分组成，述语在前，宾语在后。两者之间是支配、涉及的关系。述语表示一种动作行为或关系，宾语是受这种动作行为支配、影响的对象或关系涉及的对象。由于做述语的常是动词，所以述宾短语有时又称**动宾短语**。例如：

看小说	修马路	邀请他	想家	盖房子
来一个人	喜欢大海	坐出租车	过春节	进教室
喝大杯	唱高音	跑项目	踢后卫	繁荣市场
是这个人	像他爸爸	加以解决	喜欢踢足球	
反对这样做	听说他赢了	送她一枝玫瑰花		

述语和宾语之间可以插入“了、着、过”而结构性质不变，如“看了小说、盖过房子、坐着出租车”。

汉语述语和宾语之间的语义关系同样丰富多样，宾语可以是受事（动作行为的承受者），也可以是施事（动作行为的发出者），还可以是其他很多语义角色，如成品（结果）、时间、处所、工具、方式、目的、原因、类别、动作行为等等。教学中有时为了方便，将施事宾语、受事宾语之外的宾语统称为**中性宾语**。注意，汉语中有很多中性宾语在其他语言中需要通过介词或其他形态表现出来，如“吃食堂”，在英语中就要使用介词“in”说成“eat in the dining hall”。

汉语主谓关系、述宾关系类型多样，语义复杂，是汉语语法系统的一个重要特征。

（三）述补短语

述补短语由述语和补语两部分组成，述语在前，补语在后，补语是补充说明述语的，也有称作动补短语的（这里的“动”包括动词和形容词，下同）。例如：

坐正　讲清楚　拿出　跑进来　热死了　美得很

来过三趟　住三天　搁在书架上　生活在21世纪

气得号啕大哭　（浑身）摔得青一块紫一块的　看得眼睛都花了

咽不下去　（新栽的树苗）干死了　（胃）饿坏了

从上面的例子可以看出，述补短语中的述语比较简单，通常由单个的动词或性质形容词充当，状态形容词做述语比较受限（只用于类似“漆黑得伸手不见五指”这样的表达方式）；补语则复杂得多，既可以由单个词充当，也可以由短语充当。有时述语和补语直接结合，有时要用“得”来连接，尤其是补语比较复杂的，都要用“得”。补语除了自身的构造比较复杂多样外，跟述语的语义关系也很复杂。复杂的补语系统是汉语区别于其他语言的一个重要特点。

从述语跟补语的语义关系可以看出，补语可以说明动作行为的结果、趋向、状态、数量、时间、处所、可能性，或者说明性状的程度等。这样，我们可以把补语分为结果补语、趋向补语、程度补语、可能补语、状态补语、数量补语、时间补语和处所补语等。

1. 结果补语

结果补语表示述语动作行为所产生的结果。述语由动词充当，结果补语一般由形容词充当，少数单音节动词也可以充当。例如：

压紧　变硬　烧热　写错了（字）　折腾苦了

看清楚　说明白　洗干净　打扮漂亮了

看完　听懂　轰走　弄坏　打折　踢翻

跑丢了　撞肿了　赌赢了　骂哭了　逗笑了

结果补语跟述语结合得很紧密，中间不能插入“得”，更不能插入别的成分。如果插入“得”就变成可能补语或状态补语了，参见下文对可能补语和状态补语的说明。

述语和结果补语组成的结构常称作**动结式**，也叫**述结式**。结果补语的语义指向（即补语的语义跟句子中哪个成分有联系）复杂多样，如：“他砍累了”中的补语“累”指向述语动词“砍”的施事“他”，“砍光了树、树砍光了”中的补语“光”指向述语动词“砍”的受事“树”，“刀子砍钝了、砍钝了刀子”中的补语“钝”指向述语动词“砍”的工具“刀子”，“砍早了”中的补语“早”指向述语动词“砍”所代表的这个动作本身。有时补语的语义并不指向与述语动词相关的内容，如“孩子哭醒了妈妈”中“醒”主体是“妈妈”，而不是“孩子”（它是“哭”的主体）。

2. 趋向补语

趋向补语表示述语动作行为的运动方向。述语一般由动词充当，趋向补语由趋向动词充当。例如（下加浪纹线的成分是宾语）：

跨上　　跳下　　走进　　挤出　　换来　　带去

走下来　　跑进来　　转回来　　翘起来

走进了教室　　拿起了教鞭　　跑进体育场来

拿出来一本书　　拿出一本书来　　拿一本书出来

述语和趋向补语组成的结构常称作**动趋式**，也叫**述趋式**。由简单趋向动词（即单音节趋向动词，也叫单纯趋向动词）构成的补语是**简单趋向补语**，由复合趋向动词（即双音节趋向动词）构成的补语是**复合趋向补语**。复合趋向补语如果带宾语的话，就需要考虑宾语的位置，常见的语序是“动词＋‘上’类趋向动词＋宾语＋来/去”。

跟结果补语一样，趋向补语跟述语结合得也很紧密，中间不能插入“得”（如果插入“得”也变成了可能补语，见下）。

趋向补语的用法和意义有两种：

一是趋向补语的本义用法，表示物体实在的运动、位移，如上面所举的各例。这时做述语的成分限于表示动作的动词。

二是趋向补语的引申用法，并不表示动作的实际趋向，而是表示某种抽象的引申意义。这时趋向动词都读轻声。例如：

① 村里人已经喝上自来水了。　　（表示达到）

② 我没有听出她的话外音。　　（表示从隐到显）

③ 我只是顺着她的思路想下去。　　（表示继续）

④ 孩子突然想起了妈妈。　　（表示开始）

⑤ 天气渐渐地热起来了。　　（表示开始）

⑥ 请把所有的错误改过来。　　（表示变回）

此时，做述语的成分不限于动作动词，如例②的“听”是感觉动词，例③④中的“想”是心理动词，例⑤中的“热”是形容词。

3. 程度补语

程度补语表示述语所达到的程度。述语由动词或性质形容词充当。能做程度补语的词很少，除了“很、极”，还有意义虚化了的“透、多、死、坏、慌、要命、要死”等几个表示程度很高或达到极点的词，以及表示程度很轻的“一点儿、一些”。“很、慌”和“要命、要死”前必须用“得”，其他不能用“得”。例如：

差得很　　漂亮得很　　快活极了　　愤怒极了

伤心透了　　整洁多了　　麻烦死了　　乐坏了　　闷得慌

挤得要死　　恨得要命　　好一点儿　　高一些

4. 可能补语

可能补语表示述语实现的可能性。述语基本上由动词充当。在述语动词和表示结果或趋向的补语之间插入“得/不”，表示动作的结果或趋向能否实现。例如：

看完：看得完　　看不完

瞄准：瞄得准　　瞄不准

洗干净：洗得干净　　洗不干净

送来：送得来　　送不来

上去：上得去　　上不去

拿出来：拿得出来　　拿不出来

“看得完”和“能看完”意义接近，“看不完”和“不能看完”意义接近。余者类推。

一般说来，可能补语否定形式的使用频率远高于肯定形式，尤其是当述语由双音节动词充当时，一般不怎么用肯定形式。例如：

洗刷干净：？洗刷得干净　　洗刷不干净

研究出来：？研究得出来　　研究不出来

此时，如果要表示肯定形式的意思，一般使用另外的说法，在前面加上“能（够）”，如“能洗刷干净、能研究出来”。

可能补语的肯定式更常见于疑问句中，有时还要和否定形式连用。例如：

① 这么多的案卷，我在两天内，怎么看得完呢？

② 你都想了半天了，还没个答案。你到底答得出答不出呀？

5. 状态补语

状态补语表示述语所呈现的状态，也叫**情态补语**。述语和状态补语之间必须用“得”。例如：

吓得发抖　　压得很紧　　（挑担子）挑得汗流浃背

逗得孩子们哈哈大笑　　痛苦得眼泪簌簌地往下掉

吓得一身冷汗　　乐得他一脸的笑容

压得不紧　　压得不很紧　　玩得不痛快

如果从补语所表达的语义来考虑，所谓的状态实际上就是在动作作用下所呈现的一种结果，因此将状态补语归入结果补语也是可以的；但由于两者之间有带不带“得”的差别，因此教学中往往将两者看作不同的补语类型。

还有下面这种只用于口语的特殊短语形式：

雨下个不停　　说个没完没了

喝了个痛快　　（教室）扫了个一干二净

这种短语的特殊之处表现在两个方面：一是动词后可以带上“了”，二是中间必须加上“个”。这些用法跟上面所有述补短语的类型都不一样。若从这两个句法表现来看，整个短语更像述宾短语，但人们常常根据整个短语所表达的语义内容而将“（一）个”后面的成分也归入状态补语。

由于状态补语和可能补语的肯定形式结构相同，都是带“得”式，这就容易发生混淆。下表4-4是它们之间的区别（以“洗得干净”为例）：

表4-4　状态补语和可能补语的区别

洗得干净	状态补语	可能补语
否定式	洗得不干净	洗不干净
扩展式	洗得很干净	—
疑问式	洗得干净不干净？	洗得干净洗不干净？
格式意义	洗后的状态是干净	能够洗干净

6. 数量补语

数量补语指用数量短语充当的补语。数量补语可以分为动量补语和时量补语两种类型。

跑一趟　　看了三遍　　找过一回　　扫了一腿　　切一刀　（动量补语）

看了半天　写了一个月　住了二十年　撤销了半年了　　　　（时量补语）

7. 介宾补语

前六类补语都是从补语的语义类型来分类和命名的，这里的介宾补语（也叫“介词结构补语、介词补语”）是从补语的句法结构着眼的。

介宾补语主要是补充说明与动作发生有关的时间和处所，因此也常分别称作**时间补语**、**处所补语**。例如：

生活在90年代　　成立于1949年　　工作到深夜　　走向未来

依偎在妈妈的怀中　出现在太平洋　　删到垃圾箱　　来自边疆

当然，也有一些介宾补语并不补充说明动作发生的时间、处所。例如：

高于一切　　（讲话稿）少于5000字　　有益于健康　　恢复到合理水平

读介词结构做补语的述补短语时，介词要附着到前面的述语上一起念，即“生活在/90年代、高于/一切”，韵律结构和句法结构在此并不对应。正是由于这种情况，有人主张将这里的“述语+介词”看作述补结构（此时介词被当作补语），介词后面的成分看作宾语，这样一来，整个结构就看作述宾短语了，即述补结构带宾语。

（四）偏正短语

偏正短语由修饰语和中心语两个部分组成，修饰语在前，中心语在后，两者之间是修饰或限制的关系。偏正短语包括两种类型：

1. 定中偏正短语（定中结构）

由定语和中心语构成。例如：

高山　　老实人　　极乐世界　　木头房子

荷塘月色　一匹马　　一条新闻

谁的书　　　学校的图书馆　　苦难的民族

计划的调整　这本书的出版　　长城的伟大

定语和中心语之间常用“的（de）”来连接，特别是定语的结构或语义比较复杂的时候。例如：

我的火炬　　狡猾的人　　　干净的手　　亏欠的债务

很好的意见　苦难深重的民族　平直而又宽阔的马路

漆黑的夜晚　干干净净的教室　沉甸甸的麦穗

当然也有不能加“的”情况，如由数词和非借用的名量词组成的数量词修饰名词时，如“两支笔、一群大象”等。

有一些双音节动词修饰双音节名词构成偏正结构时，可以加“的”，也可不加“的”。例如：

学习资料—学习的资料　　建设项目—建设的项目

调查提纲—调查的提纲　　调查人员—调查的人员

此时，如果看作一个整体单位（像一个板块），一般就不用加“的”，如“这是一份学习资料”“最近来了一批调查人员”等。是否用“的”，有时需要看“的”所连接的成分之间关系的远近，作为一个整体单位来理解和凸显的，使用时往往隐去“的”。也就是说，加了“的”，拉开了成分之间的距离，实际上也就是让成分之间的关系变得松散了一些。

这就能够说明“日本朋友—日本的朋友、孩子脾气—孩子的脾气”这些结构中加不加“的”，意思有差别：

① 家里来了一位日本朋友？　　　你们谁是日本的朋友？

② 这个教授经常耍孩子脾气。　　家长要多注意孩子的脾气。

进一步说，不加“的”，定语凸显中心语的“属性”特征；加“的”，定语凸显中心语的“分类”特征。“木头椅子”和“木头的椅子”、“美丽家园”和“美丽的家园”、“陪同人员”和“陪同的人员”、“狐狸尾巴”和“狐狸的尾巴”等的区别，正是如此。复杂的定语后面之所以要加“的”，本质上是因为它不表示一种属性，而是通过一种暗含的对比来做分类。

另外，如果中心语由动词、形容词来充当，定语和中心语之间要加“的”。例如：

您的光临　　项目的启动　　口气的生硬　　新疆的宽广和美丽

2. 状中偏正短语（状中结构）

由状语和中心语构成。例如：

很甜　极其关心　忽然消失　仔细检查

没有解决　不知道　都可以　完全应该

一次做完　向沙漠进军　从非洲来　朝他点头

（今天）才星期二　已经十八岁了

状语和中心语之间常用“地（de）”来连接，特别是状语的结构或语义比较复杂的时候。例如：

认真（地）研究　精心（地）挑选[①]

全面而仔细地检查　有重点地阅读

死死地抱着　慢腾腾地走　整整齐齐地摆放着

（北风）呼呼地刮着　一个一个地数　大鱼大肉地吃

状语的音节数量往往对能不能带“地”有影响。单音节副词和单音节形容词做状语，大多不能带“地”。例如：

刚走　*刚地走　很漂亮　*很地漂亮

快跑　*快地跑　轻放　*轻地放

双音节副词做状语，带不带“地”往往受副词的不同语义类型影响：具有描写性特征的双音节副词（如方式副词、频率副词、大部分程度副词），带不带“地”常常两可；非描写性的副词（如语气副词、肯定/否定副词、大部分范围副词和时间副词），则基本上不能带“地”。例如：

逐步（地）推进　不断（地）重复　非常（地）漂亮

难免犯错误　务必到场　一概抹去　总是迟到

双音节形容词一般不直接做状语，少数可以直接做状语的（多为表示方式的双音节形容词），一般都可以加“地”。带了“地”后，书面色彩重一些。例如：

努力（地）学习　充分（地）准备　仔细（地）观察

由数量词、介词短语充当的状语，一般不能加“地”，如“两天抄一遍、一次分完，从北京出发、在早上看书”。

---

① “（地）”表示可用可不用，在这里不表示句法成分中的定语，下同。

（五）联合短语

联合短语由并列在一起的几个成分组成，各成分之间在句法上地位平等，没有主次之分。并列的成分之间可以没有停顿，也可以有停顿，或用关联成分（连词或副词）连接。例如：

北京天津　　理想和现实　　星期六或星期天

生动活泼　　讨论并通过　　生存或者死亡

分析、说明　　轻松、愉快　　平凡而伟大

它们内部的语义关系还可以细分为并列（如“理想和现实”）、选择（如“生存或者死亡”）、承接（如“讨论并通过”）、递进（如“平凡而伟大”）等。

上面列举的联合短语都只包含两个部分，其实联合短语可以包含两个以上的部分。例如：

春夏秋冬　　关停并转　　柴米油盐酱醋茶

又快又好又省钱　　团结、紧张、严肃、活泼

上面介绍了汉语的基本短语（词组、句法结构），其中主谓、述宾、联合、偏正这四种结构关系在各个语言中基本上都存在，而述补短语则更多地体现出汉语的特点。而且，在各种结构关系中，述补关系也最为复杂，需要认真领会，多加运用。

三、特殊短语结构类型

汉语短语的结构类型，除了上面已分析的五种基本短语外，还有一些特殊的类型。

（一）连谓短语

连谓短语由两个或两个以上成分陈述同一个对象，即连用的成分分别能够跟主语发生主谓关系，也叫**连动短语**。例如：

来北京学习汉语　　去南极考察极地气候

躺在草坪上数星星　　骑着自行车去旅行

接过书看了看目录　　　抱着妈妈的脖子不松手

想办法解救人质　　　　坐久了直犯困

他跳下床披上大衣拎起皮包冲出大门跨上了自行车

这实际上是动词或以动词为中心的短语的连用。连谓短语内各个成分的顺序不能颠倒，颠倒后或者不能说，或者基本意义发生变化。组成连谓短语的动词词语间没有语音停顿（否则就成了复句），也不用关联词语连接。

由连谓短语构成的句子是**连动句**（连谓句），这是汉语特殊句式之一。

（二）兼语短语

兼语短语由三部分组成，中间的部分既做前一部分的宾语，又做后一部分的主语，也叫**递系短语**。例如：

请他来　　　　　　派小王去云南　　　　使主人很为难

有人来找你　　　　没有谁不知道这件事　是他值夜班

请求上级派兵增援　追认他为烈士　　　　鼓励大家踊跃报名

这实际上是述宾短语和主谓短语的套用。兼语短语中的前一个动词常常是使令动词，如“使、令、请、派、叫、求、教（jiào）、让、逼、催、劝、邀、要”和“要求、请求、命令、迫使、批评、动员、发动、号召、鼓励、培养、追认”等，还可以是“埋怨、嫌”和“有、是”等。

由兼语短语构成的句子是**兼语句**，这也是汉语特殊句式之一。

（三）同位短语

同位短语由所指相同的两部分组成，这两部分合起来可以共同做一个句法成分，也叫**复指短语**、**同指短语**。例如：

首都北京　　　　　吕叔湘教授　　　　及时雨宋江

我们大家　　　　　他们公务员　　　　王力他们　　　　九寨沟那儿

你们三位　　　　　语文数学两科　　　北大清华等高校

酸甜苦辣咸这五味　知识就是力量这句格言

同位短语的两部分互相补充，指称同一个对象。例如：“他们农民”，这里的“他们”和“农民”所指相同；“首都北京”中“（中华人民共和国的）首都”即“北京”，而“北京”就是“首都”；“王力他们”较特殊，“他们”实际上指的是以“王力”为代表的一类人。

（四）方位短语

方位短语由两部分组成，前一部分是名词性或动词性词语，后一部分是方位词。方位短语一般表示处所、时间或范围。例如：

村外　　黑板上　　春天里　　广场旁边　　三环以内

一年后　　吃饭之前　　六十上下　　写完论文以后

方位短语常常跟介词组成介宾短语，如“在黑板上、在春天里”。

由合成方位词组成的方位短语（“以～、之～”等除外）在用法上有一种特殊情况：在方位词前可以插入“的”。例如：

广场的旁边　　桌子的上面　　书柜的上头　　队伍的中间

讲台的前面　　中国的南方　　床的底下　　他的面前

此时一般看作偏正短语，若处理成广义的方位短语也未尝不可。语言系统中这样的两可或中间现象很多，这是我们学习语言知识乃至所有的知识都需要特别注意的地方。核心现象往往具有比较典型的特征，而边缘现象、中间现象往往兼有不同类别的某些特征。

（五）介宾短语

介宾短语由两部分组成，前一部分是介词，后一部分是介词的宾语，也叫**介词短语**。例如：

用毛笔（写字）　　为友谊（干杯）　　在教室（看书）

从北京（来）　　被洪水（淹没）　　向英雄（致敬）

（放）在桌子上　　（飞）往纽约　　（成立）于上个世纪末

对老师（的意见）　　靠街（的商铺）　　关于人类起源（的传说）

（六）“的”字短语

“的”字短语指助词“的”附着在实词（拟声词和非度量的数量词除外）或短语后面形成的短语，用来指称人或事物。这个短语的作用相当于名词，能够做主语、宾语。例如：

① 这儿吃的、喝的、睡的全有。

② 筐子里的杏子，红的不涩，青的很涩。

③ A：这本书是你的吗？

B：不是我的，是张立的。

④ 中国体育成绩从总体上看，男的不如女的。

⑤ 你去通知一下所有来参加计算机等级考试的。

“的”字短语如果后面添上相应的名词，就构成了偏正短语，如“吃的东西、红的杏子、我的书、男的队员、来参加计算机等级考试的考生”。

“的”字短语中，如果是“动词性成分＋的”或“形容词性成分＋的”，其语义所指与动词或形容词搭配的成分出现与否有关。例如“吃”是及物动词，可以带一个施事和一个受事，如果某个语义成分在“动词性成分＋的”中出现，那么这个短语就指向没有出现的那个语义成分；如果一个都不出现，则有歧义，可以指任何一个方面；如果两个成分都出现，则只能指施事、受事之外的其他内容。以“客人吃水果”为例：

$V_{及物}+N_{受事}$的：吃水果的坐到左边。　（指施事“客人”）

$N_{施事}+V_{及物}$的：这是客人吃的，别动。　（指受事“水果”）

$V_{及物}$的：吃的坐左边，看的坐右边。　（指施事“客人”）

多买些吃的带上，村里没有水果店。　（指受事“水果”）

$N_{施事}+V_{及物}+N_{受事}$的：客人吃水果的时候，不要盯着看。　（指时间）

这样的语义关系分析，对了解句法和语义关系很有帮助。

方位短语、介宾短语、“的”字短语是带有特殊标志的短语，除了这三类短语外，还有一些带有特定标志的短语也常见到，如量词短语（如数量短语“三个、一次”和指量短语“这间、那回”）、助动词短语（也叫能愿短语，如“敢去、会好、应该可以、可能他要来”）、比况短语（如“木头似的、雷鸣般的、老黄牛一样、像闪电一般”）、“所”字短语（如“所思、所做、所能”）等，这些在介绍量词、动词（助动词）、助词时也有所涉及。

综上所述，汉语的短语（词组、句法结构）种类众多，功能多样，使用广泛。它们以词序和虚词为组合手段，大多数短语加上语调以后就可以独立成句。由此可见，汉语短语的构造原则跟句子的构造原则基本一致。这是汉语语法的一个重要特点。

四、短语的功能类型

短语的功能指短语在句子中充当句法成分时的能力和性质。充当句法成分，既可以是单个的词，也可以是短语。不同短语在充当句法成分时所具有的功能跟一定的词类具有对应性，因此我们可以从词类角度来认识充当句法成分时短语的功能类型。这样，就可以根据短语的整体语法功能将短语分成若干类型，其中最基本的是名词性短语、动词性短语和形容词性短语这三类，此外还有一些较为特殊的情况。这些不同的功能类型可以由不同结构类型的短语来充当。

（一）名词性短语

名词性短语是指短语整体上所起的语法作用跟名词一致，在句中主要做主语和宾语（包含动词宾语和介词宾语），可简称为**名词短语**，也常叫作体词性短语。例如：

① 你们和老师　傲慢与偏见　（由名词成分或代词成分组成的联合短语）

② 这本书　唯美的画面　环境的改善　人性的丑陋　（定中偏正短语）

③ 雄安新区　我们仨　《二泉映月》这首曲子　（同位短语）

④ 路边　高山下　山海关以西　国内外　（方位短语）

⑤ 中国的　你们的　买票的　有点过时的　（“的”字短语）

⑥ 所见　所遭受的（痛苦）　所得到的（奖励）　（“所”字短语）

⑦ 三张　一些　那个　这几平方公里　（量词短语）

名词性短语是就短语整体而言的，它里面可以含有动词性或形容词性成分。比如：例②中“环境的改善”和“人性的丑陋”，虽然中心语“改善”是动词，“丑陋”是形容词，但由于整个短语是经常做主语和宾语的定中偏正短语，所以它们整体上仍然具有名词性。

（二）动词性短语

动词性短语是指短语整体上所起的语法作用跟动词一致，它的中心成分由动词充当，在句中主要做谓语或谓语中心语，可简称为**动词短语**。例如：

① 讨论和修改　理解并同意请求　（由动词性成分组成的联合短语）

② 玩游戏　重视学习　放缓经济建设的步伐　（述宾短语）

③ 随意浏览　快速阅读　疲劳驾驶　（由动词性成分做中心语的状中偏正短语）

④ 吃完　弄清楚　跑出去　走得很稳　（由动词性成分做述语的述补短语）

⑤ 来图书馆学习　走路玩手机　开着灯睡觉　（连谓短语）

⑥ 愿意去　可以告诉　应该伸出援手　（助动词短语）

⑦ 派我去　请人吃饭　表扬孩子懂事　（兼语短语）

（三）形容词性短语

形容词性短语是指短语整体上所起的语法作用跟形容词一致，它的中心成分由形容词充当，在句中可以做谓语、状语、补语和定语，可简称为**形容词短语**。例如：

① 温馨而浪漫　富强、民主、文明（由形容词性成分组成的联合短语）

② 特别漂亮　有点冷　很温和（由形容词性成分做中心语的状中偏正短语）

③ 累坏了　热得很　开心得手舞足蹈（由形容词性成分做述语的述补短语）

由于动词和形容词常常合称为谓词（主要语法功能是做谓语），因此动词性短语和形容词性短语也常合称为**谓词性短语**。

另外，谓词性短语中还有一个比较特殊的短语结构类型，即主谓短语。它的谓语经常由动词性成分和形容词性成分充当，如“社会发展、我同意”“结构严谨、天气晴朗”；有时也存在名词性成分做谓语的情况，如“他香港人、一斤两块钱”。主谓短语在更大的句子成分中常做谓语，如“巴西我没去过”“他的小说结构严谨”，所以它跟谓词相当。[①]在短语结构类型中还有一种介宾短语，由于它主要充当状语，如“［在夕阳下］散步、［比刚生病时］好多了、［对这种人］我也没办法”，此时介宾短语的整体功能跟副词相当，因此这种情况下的介宾短语也常从功能角度被看作**副词性短语**（可简称为**副词短语**）。[②]

根据以上介绍可以发现，短语属于哪种功能类型主要看它跟哪种词类的句

---

① 正如谓词也可做其他成分一样，主谓短语也可以充当其他句法成分，如“你不做是你的不对、看到他进屋了、（会议结束）的时候、［一堆一块钱］地卖、忙得〈她晕头转向〉”中的主谓结构分别充当主语、宾语、定语、状语和补语。

② 介宾短语除了做状语外，还可以做定语和补语，如“（关于这个问题）的争论已经停止了”和“把图片投放在〈大屏幕上〉”。

法功能相似。有时，同一种结构类型的短语，由于组成成分性质不同，短语的功能类型也就不同。例如，联合短语就在上面各种功能类型中都存在。

五、层次分析法①

（一）复杂短语的层次性

为了便于理解，上面对各个类型的短语分别做了介绍。其实，这些短语通常是叠加在一起使用的，这样就形成了复杂短语。也就是说，短语内部还可以再包含短语。这样，就需要考察复杂短语内部线性排列背后所隐藏的结构层次关系。例如："中国属于东亚地区"就是一个复杂短语，它是由四个词按照先后顺序排列起来的，这些词之间的关系有远有近，是按照一定的规则组织起来的。这是一个主谓短语，主语是"中国"，谓语是"属于东亚地区"；谓语本身又是一个述宾短语，述语是"属于"，宾语是"东亚地区"；宾语本身又是一个偏正短语，修饰语（定语）是"东亚"，中心语是"地区"。所谓**复杂短语**，就是指短语本身又内嵌短语的结构。下面把这种层次关系图示如下：

```
中国  属于东亚地区
└─┘  └──────────┘ 主谓
      └──┘ └────┘ 述宾
           └─┘└─┘ 偏正（定中）
```

又如，"进行了认真的研究"和"认真地进行了研究"，两者在结构关系的层次上并不一样：

```
进行了认真的研究
└─┘  └────────┘ 述宾
     └─┘   └──┘ 偏正（定中）
认真地进行了研究
└─┘  └────────┘ 偏正（状中）
     └─┘   └──┘ 述宾
```

① 为了简明起见，下面的层次分析都未将定语后的"的"、状语后的"地"、述语后的"得"和"了、着、过"归入相应的句法成分中。

再如，“咬死了猎人的狗”这句话有两种理解，既可以指别的动物把猎人的狗咬死了，也可以指狗咬死了猎人。这句话有两种不同的理解是因为短语内部结构可以有两种层次划分。如果是第一种理解，它的结构层次应该是：

咬 死 了 猎 人 的 狗

└──┘ └────────┘ 述宾

　　　└───┘ └┘ 偏正（定中）

如果是第二种理解，它的结构层次应该是：

咬 死 了 猎 人 的 狗

└────────┘ └┘ 偏正（定中）

└───┘ └──┘ 述宾

前面说过，主谓、述宾、偏正、述补等短语都是由两部分组成，只有联合短语可以包含多个部分。除了多成分的联合短语外，复杂短语尽管包含的词多了，结构复杂了，但整个短语仍然由两部分组成，它内部的各个短语也是由两部分组成。由此可见，短语的结构是一层套一层的。词在构成短语时是有一定的先后顺序的，这种先后顺序实际上就体现了语言单位组合关系的层次性。这就是句法结构的层次性。

经过这样的层层分析，我们就能将词组成短语进而构成句子的过程看清楚。这种分析对我们归纳句型大有好处（参见本章第六节“句子的类型”中的“句子的结构类型——句型”）。

（二）层次分析法及其分析程序

层次分析法是指按照语言单位组合具有层次性这一特点，对语言结构进行逐层分析的方法。根据层次分析法分析过程的特点，它还有其他几种名称。除了联合结构、连谓结构可能有三个或三个以上的并列成分外，其余的结构都能切分出两个直接组成的成分。由于每一次切分都要找到这个层次上的两个直接构成成分，所以层次分析法也叫**直接成分分析法**。而且，由于每步分析都要进行二分，所以层次分析法也叫**二分法**。

在进行层次分析时，一般以最大的结构为分析的起点，逐步切分，分析到词。

具体的分析步骤是：首先找到分析对象的两个最大直接成分，如主语—谓语、述语—宾语等等；分别在它们的下边加上框线，同时标明两者之间的句法结构关系；再照着这种思路，逐层切分出每个较大成分的两个直接成分，层层二分，一直分析到词为止。例如：

①隔壁的张师傅 麻利地修好了小王的自行车

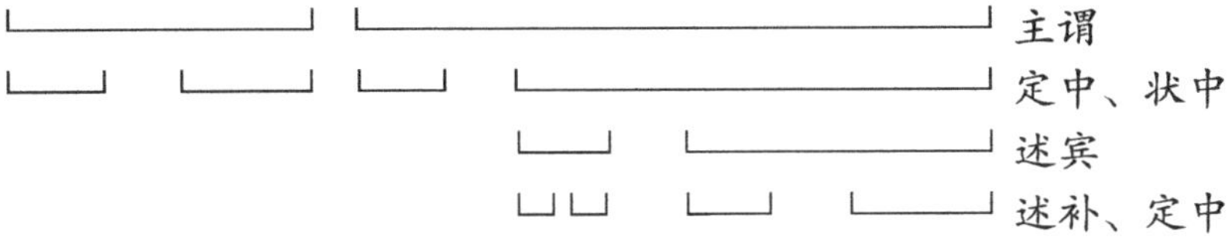

②飞走了 一只小鸟

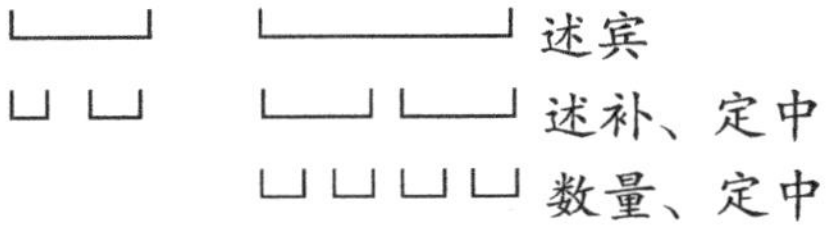

通过以上分析，我们可以明确分析对象的结构类型，如句①从大的格局看属于主谓句，从谓语的结构类型看属于述宾谓语句；句②从大的格局看属于非主谓句（无主句），从功能看属于动词性非主谓句。注意：层次分析法不只是用来分析句法成分的组合层次，还可以用来分析所有语言单位的内部结构关系。如例②中的“一只”，内部一般不做句法成分分析（即不能分析出主谓宾定状补之类的成分），但因包含着“数量”关系，所以从结构关系上看可以继续往下切分。当然，如果只做句法成分分析，一般就不再切分了，例③中的“一家”、例④中的“一个”、例⑤和例⑥中的“一次”就是如此。

如果一个复杂短语有多层修饰成分（多层定语或多层状语），一般从外到内（此为从前到后）依次划分。下面采取由大到小的分析方式来举例。

③一家漂亮的乡村农舍

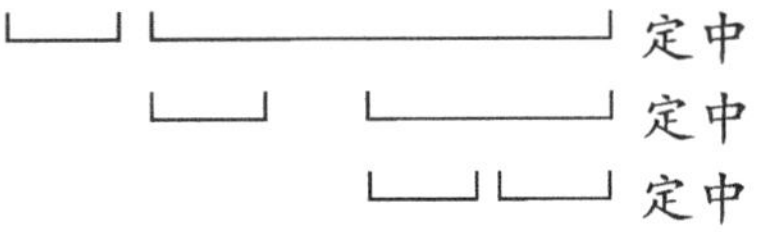

④昨天不小心把一个骑车的撞倒了

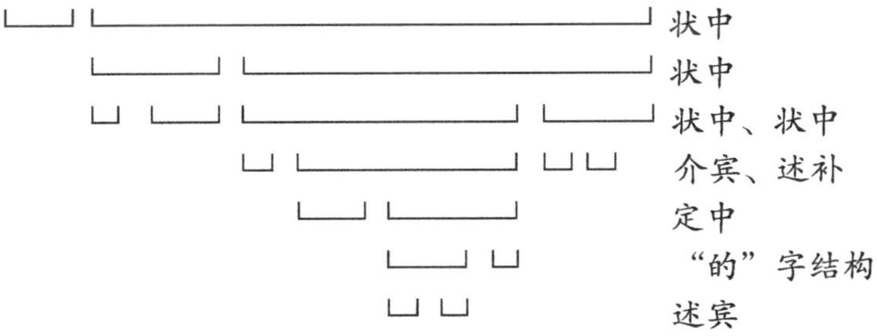

如果动词后既有宾语又有补语，一般也是从外到内（此为从后到前）依次划分。例如：

⑤ 看 过 他 一次
└──────┘ └──┘ 述补
└┘ └┘ 述宾

⑥ 送 了 小明 一 次 礼 物
└──────────────┘ └───┘ 述宾
└──────────┘ └───┘ 述补
└┘ └───┘ 述宾

⑦ 拿 出 教 材 来
└──────────┘ └┘ 述补
└───┘ └────┘ 述宾
└┘└┘ 述补

如果动词前有状语，后面又有宾语或补语，一般采取先切出状语后划分出宾语或补语的顺序，如例①的“麻利地修好了小王的自行车”。

总之，这里的分析过程类似于剥笋，从外到内，实际上是看其修饰范围的大小，修饰范围大的成分必然处于结构的外围。这种多层定语、多层状语以及状动补的切分层次问题，实际上反映了人类语言的一个共性：越是外围的成分，语序自由度越高；越是内里的成分，成分之间的关系越紧密，语序越稳定。

层次分析法不但可以分析句子，实际上还可以分析任何有层次的语言单位。上面的例①到⑦分析的都是短语（词组），这些短语加上适当的语调都可以成为句子。又如：

⑧ 老 龄 化
└────┘ └┘ 词根组合—词缀
└┘ └┘ 词根—词根

⑨ j iān（坚）
└┘ └────┘ 声母—韵母
└┘└──┘ 韵头—韵身
└┘└┘ 韵腹—韵尾

例⑧是词，例⑨是音节。复句或句群也都可以通过层次来划分，举例从略。

由此可见，层次分析法适用于语言中任何层面的结构分析。这也说明了层次性是语言的根本属性之一。实际上，层次性是任何稍微复杂一点的结构必然具有的属性。

六、句子成分分析法

上面介绍的层次分析法是适用面很广的语言结构分析法，只要有结构层次，就可以采用这种分析方法。然而，语言教学和研究中还采用过一种专门用于分析句子成分的方法，叫句子成分分析法。它基本上也是将句子成分分析为主语、谓语、宾语、定语、状语、补语这样一些成分，但术语的内涵跟上面介绍的层次分析法中句法成分的内容有一些差异，成分之间的关系也不完全一样。也就是说，两种分析方法大体使用的是同一套术语名称，可是所指有所不同。下面就来具体介绍一下这种句子分析方法。

（一）句子成分分析法的内涵

所谓**句子成分分析法**，是指把句子成分分析为主语、谓语、宾语、定语、状语、补语这六大类，然后按照这些成分的组合情况来确定句子的各种结构格式，说明结构规律。由于句子成分分析法在析句时需要找出句子的中心词（主干）及其附加成分或连带成分（枝叶），只有找到了中心词，才算找到了句子成分，所以也叫**中心词分析法**。

注意：分析句子成分的方法（一般简作“析句法”）并不是只有句子成分分析法，上面讲的层次分析法（直接成分分析法）也是可以用来分析句子成分的。也就是说，这里所说的句子成分分析法是有其特定含义的，它只是若干析句法中的一种。

（二）中心成分和附加成分

句子成分分析法的关键就是区分中心成分和附加成分。以下面的句子为例：

隔壁的张师傅麻利地修好了小王的自行车。

这是一个主谓句。根据前面的分析思路，应该首先划分出主语“隔壁的张师傅”和谓语“麻利地修好了小王的自行车”，这两个成分都是由短语构成。然而，在句子成分分析法的分析系统中，这两个短语并不是主语和谓语，主语和谓语应该分别是它们的中心词“张师傅”和“修”。“修”后面还有连带成分（即受动词支配的成分），也应该找出来，这就是宾语，但句子成分分析法的宾语不是指整个“小王的自行车”，而是指其中的中心词“自行车”。到此为止，我们找到了这个句子的所有中心成分：主语“张师傅”、谓语“修”、宾语“自行车”。找到了中心成分，剩下的成分就是附加成分。主语前面的附加成分“隔壁”和宾语前面的附加成分“小王”都是定语，谓语前面的附加成分“麻利”是状语，谓语后面的附加成分“好”是补语。这样就得到三个附加成分：定语、状语、补语。上面这个句子是中心成分和附加成分齐备的句子，实际上大多数句子都只包含其中的一部分。

（三）句子成分分析法的分析程序

从上面的实例演示中可以看出句子成分分析法的基本分析程序，人们通常把它归纳为下面两个步骤：

1.“两心相照”

这里的“心”指中心词，“两心相照”指中心词相互照应，即：先找出句子的两个中心成分（中心词）——主语和谓语，在主语之后用双竖线“||”隔开；主语下加双横线“＿＿”，谓语下加单横线“＿＿”；如果有宾语，接着找出来，下加浪纹线“～～”。例如：

① 春天||来了。

② 知识||就是力量。

③ 爸爸||擦亮了台灯。

④ 一个戴着黑边眼镜的青年||从后门悄悄地溜了进来。

⑤ 凶狠的豺狼||一口咬死了那只可怜的小山羊。

2.“非心向心”

非中心词的成分依照它们跟中心词的关系来确定身份，即：找出中心成分后，再分别找出各个中心成分的附加成分，定语用“（ ）”标出，状语用

“[ ]”标出，补语用“〈 〉”标出。上面例②—⑤都含有附加成分，可以进一步切分出定语、状语、补语。

② 知识‖[就]是力量。

③ 爸爸‖擦〈亮〉了台灯。

④（一个）（戴着黑边眼镜）的青年‖[从后门][悄悄]地溜了〈进来〉。

⑤（凶狠）的豺狼‖[一口]咬〈死〉了（那只）（可怜）的（小）山羊。

在句子成分分析法中，如果中心成分前面有多个附加成分，则分别标出，如例④和例⑤。注意：这些句子中的“的”“地”“得”和“着”“了”“过”一般不划在句子成分当中，如果需要可以在它们的下面加上着重号来标明（也可以像上面这样不加标志）。不过，也有人将“的”“地”划入前面的定语、状语中，而将“得”和“着”“了”“过”仍放在句子成分外面。

需要说明的是：句子成分分析法一般都是划分到成分为止，而不是划分到词为止。例如：

⑥ 发达的高铁能够在短时间内将乘客运往目的地‖[极大]地方便了（人民）群众。

句中“发达的高铁能够在短时间内将乘客运往目的地”不是定中结构，因此整体做主语，内部不能再做成分切分。如果“发达的高铁能够在短时间内将乘客运往目的地”独立成句，则可以做如下的句子成分分析（其中，能愿动词做状语）：

⑦（发达）的高铁‖[能够][在短时间内][将乘客]运〈往目的地〉。

句子成分分析法可以显示句子的整体结构。上面例①—⑤这五句的结构分别是：

① 主—谓

② 主—状—谓—宾

③ 主—谓—补—宾

④ 定—主—状—谓—补

⑤ 定—主—状—谓—补—定—宾

如果只考虑中心成分，例①和例④属于主谓句，其他三句属于主谓宾句。

句子成分分析法在检查句子的搭配错误方面比较方便。下面几位外国留学生造的汉语句子在句子成分的搭配上都有问题：

⑧ *基础班明天下午要考试汉语听力。

先找出中心词“基础班—考试—听力”，主语“基础班”跟谓语“考试”能搭配，但谓语“考试”不能带宾语。我们可以将“考试”改为能带宾语的“考”或者改为“基础班明天下午有汉语听力考试”“基础班明天下午进行汉语听力考试”。

⑨ *星期天我们参观了一位科学家。

先找出中心词“我们—参观—科学家”，主语“我们”跟谓语“参观”能搭配；谓语“参观”可以带宾语，但跟宾语“科学家”不能搭配，因为“参观”的宾语是地方，而不是人。这句话宜改为“星期天我们拜访（或访问、采访）了一位科学家”。

⑩ *站在台上的是一个美丽的小伙子。

先找出中心词“站在台上的—是—小伙子”，主语和谓语、谓语和宾语都能够相互搭配，但是定语“美丽”不能修饰“小伙子”，因为一般情况下在修饰人时，“美丽”只能用来修饰女性，而不能修饰男性。这句话宜改为“站在台上的是一个英俊（或帅气、漂亮等）的小伙子”。

当然，例⑨和例⑩也可以从词汇角度来分析，将它们看作是词汇意义的搭配问题，但即便如此，也是做谓语的词跟做宾语的词、做定语的词和做中心语的词不能搭配。

句子成分分析法要求一次性划分出所有的中心成分和附加成分，总的来看，它对句法结构的层次性体现得不够充分，甚至将不同层次的成分放在同一个层面去处理。如“主语—谓语—宾语”中的主语和宾语实际上并不在一个句法结构层次上，而句子成分分析法分析句子时将它们同时划出。为了进一步分析句子的层次，人们引进了层次分析法这种新的分析方法，以弥补句子成分分析法的不足。而且，跟层次分析法相比，它只能用来分析句子的结构成分（而且是单句），不能用来分析短语的（如“我的那本签了作者姓名的长篇小说”），更不用说分析语音、词语等语言结构了。当然，它也有可取之处，如可以比较简明地显示出句子的整体结构，而且易于发现语法中成分搭配方面的某些错误，因此这种分析方法在语言教学中仍有比较广泛的应用。

七、歧义分析

（一）歧义的内涵和类型

歧义是指一个语言表达存在多种理解的现象，也叫多义现象。

歧义形成的原因有很多种，归纳起来主要是三方面：词汇意义不同引起的歧义（词汇歧义），语用侧重不同引起的歧义（语用歧义），以及句法关系不同引起的歧义（句法歧义）。对于这些类型的歧义，我们都可以采取一定的办法进行分化和消除。

下面先简单介绍一下词汇歧义和语用歧义，然后重点介绍句法歧义。

（二）词汇歧义和语用歧义

1. 词汇歧义

词汇歧义可以由具有相同形式的同音词或多义现象造成。如“山上到处是杜鹃”中的“杜鹃”既可指杜鹃鸟，也可指杜鹃花，这是同音词造成的歧义。又如“这座山不过1000米”，其中的“不过”就有两种不同的理解：一种表示“不超过”的意思，一种表示“仅仅”的意思。此时做两种解读的“不过”就是短语和词出现了同音现象。更多的词汇歧义则来自多义现象。如“你应该放下包袱”，其中的“包袱”也有两种解读：一种是具体的“包裹”，一种是抽象意义上的“心理负担”。此时做两种解读的“包袱”就是一个多义词的两个义项。

同类的如：他会讲英语（擅长；可能）、他们吹了（吹气；分手）、奶奶走了（离开；去世）、他原来是老师（以前；发现真实情况，竟然）、车没有锁（锁具；上锁）。

2. 语用歧义

语用歧义主要是指说话者因强调的侧重点不同而存在多种理解的情况。如“头发剪短了”中，是否重读“短”会带来两种不同的意义：不重读时，表示常规理解中的“剪短头发了”，合乎预期；重读时，则表示“剪得太短了”的语义，不合乎预期（实际结构关系是“头发剪得短了”）。又如“差点儿没去旅游”有两种意思，具体做什么理解取决于说话时的前提：如果说话人想去旅游，则意思是去旅游了；如果不想，则意思是没有去旅游。

同类的如：照片放大了、最好生一个孩子、小王就买了五斤核桃、他白白去了一趟北京。

（三）句法歧义

句法歧义主要是指由于句法层次不同或语义关系不同而引起的歧义。句法歧义的类型比较多样，大体说来有以下几个方面：

1. 由层次构造不同而引起的歧义

这类歧义是指同一个线性序列具有多种组合层次和关系。例如：

① 准备了　三天的　干粮

按上面方式划分，“三天”表示的是“‘干粮’可供给的天数”；按下面方式划分，“三天”则表示“‘准备’行为的时间长度”。又如：

② 放　大　了一点儿

按上面方式划分，语义表示“放大”的程度仅为“一点儿”，合乎预期；按下面方式划分，则强调“放大”的程度超出了预期“一点儿”。此例既属于层次构造不同引起的歧义，也跟语用歧义有关。

同类的如：告别小镇的青年、热爱人民的总理、新教工宿舍、两个医学院的学生。

这类歧义可以通过“层次分析法”来消除歧义，我们在上文介绍“层次分析法”时已经做了说明。

2. 由句法关系不同而引起的歧义

这类歧义是指同一个线性序列、同一种组合层次，但具有多种句法关系。如“出租丨汽车”，既可以是动宾关系（如“出租了一辆汽车”），也可以是定中关系（如“一辆出租汽车”），它们所表达的语义并不一样。

同类的如：学习文件、研究报告、我们五班、食堂卫生、炸薯条。

这类歧义可以通过“变换分析法”来消除，下面专门说明。

3. 由语义关系不同而引起的歧义

这类歧义是指同一个线性序列、同一种组合层次、同一种句法关系但具有多种语义关系。如“鸡不吃了”中，“鸡”跟动词“吃”之间可以存在两种语义关系：一种是“鸡”为动作的发出者（施事），即“鸡不吃（米）了”；一种是“鸡”为动作的承受者（受事），即“（我们）不吃鸡了”。

同类的如：通知的人、怀疑的是张三、开刀的是我朋友、鲁迅的书、这个人谁都不认识。

这类歧义也可以通过“变换分析法”来消除。

4. 由语义指向不同而引起的歧义

这类歧义是指句法结构中某个成分因语义描述的对象不同而引起的歧义。如“我在屋顶上发现了小王”中，“在屋顶上”语义关联的对象有三种可能：一是指向“我”，描述的是“我”的位置，此时小王是否在屋顶上，不受关注；二是指向“小王”，描述的是“小王”的位置，此时我是否在屋顶上，不受关注；三是同时指向“我”和“小王”，描述二者都处于该位置上。语义指向歧义往往与语境歧义有关。

同类的如：他们先后进了两个屋子、苹果他们都吃了、他是去年生的小孩、张老师和王老师分别找张华和李向英谈了话、老张有个女儿很骄傲。

这类歧义可以通过“语义指向分析法”来消除，即具体指明一些间接成分之间的语义联系。

5. 由语义特征不同而引起的歧义

这类歧义是指相同的句法格式却包含不同句式意义的歧义。这种句式意义的差异往往是由其中某个关键成分的区别性语义特征来体现的。如“山上架着炮”，既可以理解为静态句，意指“炮（已经）架在了山上”，此时动词“架”呈现出［＋附着］［＋静态］的语义特征；也可以理解为动态句，意指“山上正在架炮”，此时动词“架”呈现出［－附着］［－静态］的语义特征。“挂了三天”也同样如此，当它用于“这幅画挂了三天，就撤下了”时，具有静态性；当它用于“挂了三天，还没有挂上”时，具有动态性。如果其中的动词只能呈现一个方面的语义特征，则没有歧义。如“台上坐着主席团、床上躺着病人、黑板上写着字、门上贴着对联”中的动词“坐、躺、写、贴”都只具有“附着于某物”这个语义特征，因此没有歧义。同样，“台上演着梆子戏、大厅里跳着舞、厨房里烧着饭、嘴里哼着小曲儿”中的动词“演、跳、烧、哼”不具有“附着于某物”这个语义特征，因此也没有歧义。

只有具备两种或两种以上区别性语义特征的成分才能导致歧义。同类的如：河边种着树、墙壁上刷着标语、屋里摆着酒席、贴了一上午、戴了好半天。

这类歧义可以通过“语义特征分析法”来消除，但要想指出语义特征的差异，往往得先通过“变换分析法”来测试。

（四）歧义分化办法

歧义现象表现多样，歧义原因也有多种。针对不同的歧义，所采取的分化办法也不同，既有词汇手段，也有句法手段和语义手段，还有语用手段。层次分析法、语义指向分析法、语义特征分析法上面都有简单介绍，这里主要介绍语境分化法和变换分析法。

1. 语境分化法

以上歧义类型基本都是去除语境后才具有的多义，如果将歧义结构还原到具体语境中，很多歧义自然就消除了。实际上，所有的歧义类型都可以通过设置合适语境的方式来分化。这里只举几例：

①A. 照片放大了一点儿，正合适。（放大了/一点儿）

B. 照片放大了一点儿，还得再缩小点儿。（放/大了一点儿）

②A. 鸡不吃了，你快看看怎么回事儿。（“鸡”是动作发出者）

B. 鸡不吃了，我们来盘烤鸭吧。（“鸡”是动作承受者）

③A. 头发剪短了，好看多了。（合乎预期）

B. 头发剪短了，太难看了。（不合乎预期）

我们在教学中遇到歧义现象，要善于设置合适的语境来消除歧义。对于“剪短了”这个歧义结构来说，既然两种意义跟动作的结果是否合乎预期有关，我们就可以设置跟预期有关的语境来分化。语境的设置要简洁清晰，能够有效揭示出差异。

不过，语境分化法虽然简洁高效，但往往不能从根本上揭示歧义产生的原因。若想细致入微地分化歧义、体会语言结构的复杂性，需要灵活运用词汇、句法和语义等手段。

2. 变换分析法

歧义之所以产生是因为一个结构形式恰巧表达多种语义。此时，如果尝试将结构形式进行变换，那么歧义就很容易分化了。这种变换的办法就是**变换分析法**，它是分化各种歧义的主要方法。变换分析法的具体手段是：添加、替换、移位、删除。其中添加法运用得最多，如："新教工宿舍"，在"新"后面添加"的"形成"新的教工宿舍"和在"教工"后面添加"的"形成"新教工的宿舍"，两种添加明确了"新"所修饰中心语的不同，所以分化了歧义；"通知的人"可以通过在不同位置添加动作的发出者"他们通知的人"或接受者"通知他们的人"来分化歧义。替换法，如："两个医学院的学生"可以通过更换量词的办法来分化歧义，可分别更换为"两所医学院的学生"和"两位医学院的学生"来区分。移位法，如："这个人谁都不认识"可以通过移位变为"谁都不认识这个人"，也可以在移位基础上再进行词汇替换变为"这个人不认识任何人"。删除法在分化歧义时运用较少。

有些歧义的分化需要综合运用多种变换手段，如"山上架着炮"有两种变换格式：

④ A. 炮架在了山上。

B. 山上正在架炮。

这两句在分化歧义时综合运用了添加、删除、移位三种变换手段：句A是将"炮"移至句首，将"山上"移至句末，同时将"着"替换成"在（了）"；句B是添加"正在"，同时删除了"着"。

在句法分析中，变换分析是最基本的测试手段，通过添加、替换、移位、删除这些基本操作方式，测试能否进行这些变换操作以及变换操作前后形式和意义上的变化、可接受程度的差异，就能揭示出所要考察对象的特征。

思考与检测五

一、指出下列短语的结构关系类型。

语言文化	比鸿毛（轻）	准确生动	飞速前进
我知道	往前	离开之前	坐下来抄写课文
坐上来	担心迟到	上山采药	世界名著《红楼梦》
喜欢干净	愿意不愿意	有人反对	越发烦人
高大的	WTO这个词	列车长老王	听了很生气
电脑里	鼓励他上进	走一回	这人出身寒微
买一辆	刚才买的	请英雄做报告	称他为电脑高手
擦得亮	充分论证	替人办事	买资料
气坏了	伟大而质朴	找人打听消息	游泳这项运动
新添的家具	添新的家具	家具新添的	
玩过一次桥牌	玩过桥牌一次	桥牌玩过一次	

二、指出下列述补短语中补语的类型。

抄一遍	打扫干净	吃不得	干得完	爬过来
看懂了	来到北京	乐得要命	晾干	爬不上去
糟得很	想了好半天	压得紧紧的	跑进	跑累了
飞得太快	累得气喘吁吁	倒在垃圾箱里		

参观了一个下午　　气得他吃不下饭睡不着觉

三、指出下列各句中补语的语义指向。

1. 他唱完了一首流行歌曲。
2. 他唱流行歌曲唱累了。
3. 他唱流行歌曲唱哑了嗓子。
4. 他唱流行歌曲唱红了曲作者。
5. 他流行歌曲唱成了摇滚。
6. 他流行歌曲唱了一个小时。
7. 他的流行歌曲把所有的听众都唱哭了。
8. 一首流行歌曲唱下来，把他自己唱哭了。

四、用层次分析法和句子成分分析法分析下列句子的结构。

1. 那个东北小姑娘特别喜欢笑。
2. 我为他调动的事前后奔波了半年。
3. 父亲今天早上已经决定把这些书送学校了。
4. 医院门口站满了等待消息的人们。

五、下列每个短语都有两种意思，请分别划分出它们的结构层次。

1. 一个学校的教师
2. 热爱人民的总理
3. 对厂长的意见
4. 我们三个一组
5. 妹妹和弟弟的朋友
6. 地板上睡不好
7. 安排好工作
8. 没有必要的批评

六、用变换分析法分化下列歧义现象。

1. 学习理论很重要
2. 张校长已经问了
3. 他的故事讲不完
4. 通知的人怎么还没来

七、请对第七小节"歧义分析"中没有分析过的歧义用例逐一进行分析，并分别说明可以采取哪些变换方法来分化各例的歧义。

第六节 句子的类型

前面对词和短语进行了比较系统的讨论，下面来讨论比它们更大的语法单位——句子。句子是由短语或词加上合适的语调而形成的。

分析任何结构体，都可以从结构和功能两个方面来讨论。从结构上看，这个大的结构体由哪些成分组成，各个成分的性质和关系怎样；从功能上看，这个结构体整体上可以起什么作用。例如下面这句话：

他们把教室扫干净了吗？

从结构上看，这是一个单一的句子，拿掉表示语调和语气的成分后，就是由一个主谓短语“他们把教室扫干净了”构成；从功能上看，它含有疑问的语气，用来提出问题。这样，我们既可以根据句子的结构特点给各种句子归纳类型，也可以根据句子的功能特点给各类句子归纳类型。即便从结构上分析，“他们把教室扫干净了”和“他们扫干净了教室”也不一样，前者用了一个“把”字，这是汉语中比较特殊的表达格式，后者只是一般的主谓结构；因此我们还可以根据句子中的一些标志性特征来给汉语中的一些特殊句子归纳类型。

在语法研究和语言教学中，我们通常将句子的结构类型称作句型，将句子的语气类型称作句类，将具有特殊表达格式的句子类型称作句式。学习句型，有助于我们了解和掌握汉语句子的基本结构；学习句类，有助于我们了解和掌握汉语句子的不同交际功能；学习句式，有助于我们了解和掌握汉语句子中最为特殊的表达格式，尤其是句子的结构形式和意义（功能）之间的关系。下面依次介绍句型、句类和句式。

一、句子的结构类型——句型

（一）单句和复句

句型就是按照句子的结构划分出来的句子类型。根据句子结构的复杂程度，我们可将句子分为单句和复句：单句是由若干句法成分直接构成的，复句是由几个单句形式（即分句）构成的。这里先讲单句，而将复句另立一节进行分析。

具体地说，**单句**就是指表达一个相对完整意义的、结构独立并具有特定语调的语言单位。

所谓表意的相对完整，指的是单句能够独立地表达说话人的某种意图。特定的语调与说话人的意图相关联。例如：

① 他过来了。　　（说明一种事实情况）

② 叫他过来！　　（表达一种命令或请求）

所谓结构独立，指的是单句不能被包含在其他成分之中，否则只是更大结构的一个句法成分。例如：

③ 我听说他过来了。

这句中的“他过来了”就不再具有独立性（同时也不能表达一个相对完整的意义），而是做“听说”的宾语。整个句子才是一个单句。

（二）单句的结构类型

在分析句法成分或者说切分句法结构时，首先看这个句子是否包含主语和谓语。也就是说，可以根据单句能不能切分出主语和谓语而将句子分为主谓句和非主谓句。

1. 主谓句

主谓句指由主语和谓语两个部分组成的句子。例如：

① 他||写了一部小说。

② 今天||特别热。

③ 明天||国庆节。

④ 这部小说||我读过。

汉语句子的谓语部分往往比较复杂，可以再根据谓语部分性质的差异给主谓句划分出一些下位类型。上面这四个句子实际上分别代表了汉语主谓句的四种类型。

（1）**动词性谓语句**（也常简称**动词谓语句**）：由动词性词语充当谓语的句子

① 每个人||都谱写了一曲生命之歌。

② 春天的脚步||悄悄地走近了。

③ 知识||就是力量。

④ 她的嗓子||都唱哑了。

（2）**形容词性谓语句**（也常简称**形容词谓语句**）：由形容词性词语充当谓语的句子

① 电脑||很有用。

② 中国人民||勤劳勇敢。

③ 今天的心情||糟糕透了。

④ 这张小脸||通红通红的。

（3）**名词性谓语句**（也常简称**名词谓语句**）：由名词性词语充当谓语的

句子

① 曹雪芹||清朝人。

② 那个人||蓝眼睛。

③ 今天||星期天。

④ 这间屋子||水泥地。

⑤ 这台电脑||一万多块钱。

⑥ 一张桌子||四条腿。

（4）**主谓谓语句**：由主谓短语充当谓语的句子

① 那场大火||消防队员终于扑灭了。（受事性主语）

② 他||什么书都看。（施事性主语）

③ 这支笔，||你拿去签到用吧。（工具性主语）

④ 这孩子||心地善良。（领属性主语）

⑤ 那个村的村民||一半是回族人。（领属性主语）

⑥ 路上碰到的那个人，||我们一道旅游过。（关涉性主语）

⑦ 上边这架子书||五块钱一本。（关涉性主语）

⑧ 这种方案，||我有保留意见。（对象性主语）

⑨ 小说||他只看获得诺贝尔奖的。（对象性主语）

⑩ 哪儿||我都不想去。（周遍性主语）

⑪ 所有新上市的游戏||他都玩过了。（周遍性主语）

括号里的语义内容指全句主语（指“||”前的主语，即下面所说的大主语）与谓语中某个特定成分的关系。

为了区别，我们常常称主谓谓语句中全句的主语、谓语分别为大主语、大谓语，称充当大谓语的主谓短语中的主语、谓语分别为小主语、小谓语。它们之间的结构关系是：

⑫ 那场大火||消防队员终于扑灭了。

主语　　　　谓语

└──┘ └────────┘ 大主语—大谓语

　　　　主语　　　谓语

　　　　└──┘ └────┘ 小主语—小谓语

在大主语和小主语之间有领属关系或整体与部分的关系时，似乎可以在它们中间加“的”。例如：

⑬ 这孩子的心地‖善良。

此时，这个句子就变成形容词性谓语句了。其实，加不加“的”，陈述的对象和表达的重点是不同的。在“这孩子心地善良”中，陈述的对象是“这孩子”，陈述的内容是“心地善良”，两者之间可以插入其他词语，如“这孩子一向心地善良”；而在“这孩子的心地善良”中，陈述的对象是“这孩子的心地”，陈述的内容是“善良”。

汉语主谓谓语句结构灵活，类型多样，使用广泛，这跟汉语表达注重话题有很大关系。所谓话题，就是谈话的起点。这在写作教学中显得尤为重要，看所写的文章像不像汉语表达，一个重要标志就是看文中主谓谓语句的使用情况。对话题的进一步认识，参见后文第九节“现代汉语语法系统的特点”中的说明。

2. 非主谓句

非主谓句指由可独立运用的非主谓短语加语调形成的句子。这种句子可以由主谓短语之外的其他短语充当，也可以由一个单独的词充当。例如：

① 下雨啦。

② 好极了！

③ 多幽静的地方！

④ 嗨！

⑤ 轰隆隆！

⑥ 不！

上面这六个句子分别代表了汉语非主谓句的基本类型，其中后三句比较特殊。

（1）动词性非主谓句：由动词性词语构成

① 过来！　② 严禁烟火！　③ 上课了。　④ 来人！

⑤ 有个姑娘叫小芳。　⑥ 让希望之花开遍原野！

（2）形容词性非主谓句：由形容词性词语构成

① 对！　② 糟糕！　③ 太伟大了！　④ 好威风！

上面这两种类型的句子并不是省略了主语，而是不需要说出，或者无法补出主语。

（3）名词性非主谓句：由名词性词语构成

①王老师！ ②好气派的场面！ ③这种人！ ④鲨鱼！

⑤二〇〇五年十月十七日。北京。中国现代文学馆。

（4）特殊非主谓句：包括叹词句、拟声词句、副词句等。除了叹词、拟声词可以独立成句外，某些副词也可独立成句

①唉！/哎呀！/啊？ （叹词句）

②砰！/哗啦啦！/呼——呼—— （拟声词句）

③A：你什么时候走？

B：马上。 （副词句）

对语言结构类型（尤其是主谓句）的分析、归纳和不同语言之间的句型比较一直是语言研究的重要方面，在语言教学中句型练习也是教学的重点。

（三）整句和零句

上文说的主谓句和非主谓句是依据句子的结构关系来区分的，而整句和零句是依据实际交际中的具体表达形式来命名的。**整句**是主语、谓语都齐全的句子，**零句**则是没有主语或没有谓语或无法做出主谓结构分析的句子。主谓句和非主谓句之分，主要是在一个单句范围内来说的；而整句和零句，则不限于一般传统意义上的“句子”，它可以是单句的，也可以是复句的，甚至常常是跨句的。

大多数零句是由名词性成分或动词性成分构成，有时也可以是其他成分。其实，凡是句法上能够单说的词和短语，常常都可以以零句的表达形式呈现。例如：

①瞧，山那边，飞机！

②A：你寒假回不回家？

B：回。年年都回。

③哈哈，腊八粥、烤鸭……幸福啊！

有些即便在一般句法分析时被看作不能单说的成分，在实际交际中也可以以零句形式出现。例如：

④A：他怎么整天一副没睡醒的样子？

B：累得。

在日常会话中，零句的使用占优势，常出现在应答、祈使、赞叹、命令、

发现新情况、场景说明等语境中。语义连贯的若干零句常常连接构成**流水句**。例如：

⑤ 探照灯，机枪；炮声，喊声。阵地已经白热化了。

⑥ 骗局又升级了，一定要看，太可怕了！

⑦ 已经回家了，不去了，累呢。

像这样的句子，零句与零句之间除了停顿和终结语调，没有其他形式标志，关联词经常不用，但听话人能够通过上下文来推导这些表达的语义关系。如例⑦，句子虽然省略了主语“我”、关联词“因为”，但听话人仍然能准确推导出“我不去了，因为我累呢”这种因果语义关系。

流水句现象在汉语表达中十分突出。下面这段话，词语和句子用法上特别灵活，流水特征鲜明；零句之间夹杂一些整句，这些整句在整个表达中也呈现出零句所展现的语势。

⑧（葛老师日日来坐，）面对一只小圆台，端端正正看报，吃咖啡，品茶，三七分头，金丝边眼镜，冬天中式丝绵袄，板丝呢西装裤，夏天，长袖高支衬衫，派力司翻边背带西裤，表情一直笑眯眯，抽香烟，看电视，用餐简单，一盅黄酒，一客咖喱牛利或三丝盖浇饭，朋友来吃酒，葛老师极少参与，自顾吃饭，兴致上来，讲几句耳朵出茧的老话……（金宇澄《繁花》）

跟印欧语相比，汉语在句子表达形式上似乎显得“简单随意”一些，因而有人认为汉语是“意合”特点明显或语用强势的语言；但是，需要强调的是，意合并不是随意的组合，同样要遵循一定的规则。

（四）倒装句

从结构上看，正常语序的句子是按照主谓、述宾、述补、定中、状中这样的结构关系来安排的；但在实际交际中，可以根据表达的情境需要而变换结构成分的顺序。这便形成了**倒装句**。

在交际中，有些看作整句的句子，不一定遵循常规结构关系的一般语序，有时会将本应在前的成分后置或将本应在后的成分前置，形成倒装句。例如：

① 暑假去非洲吧，我们。　　（主语后置）

② 听起来很伤感，这首歌。　　（主语后置）

③ 她正打电话呢，跟她妈妈。（状语后置）

④ 这是一部好电影，我觉得。（宾语前置）

⑤ 他们还挺开心的，玩得。（补语前置）

⑥ 马上去机场，吃完饭！（连谓结构前后成分顺序颠倒）

这些倒装句常常用在口语表达中，将说话人认为最重要的语义信息更快、更直接地传递给听话人。口语倒装句的前置部分是句子的语义重心，一般说得相对较重；后置部分在句子中只起追加、补充的作用，说得快而轻，实际上往往跟前面合起来形成一个完整的句调（虽然书面上往往用逗号断开）。

与之相对，书面语表达中也有一类倒装句，但后置部分起强调语义信息的作用，不能轻读。这些书面语倒装句带有鲜明的文学色彩。例如：

⑦ 在树丛中飞舞的萤火虫闪着光，柔和的，青绿的，把夜晚点缀得更加可爱。（定语后置）

⑧ 他张着眼睛看，在萌芽的广袤的草地上，如此迷茫，生疏，惊异而惊喜地。（状语后置，纪弦《在公园》）

⑨ 都悄悄地而决然地流逝过去了，时间，青春，和生命。（主语后置）

实际上，如果换个角度看，这些倒装的成分，也可看作零句，说起来往往一顿一调。

二、句子的语气类型——句类

句类就是按照句子的语气划分出来的句子种类。句子的语气类型可以分为陈述句、疑问句、祈使句和感叹句四种。

（一）陈述句

陈述句用来报道事实。陈述句全句语调平直，句末语调略降。例如：

① 巴金先生走了。

② 我从来没有去过神秘而迷人的香格里拉。

③ 九寨沟的水真美。

④ 下雪了。

陈述句有时可以带语气词“啊、嘛、呢、的、了、罢了”等，表示某种和缓的语气或者心绪，此时句末语调一般缓降。例如：

⑤ 他这种人一直就是这样嘛。

⑥ 我只不过随便说说罢了。

有时候，可以用“双重否定”的方式来表示肯定的意思，一般肯定意味会更深。例如：

⑦ 没有一个人不佩服他。（≈人人都佩服他。）

⑧ 我们非拿下这场球不可。（≈我们一定要拿下这场球。）

⑨ 他不会不答应您的。（≈他肯定会答应您的。）

但有的双重否定句语义上有所减弱。例如：

⑩ 他的失败与你不无关系。（≈他的失败与你多少有些关系。）

⑪ 这种事老师未必不知道。（≈这种事老师可能知道。）

有的双重否定句跟相应的单纯肯定句在意思上有较大的差别。例如：

⑫ 你不能不答应。（≈你必须答应。≠你能答应。）

⑬ 我们不敢不告诉他。（≈我们只得告诉他。≠我们敢告诉他。）

（二）疑问句

疑问句用来提出问题，大都用升调。例如：

① 你去过黄果树瀑布吗？

② 他什么时候又苦练基本功了？

③ 你是安静地走开还是勇敢地留下来？

④ 你是不是又要好几天不回家了？

疑问句的内部情况比较复杂，上面四句分别代表了不同的疑问句类型。疑问句的提问手段包括语调、疑问词、语气词、语气副词、疑问格式，有时只用一种手段，有时合用几种手段。

下面根据疑问句的结构及语义分成四类来说明。

1. 是非问句

把陈述句的语调改成明显上升的疑问语调，要求对方直接做出是或非的回答的句子叫**是非问句**，简称**是非问**。是非问句句末可以加上语气词“吗”，还可以用“吧、啦、啊”，但不能用“呢”。它通常要求对方用“是/不是”“有/没有”“对/不对”“嗯”之类的方式来作答，甚至可以只用点头、摇头等体态语来回答。例如（下面答句只是提供一种常见的可能形式）：

① 你的论文写完了？——写完了。/没写完。

② 他的签证办下来了吗？——办下来了。/还没呢。

③ 王平是四川成都人啊？——是。/不是，他是重庆人。

④ 这场球很精彩吧？——是，非常精彩。/一点都不精彩。

⑤ 你俩早就认识啦？——嗯，去年就认识啦。/没有，第一次见面。

⑥ 他想当飞行员，是吗？——是。/从没想过。

⑦ 让我来试试，行吗？——行。/不行。

值得注意的是汉语是非问句的回答方式。虽然有的句子可以用“是/不是”之类的回答（如例③⑥），但大多数情况下常常是通过重复问句中的谓语或谓语中心成分等方式来回答。实际上，例③和例⑥也是通过重复谓语或谓语中心成分来回答的。

例⑥和例⑦都是先出现陈述句，而后用一个附加形式来提问。这种问句叫**附加疑问句**。下面的特指问句和正反问句也有这样的附加疑问句表达方式。

2. 特指问句

用疑问代词指出要求回答内容的句子叫**特指问句**，简称**特指问**，也叫**特殊疑问句**。用来特指的疑问代词有“谁、什么、哪（哪儿、哪里）、几、多少、怎么、怎（么）样、为什么”等，说话人希望听话人就句中疑问点作答。句末常用语气词“呢、啊、啦”，但不能用“吗”。例如：

① 刚才谁找我？

② 暑假你去哪里旅游了？

③ 你为什么不去请教一下张博士呢？

④ 最近过得怎么样啊？

⑤ 你怎么啦？

⑥ 让孩子跟你一道去考古，怎么样？

有的问句没有用疑问代词指明疑问的内容，但实质上跟使用疑问代词的疑问句一样，也规定了回答的内容，所以也是特指问句。例如：

⑦ A：我的钢笔呢？（＝我的钢笔在哪儿？）

B：在你手上拿着呢。

⑧ A：他不答应呢？（＝要是他不答应怎么办？）

B：那就不管他了。

用“（有）多＋形容词”来问长度、高度、面积、距离等量度的问句，也是特指问句。例如：

⑨ 京沪高铁多长？

⑩ 国际比赛的足球场有多大？

3. 选择问句

在一个疑问句中并列几项内容让听话人选择一项来回答的句子叫**选择问句**，简称**选择问**。选择问句常用“（是……）还是……”来连接选择项。如果句末用语气词，只能用“呢、啊”，不能用“吗”。例如：

① 这里是世外桃源，还是暂时平静的台风眼？

② 是光你们这样呢，还是所有人都这样啊？

③ 是你自己承认，还是我们请来证人逼你承认呢？

④ 你坐飞机去呀还是坐火车去？

⑤ 昨晚跟韩国队踢，中国队赢了还是输了？

⑥ 你是赞成呢，还是反对呢，还是弃权呢？

4. 正反问句

在一个疑问句中将一项内容的正反两个方面并列起来让听话人选择一项作肯定或否定回答的句子叫**正反问句**，也叫**正反问**、**反复问句**、**反复问**。跟选择问句一样，如果句末用语气词，只能用“呢、啊”，不能用“吗”。例如：

① 黄山风景美不美？

② 你看不看现代派作品啊？

③ 赵明是不是刚从非洲大陆回来呢？

④ 你想妈妈不想？

⑤ 新排的话剧你看不？

⑥ 你看了这部新排的话剧没有？

⑦ 赵元任当过美国语言学会会长，是不是？

注意，汉语的疑问句不需要将句中的任何成分向前移动，而英语等语言一定要将某个成分（如判断动词或助动词）往前移才能构造出疑问句，特指问句还要将特殊疑问词或短语移到句首。一个有趣的现象是：如果语句中有疑问语气词，在构造疑问句时就不需要将某个成分移位，如汉语、日语；如果没有，在构造疑问句时往往就需要将某个成分移到前面去来表示疑问，如英语、法语。

上面介绍的四种疑问句类型都是从询问的角度来说明的，问句本身并不蕴涵问题的答案。其实，上面各种问句类型都可以表达反诘的语气，用疑问的形式表达确定的意思，以加强语气，这就是**反问句**。反问句是无疑而问，一般无须回答。当然有时也可以回答，关键在于反问句要求听话人不要做出反对的回答。例如：

⑧ 挑战权威不是需要很大的勇气吗？　（是非问句）

⑨ 这么点儿小事，难道还要我提醒你？　（是非问句）

⑩ 跑了四十公里了，怎么还在跑？　（特指问句）

⑪ 他心里想什么，我哪知道？　（特指问句）

⑫ 你这是帮他呢，还是在坏他的事？　（选择问句）

⑬ 外语这么重要，你说该学不该学？　（正反问句）

由是非问句和特指问句构成的反问句，答案寓于问话的反面。如：例⑧形式是否定，表达的是肯定的意思“挑战权威需要很大的勇气”；例⑩形式是肯定，表达的是否定的意思“不应该跑了”。由选择问句和正反问句构成的反问句，由于是在提供选择，没有明确的反面选择倾向，因此答案对语境的依赖就比较强。例⑫实际所指是“在坏他的事”，例⑬表达的意思是“该学”。如果例⑬换成“这种知识已经非常陈旧了，你说该学不该学？”，表达的意思就是“不该学”。

反问表达中是非问句和特指问句更为常见，并形成了一些固定的格式，如“不是……吗”“难道……吗”“怎么/什么/哪/谁＋动词性成分”“何必/何苦/何不/何尝/何至于……呢”等。

注意，反问句的语气相对强硬，在交际中往往会给人不够礼貌之感。在学习中需要注意这一点，以避免不得体的使用。

（三）祈使句

祈使句用祈使语气表达一种要求或希望（请求、劝阻、催促、商量或命令、禁止等），一般用降调。表示请求、劝阻时语气较和缓，句末可用语气词“吧、啊”。例如：

① 让暴风雨来得更猛烈些吧！　　（请求，高尔基《海燕》）

② 劳驾，麻烦大家，请让一下。　（请求）

③ 别动，千万别动。　　　　　　（劝阻）

④ 婚姻大事，咱们甭听别人的。　（劝阻）

⑤ 时候不早了，快点走啊。　　　（催促）

⑥ 你过会儿再来电话吧。　　　　（商量）

表示命令、禁止时语气较强硬，一般不用语气词。例如：

⑦ 站住！　　　　　　　　　　　（命令）

⑧ 立即出发！　　　　　　　　　（命令）

⑨ 进入林区，严禁吸烟！　　　　（禁止）

（四）感叹句

感叹句用感叹语气抒发某种强烈感情，一般用降调。感叹句中常用“真、好、可、多么、何等、怎样”之类有强调意味的词，句末一般用语气词“啊”。只用一个感叹词也可构成感叹句。例如：

① 香港的人口密度真大呀！

② 这个小孩好可爱啊！

③ 多穿点，外面可冷啦！

④ 多么美丽呀，这雨后的彩虹！

⑤ 何等壮烈的场面！

⑥ 嗨！太棒了！绝妙无比！

⑦ 哼！

三、句子的特征类型——句式

上面说过，汉语句型中有一些具有特殊结构特征的句子，我们可以拿出来专门进行分析。这些在结构上有独到之处的单句形式就是句式。也就是说，**句式**是根据句子的某种显著特征划分出来的句子类型。有时为了强调，也叫**特殊句式**。句式的这种显著特征，既可能是结构上的，也可能是语义上的，还可能是某个特殊的标志词语。哪方面特殊就通过哪一方面来命名，但无论是从哪个角度切入，都是围绕句式的结构形式和语法意义之间的关系来认识的，既考察它的整体形式和意义，也考察构成句式的组合成分的具体特征及其相互关系。只有整体和部分两者有机结合，才能有效地了解句式，并准确地运用句式。

汉语的句式系统内容丰富，下面主要介绍常见的几种类型：（一）“把”字句；（二）被动句和“被”字句；（三）“是”字句；（四）“是……的”句；（五）“有”字句；（六）存现句；（七）比较句。

（一）“把”字句

“把”字句是汉语中使用频率很高的一种句式，也是极具特殊性的句式。它的结构和用法都比较复杂，一直是汉语作为第二语言教学的重点和难点。

典型的**“把”字句**就是指“A+把B+动词+C”这样的句子。例如：

① 老王把这台电脑修好了。

② 我把它们都放在桌子上了。

③ 蔡振华把刘国梁培养成了世界冠军。

④ 昨天的大雨把孩子淋得大病了一场。

有时也可以是“A+把B+形容词+C”。例如：

⑤ 突然接到录取通知书，把他高兴得眉开眼笑。

⑥ 你就这样离家出走，还不把妈妈伤心死了？

由形容词做述语构成的“把”字句基本就是这两种，将“把”换成“使”后整句意思差不多。下面以“A+把B+动词+C”为代表介绍“把”字句。

1.“把”字句的意义以及各成分之间的关系

“把”字句典型的语义结构是：动作行为的发出者，通过某个动作行为，使动作对象受到影响，从而发生某种变化，产生某种结果。换句话说，典型的“把”字句就是通过某种“处置”行为而使某个处置对象产生某种结果，这是“把”字句常称作“处置式”的原因。这里的关键是“使……产生结果”。把握了这点，对正确理解和使用“把”字句大有启发。

“把”字句的这种意义体现在这种句式的各个成分之间的关系中：主语A通常是述语动词的动作发出者（施事），如上面各例中的“老王、我、蔡振华、昨天的大雨”；介词“把”后宾语B通常是述语动词的动作对象（受事），如上面各例中的“这台电脑、它们、刘国梁、孩子”；C是动作的结果，如上面各例中的“（这台电脑）好了、（它们）在桌子上了、（刘国梁）成了世界冠军、（孩子）大病了一场”分别是“修、放、培养、淋”的结果。

上面各个例子中的动词都是及物动词，其实有时也可以是不及物动词，这时“把”后宾语B就不是述语动词的对象了。例如：

① 你们别笑了，都把孩子笑醒了。

其中“把”后宾语“孩子”不是述语动词“笑”的对象，而是结果“醒”的主体。

可以用一个简单的图示将“把”字句中各个成分之间的关系表示清楚（X是可选项，常跟B相同但也可以不同。若动词是及物动词，则X为该动词的支配对象；若动词是不及物动词，则X不存在。）：

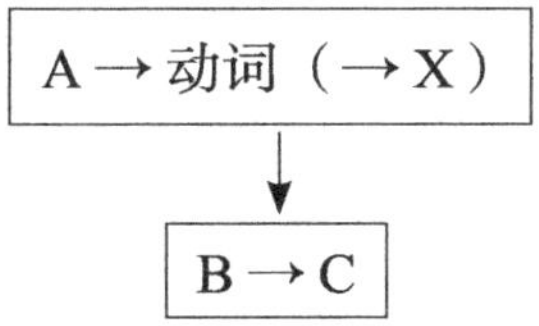

由此可见，“把”字句实际上可以看作是由两个表达合成的句子，两个表达之间存在着一种“致使”的关系，这种致使关系突出的是结果。以“老王把这台电脑修好了”为例，这句话的意思是“老王修这台电脑”致使“这台电脑好了”（其中，X出现，且X=B，两者合并成一个），由于要突出结果“好”，“这台电脑”便用“把”提到动词前，从而构造出这个“把”字句。再如要表达“孩子哭”致使“妈妈醒了”这样的意思（没有X），可以用“孩子哭醒了妈妈”，也可以用“孩子把妈妈哭醒了”，但用“把”字句可以突出致使的结果。若是“他唱流行歌曲把曲作者唱红了”，则意思是“他唱流行歌曲”致使“曲作者红了”（其中，X出现，但X≠B，两者不能合并；在语境中“唱流行歌曲”可以不出现），“曲作者红了”是要突出的内容，至于演唱者“他”红不红，不是这个句式所要关注和表达的。

也就是说，“把”字句实际上表达的是一个由原因和结果组成的整体性事件，突出的是结果。如果需要有结果而结果没有表达出来，句子就不能成立。“把”字句表达结果的手段有很多。例如：

② *他把房子建。

③ 他把房子建好了。

④ 他把房子建在山顶上。

⑤ 他把房子建得非常有气势。

例②不能成立，因为没有出现结果；例③的“（房子）好了”、例④的“（房子）在山顶上”、例⑤的“（房子）非常有气势”都是“建（房子）”产生的结果。结果的表达方式可以多种多样，但出现结果是关键。汉语实际上就是结果比较突出的语言，很多表达的使用跟如何突出结果有关。

理解了这点，对我们正确理解、使用和讲授“把”字句以及下面要讲到的“被”字句等特殊句式都很有帮助。

2. “把”字句的特点

“把”字句这种句式对构成“把”字句的几个主要成分有许多限制，下面以述语动词为核心讨论一些比较重要的方面。

（1）述语动词不能是光杆动词，前后总有别的成分

① 姐姐把房间打扫干净了。（动词＋补语）

② 他一上任，就把这个学校管理得井井有条。（动词＋得＋补语）

③ 把那本书给我。（动词＋宾语）

④ 大家都把看到的情况讲一讲/讲讲。（动词重叠）

⑤ 他把家产都输了。（动词＋了）

⑥ 他有意把小说往长里写。（状语＋动词）

动词前后的成分实际上就是帮助动词将“结果”表达出来。当然，结果的呈现，有的比较直接明显，如例①中的“干净”、例②中的“井井有条”，这是比较常见的表达，前面提到的一些例子都是如此；有的结果则是比较隐含的，如

例③中“给我”的结果是我有那本书，例④中“讲一讲/讲讲”的结果是情况清楚了，例⑤中“输了”的结果是家产没了，例⑥中“往长里写”的结果是小说变长了。只有在诗词歌曲等韵文中，由于受到韵律的限制，动词才可以单独出现，如“夫妻双双把家还”“我抬起腿来把楼上”。这里的动作都没有完成，即还没有结果。当然，这两句话实际也隐含了结果，分别是预期的结果：夫妻回到家、我到了楼上。虽然结果没有出现，但通过“把”字句的使用，听话人还是能够分析出来。这属于句式对语义理解的制约。

（2）述语动词通常是及物动词，语义上能够支配“把”后的宾语；有时也可以是不及物动词，此时一定带补语，这个补语在语义上一定跟“把”后宾语有联系

① 孩子把妈妈哭醒了。　　（表示的是“孩子哭”致使“妈妈醒了”）

② 我把腿都站酸了。　　（表示的是“我站”致使“腿都酸了”）

这种语义联系实际也就是跟结果的联系。

当然，并不是所有的及物动词都能用作“把”字句中的动词。能充当“把”字句述语动词的基本上是动作性较强的动词或具有使动义的动词（如“气、怕、吓”等），那些对其他对象不能产生影响的动词（如“要求、发生、是、上来、能够、像、属于、进行”等），基本上都不能进入“把”字句。

（3）“把”的宾语一般都是表示已知的、确定的人或事物，因此可以受“这个、那个”之类的表确指意义的词语的限定

① 他搬走了（那块）石头。→他把（那块）石头搬走了。

② 他搬走了一块石头。→*他把一块石头搬走了。

像“把房子卖了”中的“房子”并非指任何一套房子，而是确定的某套房子。

有时，虽然做“把”字宾语的成分在形式上是“一量名”，但就说话人而言其所指仍是确定的事物。例如：

③ 他把指挥座位留给布莱克，自己来到减压舱前，穿好太空服，把一根保险绳系在身后。（王晋康《拉格朗日墓场》）

句中的“一根保险绳”形式上虽是无定的，但在语境中能明确指明某一根保险绳（即“确指”），对说话人而言，并没有必要具体指出是哪一根；对听话人而言，由于不需要对话语进行行为反馈，因此也无须定位是特定的哪一根。类似上面例②那样的句子，如果给出合适的语境，赋以“确指”的内涵（例句中的

画线部分），也是可以成立的。例如：

④ 过了半晌，那老人似乎越来越不高兴了，抬起眼来一脚把一块石头踢出老远，伸掌把一地石粉扫得满天都是，口中还不住地咒骂着。（陈青云《沉沙谷·上册》）

由此可见，出现了特例，就一定有特定的条件。我们在分析语法现象时一定要处理好通例（一般用例）和特例之间的关系，并尽可能找到特例得以出现的条件。这是提升理论直觉最好的途径之一。

（4）助动词、否定词、时间副词不能放在“把”之后，只能放在“把”之前

① ［必须］把事情办好，不能把它办砸了。

② 我［从来］［没有］把你的话告诉过他。

③ 他们［已经］把所有的情况都调查清楚了。

不能说成“把事情必须办好、把它不能办砸了”等。

（二）被动句和“被”字句

1. 被动句和“被”字句的内涵

被动句是指语义上表示被动意义的句子。汉语中的被动句可以用介词“被”以及“叫、让、给”等标志，称作“有标志被动句”；也可以不用这些标志，而直接通过意合法来获得被动意义，称作“无标志被动句”。如果用“被”引出动作发出者，构成“A＋被B＋动词＋C”这样的句子，就是**“被”字句**。例如：

有标志被动句（“被”字句）	无标志被动句
① 手表被小王摔坏了。	手表摔坏了。
② 房子已经被老赵卖了。	房子已经卖了。
③ 这个签名没有被人涂改过。	这个签名没有涂改过。
④ 这份文件被打字员扔到了废纸篓里。	这份文件扔到了废纸篓里。
⑤ 新房被女主人布置得光彩夺目。	新房布置得光彩夺目。
⑥ 刚买的餐具就被他丢了一只碗。	刚买的餐具就丢了一只碗。
⑦ 妈妈被孩子哭醒了。	

上面所有的句子都是被动句，而用了“被”字的句子才叫“被”字句。介词“叫、让、给”表示被动时作用跟“被”大体相当，人们也归入“被”字句（有时为说明现象和教学的方便而分别命名“叫”字句、“让”字句、“给”字句）。例如：

⑧ 浑身上下都叫汗水浸透了。

⑨ 全家的脸面让你丢尽了。

⑩ 钱包给人偷走了。

相对而言，“被”在口语中并不常用，主要用于正式的书面语。口语中如果要用标志的形式来标示被动关系，则更多地使用“叫、让、给”。

①至⑥中没有用“被＋名词性成分”的无标志被动句，通常称作**受事主语句**，教学中也常称作意义上的被动句（意念被动句）。这是很具汉语特色的一种句式，在口语中使用频率很高。这种句式虽然表示被动的语义，但没有被动的形式标志，因此母语为非汉语的学习者初学时不容易掌握。其实，在汉语中，如果被动的语义关系很明确（尤其是受事为无生命者，施事为有生命者时），而又不需要引出动作发出者的话，不用“被”字标记的被动句反而更常见。就此而言，在汉语教学中，可以先教比较典型的受事主语句（如“手表摔坏了”），然后再通过添加“被＋名词性成分”的形式来教“被”字句（如“手表被小王摔坏了”），最后再通过删除“被”后的名词性成分来教不含施事的“被”字句变化形式（如“手表被摔坏了”，此类句式说明见下）。这样的教学安排，既看到了三者之间的联系，又关注到了其中的语义差异和限制条件，而且学生从口语常用句式入手开始学习，更便于在交际中灵活使用。

2.“被”字句的意义以及各成分之间的关系

“被”字句表示某个事物由于受到某种动作行为的影响而发生某种变化，产生某种结果。这里的关键是“受影响而产生结果”，目的也是突出某种结果。跟“把”字句致使某种结果出现不同的是，“被”字句突出的是遭受某种结果。也就是说，“被”的作用主要不是表示“被动”，而是表示“遭受”。

在语义关系上，主语A通常是述语动词的动作对象，“被”后宾语通常是述语动词的动作发出者，C是致使关系的结果。如“手表被小王摔坏了”的基本意思也是“小王摔手表”致使“手表坏了”，突出的还是结果，只不过这是遭受行为产生的结果，所以将“手表”这个遭受的对象提到了句首，并用“被”来引出动作发出者“小王”。

上面各例中只有“妈妈被孩子哭醒了”中的主语“妈妈”不是“哭”的动作对象（这里“哭”是不及物动词），而是“醒”的动作发出者。它的基本语义关系是：“孩子哭”致使“妈妈醒了”。这跟其他被动句没有什么不同。

3. “被”字句的几种格式

除了上面所举的介词“被”后带宾语这样的典型格式（即长被动句）外，“被”字句还有下面几种格式：

① 手表被摔坏了。（“被”后不带宾语的短被动句）

② 我没能克服这一点，剩下的时间就被我给浪费了。（“被……给……”）

③ 我仍然认为你们抬高了他，被他制造的假象所迷惑。（“被……所……”）

例②③中的“被”后带了宾语，此时的“被”是介词；例①中的“被”、例②中的“给”和例③中的“所”后面不带名词性成分，一般看作助词。“被……所……”也可以说成“为……所……”，下面的例④即是如此，虽然没有用“被”，但一般也看作被动句的变化形式之一。

④ 未成年人与成年人一样享有隐私权，这一点往往为一些教育工作者所忽视。（“为……所……”）

注意：如果没有特别强调，一般不怎么使用例①这样的减缩“被”字句；如果口语性强，则用“给”字句，即“手表给摔坏了”（或直接用受事主语句“手表摔坏了”）。在“被……给……”句、“被……所……”句和“为……所……”句中，一个比一个正式。凡是带有“给”的被动句，都比较口语化，带有“为”的被动句，都比较正式，因而没有“为……给……”这样的被动表达形式。

4. 被动句的特点

像“把”字句一样，被动句（尤其是“被”字句）在结构和语义上也有一些限制，而且这种限制跟“把”字句有很高的相关度。

（1）述语动词一般不能是光杆动词（尤其是单音节的），前后总有别的成分，上面各例都是如此；但少数双音节动词有时可以单独出现

① 这样做很容易被人误解。

② 褥子底下放一两本书还可以，多了必然被发现。（王小波《绿毛水怪》）

（2）能进入“被”字句的动词通常是动作性较强的及物动词和一些具有使动义的动词（如“气、怕、吓”等），语义上能够支配受事主语

① 他砍了那棵槐树。→那棵槐树被他砍了。

② 剧烈的爆炸声吓了他一跳。→他被剧烈的爆炸声吓了一跳。

跟“把”字句一样，“被”字句的动词有时也可以是不及物动词，此时一定要带补语，这个补语在语义上一定跟“被”前主语有联系。例如：

③ 刚买的小竹椅，就被爷爷一屁股坐塌了。

④ 底下有个学生突然哭了起来，大家都被他哭得莫名其妙。

（3）“被”字句的主语一般都是表示已知的、确定的人或事物

① 他打碎了（那个）花瓶。→（那个）花瓶被他打碎了。

② 他打碎了一个花瓶。→*一个花瓶被他打碎了。

像“衣服被雨淋湿了”中的“衣服”并非指任何一件衣服，而是已知的某件特定的衣服。

跟“把”字句对“把”后宾语的限制类似，“被”字句的主语有时形式上虽然没有限定词语，但就说话人而言所指的是确定的事物（即“确指”），就听话人而言也无须定位是特定的哪一个具体事物，因此也可以用“被”字句。例如：

③ 一块地板被胡浩的指尖撬了起来。那块地板竟像奇迹般无声地服从着胡浩的动作。（罗广斌、杨益言《红岩》）

④ 蚂蚁啃骨头似的日拼夜战4个月，一条3公里长的悬岩公路终于被打通，并与简易矿山公路衔接了起来。

（4）助动词、否定词、时间副词不能放在“被”之后，只能放在“被”之前

① 大自然真的［会］被人类征服吗？

② 我们［没有］被困难吓倒，而是战胜了困难。

③ 雷锋的光辉事迹［将］［永远］被传扬下去。

这些方面的特点，跟“把”字句的特点十分相近。当然，这不是说“把”字句和“被”字句都能一一变换，其中一些更具体的条件还需要具体说明。

值得注意的是：在口语中，大多数“被”字句表示的是遭损害、不愉快、不希望发生的情况；在书面语中往往表义范围要宽一些，可用于积极义，如“他被选为组长”“这个班被学校表扬过很多次”之类的表达。

（三）“是”字句

“是”字句指述语动词使用判断动词“是”的句子，也叫**判断句**。“是”是个及物动词，它的基本意思是表示肯定判断。“是”字句的结构模式是：主语＋是＋宾语。

“是”字句中的“是”具有一般动词所具有的一些特点，如：能受副词修饰，能用肯定、否定并列的方式提问，能单独回答问题。例如：

① 他已经是局长了。

② 这是不是颐和园？

③ A：这是巴金的小说手稿吗？

B：是。

但它也有一些特殊之处，如：由于不表示动作或状态变化，所以后面不能用“了、着、过”等动态助词及各种补语；只能用“不”否定；不能重叠。

能充当“是”字句主语和宾语的词语多种多样，几乎所有能单说的实词和短语都可以（量词以及形式动词等都不能单说，因此不能充当“是”字句的主语和宾语）。同时，“是”所连接的内容也比一般动词要宽泛得多。下面按主语和宾语之间的关系来分析各类“是”字句在表义上的差异。

1. 表示等同或归类、分类

这是“是”所表达的基本逻辑关系。例如：

① 太平洋是世界上面积最大的海洋。　　（表示等同）

② 一小时是60分钟。　　（表示等同）

③ 李白是唐代诗人。　　（表示归类）

④ 这张桌子是大理石的。　　（表示分类）

表示等同关系的主语和宾语可以互换位置而句义不变，表示归类、分类关系的则不能。下面这句中的比喻用法，基础关系是一种等同。

⑤ 他这种人其实就是一只纸老虎。　　（表示比喻）

2. 宾语从某个方面对主语加以说明

这方面的关系最为复杂。例如：

① 这孩子是个急性子。（说明性格特征）

② 汉族人是黑头发黄皮肤。（说明身体特征）

③ 这场球，罗纳尔多是前锋。（说明角色）

④ 报名日期，老生是一号，新生是三号。（说明时间）

⑤ 我们都要去接代表，他是机场，我是火车站。（说明处所）

⑥ 人家是电脑，哪像你，写文章还用打字机。（说明工具）

⑦ 这房子是钢筋混凝土。（说明材料）

⑧ 他这是拿人家的生命当儿戏呀。（说明情况）

⑨ 他是茶壶里的饺子。（通过比喻说明对象特征）

其实，宾语只要是用来说明主语所具有的某方面特征、情况或处于某种状态的，就可能用“是”字句来表达。又如：

⑩ 他是日本老婆。

⑪（幼儿园家长聊天）他是女孩，我是男孩。

⑫（饭店点菜）他是油焖大虾，我是青菜苦瓜。

这种“是”字句的主语实际只是提出一个与话题相关的角色，具体的语义内容需要到特定的语境中才能获得确定的理解。如例⑩中的“他”指代他娶的人，例⑪中的“他”和“我”指代他的孩子、我的孩子，例⑫中的“他”和“我”指代他和我所点的菜。

“是”字句的这种表达方式简洁生动，是汉语特有的句式之一。

3. 表示存在，主语通常是表示处所的词语

① 村子东头是一座教堂。

② 到处是庄稼，遍地是牛羊。

4. 用于解释说明原因、目的等，有时带有申辩的意味

这种情况下“是”的宾语大多由动词（短语）、形容词（短语）、介词短语充当。例如：

① 你没参加讨论是怕大家批评你的文章吧？（说明原因）

② 他是来体验生活，我是来欣赏风景。（说明目的）

③ 不是不想去，是去不了。（带申辩意味）

5. 用在主谓句前，加重语气，强调主语在整个事情中的作用

① 是海啸夺去了二十多万人的生命。

② 是他在我最需要帮助的时候伸出了援助之手。

6. 表示坚决地肯定某个事实，相当于“的确、确实”的意思，“是”必须重读

① 我查了一下签名，他昨天是去开会了。

② 今年冬天是很冷，穿两件毛衣都还冻得直哆嗦。

有人将这里的“是”看作副词，而不是一般的判断动词，但这种强调表达方式还是来自于判断。

7. “是”前后用相同的词语，可以表示确认、让步等

① 事实就是事实。（表示确认）

② 他这人热情是热情，就是有时有点马虎。（表示让步）

有时可以对举性使用，如“头是头，脚是脚”“公是公，私是私”“山是山来水是水”，表示两者分明，整体上清楚，一点不含糊，描写的意味很重，整体具有评议功能。例如：

③ 这小女孩长得鼻子是鼻子，眼睛是眼睛。

④ 他对自己的报告很满意，因为他做得丁是丁，卯是卯，没有任何敷衍了事的地方。

汉语“是”字句中“是”所连接的内容之所以如此丰富，与汉语注重话题表达有关。“是”之前的成分作为话题，“是”之后的成分可以从不同的方面对这个话题进行陈述。这也说明，汉语的话题，主要就是提供一个谈论的对象或范围，跟后面陈述的内容在句法上的联系比较弱，只要语义上有所关联就可以了。

（四）“是……的”句

这是一种表示强调的句式。**“是……的”句**是用来突出焦点或加强语气的句式。除个别情况（强调动作的对象）外，“是”紧贴在被强调部分的前边，“的”则总是出现在动词后面的某个位置，基本上在句尾，绝大多数情况下所强调的内容出现在“是”和“的”之间。例如：

① 陕西农民是在打井时发现秦始皇兵马俑的。

② 这种药物是可以缓解病人的痛苦的。

例①突出时间状语“在打井时”，强调动作发生在这个时候而非其他时候；例②突出整个谓语“可以缓解病人的痛苦”，加强对主语的评议作用。

根据“是……的”句结构和功能的差异，可以将它分为两种类型：

1. 突出焦点

强调在结构和语义上跟述语动词相关的成分，如动词的修饰成分、动作的发出者、动作的对象等。

（1）强调动词的修饰成分，也就是充当状语的成分

能做状语的语义成分多种多样，如时间、处所、方式、工具、材料、条件、目的、参与者等，这些都可以成为强调的内容。为了强调，便将“是”直接放在它们的前面。例如：

① 我是昨天下午才收到入学通知的。　（强调时间）

② 我是在网上订的飞机票。　（强调处所）

③ 孩子识字是一个词一个词地记下来的。　（强调方式）

④ 这些标语都是用排笔刷的。　（强调工具）

⑤ 他是用沙子画的这幅画。　（强调材料）

⑥ 我是在袁教授的指导下完成博士学位论文的。　（强调条件）

⑦ 他是为了纳税人权利才打这场官司的。　（强调目的）

⑧ 田甜是跟她妈一道来的吗？　（强调参与者）

（2）强调动作的发出者

此时将“是”直接放在动作的发出者之前。例如：

① 是老校长亲口告诉我的。

② 是华罗庚发现的陈景润这个数学天才。

③ 这么机密的消息，是谁透露给新闻媒体的？

（3）强调动作的对象

这种“是……的”句的中间是动词，“是”大部分情况下都可以省略，而强调的内容放在“的”之后。这是“是……的”句在强调内容的安排上的唯一特殊之处。例如：

① 这次全民公决，大多数人（是）投的赞成票。

② 他（是）学的中文，我（是）学的法律。

注意：这两句如果说成“这次全民公决，大多数人投的是赞成票”和“他学的是中文，我学的是法律”，则成了上面介绍的“是”字句，其中的“是”表示判断；而“是……的”句中的“是”是副词，用作焦点标记。不同的句式，表达的重点不一样。

从上面三种小类来看，无论强调的是什么，都表示这样的事实：动作已经在说话之前发生或完成，并且这一事实的一部分已成为交际双方所共知的信息。“是”的作用就是指明它后面的成分是全句的表达重点。

这种类型的“是……的”句，句中的“是”可以省略，而“的”具有标记完成体的功能，必须出现。

2. 加强肯定、确定的语气

突出说话人对主语的评议、叙述或描写。

这种“是……的”句强调的是整个谓语部分，在表达上全句带有肯定的语气，有说理的意味。“是”用在主谓之间，“的”是语气词，用在句尾。例如：

① 这次事故，警察是处理得很及时的。

② 本来她是不准备将它们赶回去的，可这时又改变了主意。

③ 中医和西医在疗效上是互补的。

④ 儿童语言是非常简单却又很难分析的。

这种结构省略掉“是”和“的”后，整个句子就成为一般的主谓句了，以陈述事实为主。

这种类型的“是……的”句，句中的“是”有时可以略去，而只保留“的”（不过有时略去“是”后，读起来不是太顺当）；有时也可略去“的”而只保留“是”，这时“是”应该重读，对“是”后成分强调的意味更重。

需要说明的是，不是句子中有“是……的”就表示该句属于“是……的”句。比较下面两个句子：

⑤ 这幅书法作品是启功先生的。

⑥ 这幅书法作品是启功先生花了两天时间创作完成的。

例⑤中的“的”是结构助词，跟前面的“启功先生”组成“的”字短语，做“是”的宾语。这类句子中的“的”是必不可少的，少了便不成句。整个句子实际属于“是”字句，表示一种判断。例⑥中的“的”是语气词，跟“是”配合表示强调。这类句子中的“的”可以抽去（一般需要将“是”同时抽出）而不影响原意。这种句子才是“是……的”句。

（五）“有”字句

“有”字句是指由动词“有”带宾语构成的句子。例如：

① 他不但有丰厚的财产，还有仁慈的品德。

② 从前有座山，山上有座庙，庙里有个老和尚和一个小和尚。

“有”的否定形式是在“有”之前加副词“没”，如“他没有电脑”；也可直接用“没”，如“我没电脑”。

“有”的基本意思是表示“领有”或“存在”，同时还有一些引申意义和用法。根据“有”的不同意义、用法，可以将“有”字句归纳为下面五种类型：

1. 表示领有、具有

① 人有充满智慧的大脑。

② 电脑有硬件和软件。

③ 他家有一幅宋代山水画。

④ 有了这样的好导师，该是你的荣幸。

⑤ 长跑运动员都特别有毅力。

⑥ 张所长既有凝聚力又有奉献精神。

2. 表示存在

句首常常是表示处所、时间的词语。例如：

① 南极大陆上有很多企鹅。

② 明天有一场乒乓球赛。

③ 在北京，有二三百万外来务工人员。

在一定的语境中，当处所不言自明或无法说出时可以不出现。例如：

④ 有小偷！抓小偷啊！

⑤ 有个女孩名叫婉君。

有时也可以将表示存在的事物放到“有”的前面做主语，有突出存在物的作用。例如：

⑥ 这种平凡的人平凡的事哪儿都会有。

关于表示存在义的“有”字句，还可参见本节下文关于“存现句”的说明。

3. 表示发生或出现

其中的“有”通常可以用“出现”来替换。例如：

① 现在多出一个年轻姑娘，这说明情况有了一些变化。

② 他虽然做了不少努力，但两人的关系并没有什么改观。

4. 表示列举、包括

有三种具体情况：

① 中国历史上或传说中的著名美女有妲己、西施、貂蝉、王昭君、赵飞燕、杨玉环等十几位。（表示总括列举）

② 大厅里挤满了各色人等，有聊天的，有打牌的，有打瞌睡的，还有掰着脚趾数数的。（表示分别列举）

③ 这部小说有上中下三卷。（表示包括）

5. 表示达到或比较

① 这件古董已经有三四百年的历史了。（表示达到）

② 这座山根本没有5000米高。（表示达到）

③ 北京大学有清华大学那么大吗？（表示比较）

④ 孩子长得有妈妈高了。（表示比较）

“有”字句的这五种用法实际上有很高的相关性，它们的根本意义和用法都表示主语对宾语的“领有、具有”关系。

（六）存现句

存现句是表示某个事物存在、出现或消失的句子。它的基本格式是：处所词语+存现动词（+其他成分）+表示存现事物的词语。例如：

① 客厅里挂了一幅水墨山水画。　　　（存在）

② 山背后跑出一匹战马。　　　　　　（出现）

③ 昨晚村里死了一头老黄牛。　　　　（消失）

1. 存现句的类型

根据句子意思上的差别，可以将存现句分为存在句和隐现句两大类。

（1）存在句

存在句是说明某处存在某个事物的句子。例如：

① 马路旁有两排柳树。　　　　　　（有）

② 湖的南边是一片辽阔的草地。　　（是）

③ 学术报告厅里坐满了听众。　　　（动词+满了）

④ 原野上开遍了鲜花。　　　　　　（动词+遍了）

⑤ 讲台上放了一台电脑。　　　　　（动词+了）

⑥ 大门上贴着一副对联。　　　　　（动词+着）

⑦ 体育场四周飘扬着一面面彩旗。　（动词+着）

⑧ 天空中盘旋着一架直升机。　　　（动词+着）

前①—⑥表示静态的存在，例⑦⑧表示动态的存在。

例①和例②中的“有”和“是”直接表示静态的存在。例③—⑧中的动词表示存在的方式，由它们构成的句式，有的表示静态的存在，指动作产生之后结果的持续（例③—⑥）；有的表示动态的存在，指动作发生时相同状态的持续（例⑦⑧），因此都具有某物在某个处所存续某个状态的特征。从这里可以看出，动词的语义结构和句式的语义结构是相互契合的。我们在认识句式的特征时，一定要从这两个角度来思考。

另外，由例⑥和例⑦⑧的区别可以看出，“动词+着”既可以表示静态，也可以表示动态，两者的区别是：表示静态的存在句中“着”能够用“了”替换，例如：

⑨ 大门上贴着一副对联。→大门上贴了一副对联。

而表示动态的存在句中的“着”不能用“了”替换，但可以转换成一般陈述句。例如：

⑩ 体育场四周飘扬着一面面彩旗。→一面面彩旗正在体育场四周飘扬（着）。

（2）隐现句

隐现句是指某处出现或者消失了某个事物的句子。例如：

① 前面又来了一辆公共汽车。　（表示出现，有位移）

② 微风一过，田野里飘过来一阵浓郁的麦香。　（表示出现，有位移）

③ 他的嘴角浮现出一丝下定决心的微笑。　（表示出现，非位移）

④ 昨天夜里养马场又跑了一匹马。　（表示消失，有位移）

⑤ 院子里又搬走了一户人家。　（表示消失，有位移）

⑥ 邻村昨夜死了一个人。　（表示消失，非位移）

这些句式中的动词，有的表示事物位置的移动，有的表示状态的出现、消失，有时两者结合在一起。无论哪种情况，由它们构成的句式整体上都陈述一个事件的发生。因此，这样的句式可以看作一种**发生句**，无论是出现还是消失，都表示发生了某个事件，出现或消失只是事件发生的伴随现象。发生句的范围还可以更广，除了隐现外，还有其他表达方式：

⑦ 大雾天里，高速公路上连着撞了十几辆车。

⑧ 沿海地区刮起了一股龙卷风。

⑨ 水泥地上碎了一个碗，几个茶杯。

存在是事物所处的状态，发生是事件所处的状态，两者的句法结构形式基本一样。

2. 存现句的语法特点

主语一般由表示方位处所的词语充当，处所词语前一般不用介词。

存在句中的谓语核心常由“有、是”充任，有时也可以由“动词＋着/了”充任；隐现句中的谓语核心一般由带有消失或出现意义的动词充当，有些动词加上“了”或趋向补语之后，往往整体就获得了消失或出现的意义，也可充当隐现句中的谓语核心。

宾语必须出现，且常常含有“一个、几个、许多”这样的修饰语，不能用“这个、那个”修饰，因为存现句的宾语往往是无定的事物，而非确定的事物。另外，如果宾语前没有“一个、几个、许多”这样的修饰语，则往往含有对比的意味在里面，如“马路旁有柳树，河边有杨树”。

（七）比较句

比较句指用来对事物、性状的同异或性质、程度的差别、高下进行比较的句子。例如：

① 他这人跟机器一样没有感情。

② 这孩子快有他爸爸那么高了。

③ 他的成绩不比他弟弟好。

④ 北京的冬天没有黑龙江那么冷。

1. 比较句的构成要素

汉语比较句一般包括四个要素：比较对象（包括比较主体和比较基准）、比较点、比较结果、表示比较关系的成分（即比较标记）。“爷爷比爸爸脾气好”这句话中，用来比较的对象是“爷爷”（比较主体）和“爸爸”（比较基准），用于比较的方面（比较点）是“脾气”，比较的结果是“好”，表示比较关系的成分是“比”。

在汉语比较句的这些构成要素中，一个很重要的也是学生不好把握的方面就是比较点的出现与否以及出现的位置。有时比较点可以不出现，这或者是由于不言自明而省略，如“这孩子快有他爸爸那么高了”省略了比较点“个子”，“冬天北方比南方冷”省略了比较点“天气”；或者是由于不容易指出来，如“她办起事来一定跟她人一样漂亮”，比较点似乎应该是某种样子（办起事来的样子和人长的样子）。比较点也可以出现在不同的位置上，例如：

① 他比我学习成绩好。

② 他的学习成绩比我好。

③ 他比我的学习成绩好。

④ 学习成绩他比我好。

另外，在汉语比较句（尤其是下面要谈到的“比”字句）中，为了表达的简练，只要语义上允许就可以将比较对象中相同的成分省略。例如（括号中的成分为省略内容）：

⑤ 南方的冬天没有北方（的冬天）那么冷。

⑥ 驴子的耳朵比马的（耳朵）大。

⑦ 你的小说语言比（你的）诗歌（语言）更优美。

2. 比较句的类型

两相比较的结果有两种：或有同异（相同、相似或不同），或相差。这样，比较就可以分成同异比较和相差比较，这反映到语言中也有相应的表达方式。

（1）同异比较

同异比较就是比较事物、性状的相同或相异。同异比较的常见格式有“A跟B（不）一样（……）、A跟B相同/不同、A跟B相似/近似/类似、A跟B差不多（……）”和“A有B那么/这么（……）”等。例如：

① 你的帽子跟她的帽子一样。

② 爸爸炒菜跟教书一样认真。

③ 人家是知识分子，知识分子当然跟咱老百姓就不一样啦。

④ 谁也没料到，这个新媳妇竟跟别人大不相同。（浩然《新媳妇》）

⑤ 他的贪婪跟豺狼相似。

⑥ 她看起来岁数很小，跟你妹妹差不多大。

⑦ 这种大喇叭伸直了有人的肩那么高，喇叭口也有花盆那么大。

⑧ 他的球技怎么可能有迈克尔·乔丹这么好呢?

注意：含有“跟”的比较格式（如前六例）中，可以用“和、与、同”来替换，只是“与”偏于书面语，“同”偏于口语。

（2）相差比较

相差比较就是比较性质、程度的差别、高低，也叫高下比较。相差比较的格式中，最常见的是“A比B……”，其他的格式有“A不比B……、A没有B……、A不如B……、一＋量词＋比＋一＋量词……”等。例如：

① 长江比黄河长。

② 妹妹扬着头，走在前面，比小时候更加骄傲和自信了。（王浙滨《生为女人》）

③ 本来我就没当真，在我心中去台湾不比上月球的机会多。（邓友梅《大门以里二门以外》）

④ 这姐妹俩，妹妹没有姐姐长得漂亮。

⑤ 现在这年头，养牛真不如卖牛啊。

⑥ 一个比一个水平高，一天比一天有干劲。

注意：“A比B……”句的否定形式是“A没有B……”，而不是“A不比B……”。如：“黄河比长江长”的否定形式是“黄河没有长江长”，“我比他能吃苦”的否定形式是“我没有他能吃苦”。

其实，“不比”句不是“比”字句的简单否定，其基本意思是“A跟B差不多”。它主要用于话语否定，对别人的判断或通常的认识做出否定，因此它的实际用法跟“并不比”差不多。例如：

⑦ A：冬天里西安比北京冷吧？

B：西安（并）不比北京冷，可能还暖一点儿呢。

⑧ 凭良心说，计算机所具备的判断能力，绝不比一般人低。

上面分析了汉语中七种比较有特色的句子类型（即句式），汉语语法系统中还有一些特殊表达格式，例如：

连动句（也叫连谓句）：他摊开画布提起画笔作起画来。

双宾句（或双宾语句）：他送了我一本古典小说。

兼语句：我请她帮忙翻译英文小说。

使令句：科技发展使我们的生活节奏越来越快。

重动句（也叫动词拷贝句）：他玩游戏玩出了名。

配比句：两人一个苹果/一个房间住四个人。

“连”字句：连张博士都解决不了这个问题。

“给”字句：客人把茶杯给碰坏了。/茶杯给碰坏了。/她被小贩给骗了。

“叫”字句/“让”字句：手表叫（让）水给淋坏了。

“对”字句：我对这个问题一窍不通。

“除了”句：他整天除了睡觉什么都不干。

上面每个句式一般只举了一例，实际上各个句式的表达形式有很多，内部语义关系也很复杂。有的句式内容我们已经在前面介绍词类或短语类型时有专门说明，如连动句、双宾句、兼语句；有的在介绍相关句式时也有所涉及，如“连”字句、“给”字句、“叫”字句、“让”字句等。

除了这些句式外，以某个形式或意义特征归纳出来的句式还有很多，应该尽可能多做一些了解。另外，由于归纳的角度不同，不同句式之间有交叉，如“马路旁有两排柳树、湖的南边是一片辽阔的草地”从意义的角度看是存现句，而从其包含的特殊标志词的角度看，也可以分别归入“有”字句和“是”字句。同时，同一个句子中也可能出现多种特殊的形式或意义特征，从而形成句式的套用情况，如“我请他帮忙把英语小说译成中文”就是兼语句和“把”字句的套用，“这台电脑被他打游戏打坏了”是重动句和“被”字句的套用，“连张博士都不能把这个问题给解决了”是“连”字句、“把”字句和“给”字句的套用。

学习任何语言的语法，除了学习一些基本句型之外，还必须掌握一些特殊的句子格式。句式教学是第二语言语法教学的重点，同时也是难点所在。汉语句式中特殊的句式，母语非汉语背景的学习者用得比较少，使用时的偏误率也比较高。如“把”字句，它是极具汉语特色的句式，一直是汉语研究和教学中的一大难题。母语非汉语背景的低年级学生较少使用“把”字句，即便到了高年级用得也不是十分到位，该用的时候不用，不该用的时候却使用了。又如被动句、比较句，在各种语言中都有一些比较相近的表达形式，所以理解和使用起来比“把”字句要简单一些。但是，这些句式在各种语言之间的对应关系错综复杂，因而第二语言学习者也会常常出现偏误，需要细加辨析。

思考与检测六

一、填空。

1. 句型就是按照句子的__________划分出来的句子类型，句类就是按照句子的__________划分出来的句子种类，句式是根据句子的____________划分出来的句型。

2. 句子的语气类型可以分为____________、____________、____________、____________四种。

二、根据结构特点分析下列句子的句型。

［示例］这件衣服质量很好。（主谓句—主谓谓语句）

1. 出租车两块钱一公里。

2. 多么华丽的服装！

3. 嗨！

4. 轰隆隆，轰隆隆！

5. 来客人了。

6. 莎士比亚英国人。

7. 太棒了！

8. 西藏的民风十分淳朴。

9. 一架银色的飞机飞向蓝天。

10. 这几道题目我实在做不出来。

11. 走开！

12. 她悄悄地走出了房间。

三、举例说明主谓句和非主谓句、整句和零句之间的区别和联系。

四、指出下列句子的语气类型。

1. 你怎么就这么喜欢看足球却讨厌踢足球呢？

2. 多么令人激动啊！

3. 她对孩子的爱像海水一样深。

4. 请站到这边来。

5. 好威风的场面！

6. 我们是先工作再读书呢，还是先读书再工作呢？

7. 严禁吸烟！

8. 这些证据难道还没有说服力吗？

五、指出下列句子的疑问句类型。

1. 今年暑假，你打算去哪里旅游？

2. 巴特尔的身体好些了吗？

3. 你去过杜甫草堂没有？

4. 是他还是他哥哥考上了中央民族大学？

5. 克里斯蒂娜有没有在大学演讲的经历？

6. 他们到底什么时候回来呀?
7. 王老师上阅读课去了吧?
8. 罗波夫在中国是只住一年呢，还是住两年呀?

六、指出下列句子中的存现句。

1. 马路的两边都是沙漠。
2. 会场里来了几个不明身份的人。
3. 我们都是来自非洲的留学生。
4. 教学楼的后面有一个很大的操场。
5. 吹着长笛的牧童横坐在黄牛背上。
6. 黄牛背上坐着一个牧童。
7. 这里可真是花的海洋。
8. 小姑娘的眼睛里闪烁着晶莹的泪花。
9. 汽车越走越远，一会儿就消失了。
10. 天空中盘旋着一架银色的飞机。
11. 夜空中响起了刺耳的警报声。
12. 孩子的脸上挂满了泪珠。
13. 大雨过后，天空出现了一道美丽的彩虹。
14. 前面走来一个穿着花格裙子的小姑娘。

七、请指出下列“把”字句用得不正确的地方，并改正。

1. 大风把门口的自行车倒了。
2. 我一定要把中国画学。
3. 请你在柜子里把衣服放。
4. 教练要把他成为世界冠军。
5. 我们终于把老师的话懂得了。
6. 你把我的朋友见面了没有?
7. 我的朋友把收音机没有修好。
8. 你看看，你把我的裙子都脏了。
9. 他把这本英文书看得懂。
10. 我每天把饺子吃在留学生食堂。

八、指出下列句子中的错误，并改正。

1. 他花了一个月时间把李白的诗歌读。
2. 冬天里，俄罗斯冷得比中国多。
3. 小明把糖不分给同伴吃。
4. 他的英雄事迹被我深深地感动了。
5. 孩子刚要出去玩儿，就为妈妈所批评。
6. 这次去印度尼西亚参观的代表团是由优秀教师组成。
7. 天气预报说今天白天有下雪。
8. 小王的爸爸已经是了局长。
9. 吉米今天的作业被做完了。
10. 我只有一个弟弟，不有哥哥。
11. 在文学史上，李白是很有名了。
12. 这台电脑修好了被他花了一小时。
13. 这支钢笔属于是弟弟的。
14. 他看上去比他哥哥很年轻。

第七节　复句

一、复句及其关联词语

（一）什么是复句

复句是由两个或者两个以上意义上相关、结构上互不包含的分句组成的句子。这里所说的分句，就是结构上像单句但没有独立语调的单位。分句之间有停顿，书面上用逗号、分号或冒号表示。例如：

① 由于台风延误了几班船期，码头上人山人海。（王朔《一半是火焰一半是海水》）

② 父母不照管好孩子，就不是称职的父母。

③ 痛苦，欢乐；生存，消亡。

④ 作者要写一篇文章，总是在自己的头脑里已经有了一些值得写出来的东

西：或者是在工作中积累了某些经验，并且认真地考虑和总结了这些经验；或者是对于某个问题做了研究，得出了一定的结论。（施向东《关于写文章》）

所谓“意义上相关”，指的是复句内部不论包含几个分句，各个分句之间必须有语义上的联系，否则就不能成为一个“句子”。例如：

⑤ *由于台风延误了几班船期，台风的风力达到12级。

这种“句子”是无法起到正常的交际作用的。

所谓“结构上互不包含”，指的是复句的几个分句之间互相不做句法成分。例如：

⑥ 我知道，但是他不让别人说。

⑦ 我知道他不让别人说。

例⑥中“我知道”和“但是他不让别人说”在结构上互相独立，因此这是一个复句；例⑦中的“他不让别人说”是“知道”的宾语，因此例⑦是个单句。

（二）复句中的关联词语

既然复句是由几个分句构成的，就必然牵涉分句之间的关联问题。有的分句之间通过一些关联词语来连接，有的则没有关联词语，而是通过逻辑关联、语义照应或某种特定顺序关系（如时间、空间、上下层级、整体—部分）来将分句组织起来。前者可以叫关联法，后者可以叫意合法。

关联法就是通过关联词语来表示分句之间的关系。所谓**关联词语**，就是句子中起连接作用的词语。关联词语常常由连词充当，一些起关联作用的副词也可以充当关联词语，如“也、又、就、才、都”；还有一些关联短语，如“不是、还是、一方面、另一方面”。例如：

① 虽然我们见过面，但是我记不清他的相貌了。 （连词）

② 你去哪儿，我就去哪儿。 （副词）

③ 一方面，我们要热爱科学；另一方面，我们不能迷信科学。（关联短语）

用于后一分句的关联词语，如果关联词语是连词，必须放在主语之前；如果关联词语是副词，必须放在主语之后。例如：

④ 虽然春天早已来临，可是她的内心却是寒冬腊月。

这句中的“可是”是连词，放在主语“她的内心”之前；“却”是副词，放在主语之后。

有时同样的分句，所用关联词语不同，复句内部的关系也就不同。如“你去”和“我去”可以通过不同的关联词语组成下面这样的几个复句：

⑤ 你去，我也去。　　　　（表示并列关系）

⑥ 或者你去，或者我去。　（表示选择关系）

⑦ 如果你去，我就去。　　（表示假设关系）

⑧ 只要你去，我就去。　　（表示充分条件关系）

⑨ 只有你去，我才去。　　（表示必要条件关系）

由此可见，关联词语的使用在复句中的作用比较大。我们下文在介绍复句类型时都将说明每种复句经常使用的关联词语。

关联词语往往配合使用。成对的关联词语有一定的搭配习惯，不能任意组合。值得注意的是：有些关联词语可以用于多种关系（如例⑦⑧中的“就”），必须根据具体的配对情况加以区别。

至于**意合法**，由于不用关联词语，从形式上看句子比较简单，但往往需要根据语境来判断分句之间的关系。例如：

⑩ 有的人死了，他还活着；有的人活着，他已经死了。（臧克家《有的人》）

分号前后两个大的分句是并列的关系，其内部都是转折关系（如“有的人虽然死了，但是他还活着”）。汉语表达中利用语义关系直接将分句组织起来的情况比较多（尤其是在口语中），这是汉语表达的一个特点。

当然，有的复句，用不用关联词语，意义上没有多大差别。例如：

⑪ 外面下雨了，我们今天不出去了。

⑫ 由于外面下雨了，我们今天就不出去了。

如果仔细体味，用了关联词语的句子语意上要更明确一些，更强调两个分句之间的逻辑关系。

其实，一般所说的意合法，理解比较宽泛，除了这种不用关联词语来连接分句的情况外，还包括形式上可以省略的表达手段。只要语义关系明确，句法成分能省略就省略。相对而言，从逻辑关系或句子形式的完备上看，凡是形式标志或句法语义成分“理应”出现而实际没有出现的情况，都容易看作意合表达。意合表达有鲜明的汉语特色，用得适切与否往往是判断汉语水平高低的重要标志。当然，意合法并不是随意的组合，同样有很强的结构规则。

二、复句的类型

根据分句之间语义上的地位，我们可以把复句分为两大类：联合复句和偏正复句。**联合复句**中各分句在意义上是平等并列的，没有主次之分。**偏正复句**中各分句在意义上并不平等，有主次之分，即有正句和偏句的区别。例如：

① 他会唱民歌，还会唱歌剧。（联合复句）

② 他虽然会唱民歌，但是不会唱歌剧。（偏正复句）

（一）联合复句

联合复句通常包括并列复句、承接复句、递进复句、选择复句、解说复句。

1. 并列复句

并列复句中几个分句分别述说相关的几件事或同一件事的几个方面。分句间或者是平列关系，各分句表示的内容并存共现；或者是对举关系，各分句表示的内容相反、相对。例如：

① 花木兰既是英雄，也是平民。（平列）

② 风，在城市上空盘旋；树，脱帽为它送行；街，成了叶的舞台。（平列）

③ 他学法语，而我学德语。（对举）

④ 我不是真去洗温泉，而是到后山上住几天。（对举）

有些情况下，并列复句中的几个分句可以前后换位而不影响表达。

经常用于并列关系的关联词语有：成对使用的，如“既……，又/也……”“又/也……，又/也……”“一方面……，另一方面……”“一边……，一边……”“有时……，有时……”“一会儿……，一会儿……”“一来……，二来……”和“不是……，而是……”“是……，不是……”；可以单独使用的，如“也、又、还、同时、同样、另外”和“而、而是、相反、反之”。

2. 承接复句

承接复句中几个分句依次述说连续发生的动作或前后关联的情况，也叫**连贯复句**。例如：

① 他摊开画布，提起画笔，作起画来。

② 你先把事故原因调查一下，然后写个调查报告。

③ 他一来到游行的队伍中间，游行群众就将他围了起来。

④ 安徽省有个青阳县，青阳县有座佛教圣地九华山。

承接复句中的几个分句不能颠倒顺序。表示连续发生的动作的几个分句之间如果既没有关联词语也没有停顿，便成了单句中的连动句。例如：

⑤ 他摊开画布提起画笔作起画来。

经常用于承接关系的关联词语有：成对使用的，如“首先/先/起先……，然后/随后/后来/再/又……”“开始……，接着……”“刚……，就/便……”“一……，就/便……”；可以单独使用的，如“然后、就、便、于是、又、再、后来、接着、跟着、终于、继而”。

3. 递进复句

递进复句中后一分句比前一分句在意义上更进一层。例如：

① 他不但会吹笛子，而且会做笛子。

② 登山运动需要坚强的意志，有时甚至需要以健康乃至生命为代价。

③ 植物尚且有开有合，何况是人？

④ 别说带点感情的话了，她跟我连一句多余的话都不说。

递进复句中的几个分句不能颠倒顺序。

递进关系必须使用关联词语。经常用于递进关系的关联词语有：成对使用的，如“不但/不仅/不光/不只/不单/不独/非但……，而且/还/也/又/更/就连……”“不但/不但不/非但不……，反而/相反还……”“尚且……，何况/更不用说……”“别说/不要说……，连/就是……”；可以单独使用的，如“甚至（于）、更、更何况、而且、并且、何况、况且、尚且、别说、反而”。

4. 选择复句

选择复句中几个分句分别述说几种可供选择的事项。从选择的事项是否已经确定来看，选择关系有两种：选择未定和选择已定。

选择未定指每个事项都是备选的。例如：

① 战争中的英雄，或者夺取战争的胜利，或者减少自己的伤亡。

（取舍任选其一）

② 这个事情前前后后，到底是他在骗你呢，还是你在骗他？

（取舍任选其一）

③ 从北京到香港，不是坐火车，就是乘飞机。（取舍必选其一）

④ 站在前头引导潮流呢，还是跟在后头追随潮流？（取舍必选其一）

经常用于“选择未定”的关联词语有：成对使用的，如“或者/或/或是……，或者/或/或是……”“是……，还是……”“不是……，就是……”“要么……，要么……”；可以单独使用的，如“或者、或、或是、还是”。

选择已定指说话人已经选定了一种，舍弃了另一种。例如：

⑤ 与其跪着生，不如站着死。（选定后者）

⑥ 宁可站着死，决不跪着生。（选定前者）

⑦ 一到星期天，他宁愿饿着肚子也要躺在床上玩手机。（选定后者）

经常用于“选择已定”的关联词语有：成对使用的，如“与其……，不如/毋宁……”“宁可/宁肯/宁愿……，也不/决不/也要……”；单独使用的，如“还不如、倒不如”。

5. 解说复句

解说复句中几个分句之间有解释说明或总分的关系。例如：

① 我终于想起了他那怪怪的网名，叫什么“三七二十二”。（解释说明）

② 有时，我会被自己能如此忍耐而感动，也就是说，我自己被自己感动了。（解释说明，张贤亮《绿化树》）

③ 两种景致出现在双眼两侧，一是袅娜的女子行走在河流边，一是悠扬的垂柳飘拂在晚风里。（先总说后分说，余华《古典爱情》）

④（于是，我们可以推测到，）他不是个多年来受着家室之累的人，就是从未被爱情滋润过的老光棍，两者必居其一——这就是对立面统一的辩证法。（先分说后总说，张贤亮《浪漫的黑炮》）

在解释说明的关系中，后一分句有时会使用“即、也就是说”；在总分关系中，常有数字概括表达。

（二）偏正复句

偏正复句也叫**主从复句**，通常包括转折复句、让步复句、因果复句、目的复句、假设复句、条件复句。偏正复句都由偏句和正句构成，偏句起衬托作用，正句才是表达的中心。偏正复句的各种关系大多要使用关联词语来体现，如果只用一个关联词语，大多用于后一分句之前。

偏正复句通常是偏句在前、正句在后，但有时顺序相反，这时可以起到突出正句的作用，偏句只是用来补充说明正句的。这时处于后面的偏句前面一定要用关联词语，而处于前面的正句不需要用关联词语。

1. 转折复句

转折复句中偏句说出一个意思，正句转向跟它意思相反、相对的方向。例如：

① 虽然这些说法相当牵强附会，但是我也无法批驳。（王小波《我的阴阳两界》）

②（所以）尽管走了一天，可我一点也不累。（余华《十八岁出门远行》）

③ 后花园的布置与十多年前稍有不同，然而枫树却正是十多年前所见的枫树。（余华《古典爱情》）

④ 这一下午，全家的院子里出奇地静，不过，这静里似乎藏着深深的不安。

常用的关联词语：用于偏句的，如“虽然、虽、虽说、尽管、固然”；用于正句的，如“但是、但、可是、可、却、而、然而、还”。“只是、不过、倒”常单独使用于正句中。关联词语成对使用时往往转折意味重（重转），单独使用时转折意味轻一些（轻转）。

正句在前、偏句在后的如：

⑤ 他怎么看都像个孩子，虽然已经上了大学。

⑥ 这一切的一切我都不能忘记，尽管这都已经变成痛苦的回忆。

2. 让步复句

让步复句中偏句假定承认某种情况，做出让步，但是正句并不产生相应的结果，而是从相反的方面说出正面的意思。例如：

① 即使舍掉自己性命，也要救出自己的孩子。

② 就是烧成灰烬，我也认得出来。

③ 生命再重要，也没有人的尊严重要。

④ 纵使前途渺茫，我都依然前行。

常用的关联词语：用于偏句的，如“即使、哪怕、纵使、纵然、就算、就是、再”；用于正句的，如“也、都、还”。由于让步复句在语义关系上带有假设性，因此也有人将这种复句归入假设复句。

正句在前、偏句在后的如：

⑤ 我却仍愿抓住一点自认是永恒的东西，哪怕只有游丝般微弱。（刘心武《人情似纸》）

⑥ 什么也无法替代在这月色下心灵与心灵的诉说，即使是最精彩的表演。

3. 因果复句

因果复句中偏句陈述原因或理由，正句表示结果。有的是说明因果（结果是已实现的现实），有的是推论因果（根据一个事实推出结论）。例如：

① 因为心里兴奋，所以倒也不觉得累。（说明因果，田晓菲《哈得逊河上的落日》）

② 天又蓝又亮，以致阴影里都是蓝黝黝的光。（说明因果，王小波《黄金时代》）

③ 既然要活下去，就要会生活。（推论因果，张贤亮《绿化树》）

④ 他一连三天没有起床吃饭，可见这次挫折给他的打击多么巨大。（推论因果）

用于说明因果和推论因果的关联词语并不相同。说明因果的常用关联词语：用于偏句的，如“因为、因、由于”；用于正句的，如“所以、才、就、便、故、于是、因此、因而、以致”。推论因果的常用关联词语：用于偏句的，如“既然、既”；用于正句的，如“那么、就、又、便、则、可见、由此可见”。注意：由于“因此”的含义是“因为这样，所以……”，所以“因为”和“因此”不能配合使用。

上面除例④“可见”句外，其余都是前因后果，说明因果的句子还可以前果后因。此时可以只在偏句中使用关联词语，也可以用“之所以……，是因为……”。例如：

⑤（这下你该明白，）这故事之所以近乎荒唐，是因为它就发生在那十足荒唐的岁月里。（朱春雨《陪乐》）

⑥ 他一直受到村民们的敬重，因为他一直关心所有的村民。

4. 目的复句

目的复句中偏句表示目的，正句表示为达到某种目的而采取的动作行为。目的有两种，一是为了得到什么（求得），一是为了避免什么（求免），即“趋利”和“避害”。除了“为了、为”引导的偏句放在正句之前外，其他大多在正句之后。例如：

① 人们为了尊重他，再没当他的面放这支曲子。（求得）

② 我经常陪她散步、聊天，为的是分散她对儿子的思念之情。（求得）

③ 他们走进森林时一路留下标记，以免出来时迷失方向。（求免）

④ 我们要做好充分的准备，以防万一。（求免）

有时这两种目的可以同时出现。例如：

⑤ 在上一世纪，一些澳洲人曾从南美洲移植了一些高大的仙人掌到澳大利亚去，为的是组成天然篱笆，以防野兽闯入住宅和畜群。（刘心武《水仙成灾之类》）

目的复句的关联词语都单独使用，用于偏句之前。常用的关联词语：用于表示“求得”的，如“为了、为”和“为的是、是为了、目的是、以便、以求、以、用以、借以、旨在、好让、好”；用于表示“求免”的，如“以免、以防、免得、省得”。其中“好让、好”和“免得、省得”多用于口语。

5. 假设复句

假设复句中偏句提出一个假设，正句表示这个假设成立后所得出的结论。例如：

① 假如你不走出这堵墙，就会以为整个世界是一个石头花园。

② 如果艺术和思想都是上品，那么这就是双料的醇酒。（张贤亮《绿化树》）

③ 如果说开始是不得已而为之，到后来则是他自己的兴趣越来越大了。

④（要是）我没认错的话，你就是跑第一的那个人。

常用的关联词语：用于偏句的，如“如果、如果说、假如、假使、若、倘若、倘使、若是、要是、万一”；用于正句的，如“那么、就、那、便、则”。“的话”是助词，用于偏句的结尾，一般跟“如果”之类的关联词语配合使用，但也可以单独使用。

正句在前、偏句在后的如：

⑤ 任何动物都不可能在空中飞翔，如果没有空气的话。

⑥ 我会把一切都告诉你的，要是我知道的话。

6. 条件复句

条件复句中偏句提出一种条件，正句表示这个条件得到满足后所产生的结果。条件关系可分为两种：有条件和无条件。

（1）有条件句

所谓有条件，就是有某个条件，这个条件必然影响结果。这种特定的条件对结果而言，或者是充分的，或者是必要的。

充分条件指仅仅具有所提出的条件就够了（不管还有没有其他条件），在此条件下就能产生相应的结果。常用的关联词语是“只要……，就/便……”。例如：

① 只要旁边有个人，我就不觉得孤单了。

② 人只要活得高兴，便不怕穷。

必要条件指必须具备所提出的条件才能产生相应的结果，有了这个条件不一定有相应的结果，但缺少了这个条件就绝不会产生相应的结果。常用的关联词语是“只有/唯有/除非……，才……”“除非……，否则……”“要不然”。例如：

③ 只有下水了，才学得会游泳。

④ 除非经历过痛苦，才知道快乐的真谛。

⑤ 除非他自己改主意，否则谁也说服不了他。

⑥ 快点走吧，要不然就看不上开幕式了。

（2）无条件句

所谓无条件，就是不管偏句中的条件如何，都不影响正句所表示的结果的产生。常用的关联词语有“无论/不论/不管……，都/总是/总/也/还……”。例如：

① 她无论穿什么衣服，都显得很有气质。

② 不管你有没有时间，都得把所有的事情做完。

有条件句和无条件句都可以正句在前、偏句在后。例如：

③ 你一定能学好的，只要你认真钻研。

④ 谁也别想闹事，除非他想到警察局走一趟。

⑤ 你一定要坚持下去，不管经历多大的风雨。

三、多重复句和紧缩句

（一）多重复句

上面对复句类型的分析都是只着眼于两个分句之间的关系，其实，在实际的语言交际中，一个句子往往包含几个分句。我们前面曾说过，层次性是语言结构的根本属性之一，因此，如果一个句子包含几个分句，这些分句就有可能处于不同的层级之中。如果将只包含一个结构层次的复句叫一重复句的话，包含两个或两个以上结构层次的复句就叫**多重复句**。对多重复句的分析实际上是在复句中使用层次分析法，只要有结构，就可以进行层次分析。

在分析复句时，为了方便和醒目，我们常常在构成同一层次的分句之间划上竖线：用单竖线“|”表示第一层次，双竖线“||”表示第二层次，依次类推，同时还标明每个层次的关系。

一重复句一般由两个分句组成，但是当分句之间只有并列或承接关系时，一重复句也可以由多个分句组成。例如：

① 蓝天是白云的家，|树林是小鸟的家，|小河是鱼儿的家。

　　　　　　　　并列　　　　　　　并列

② 他披上大衣，|拉开门，|走了出去。

　　　　　　承接　　承接

多重复句至少由三个分句组成，而且不止一个层次。在分析多重复句时，首先要全面把握句子的意思，确定句中各个分句的界限；然后仔细辨析各个分句之间的意义关系；最后判定各分句之间的组合层次。先确定第一层次，这个层次体现全句的基本关系；再看第一层次的两个分句内部是否还有层次，如果有的话，再确定第二层次；就这样依次划分下去，直到最低层次。例如：

③ 有的人死了，||他还活着；|有的人活着，||他已经死了。

转折　　并列　　转折

④ 我们不论遇到什么事情，|都必须确立坚定的信念，||不但要坚信自己

条件　　解说

能够战胜困难，|||还要勉励自己在取得一些成绩后继续前行。

递进

当然，并列关系也有可能处在不同的层次之中。例如：

⑤ 苍天之下，没有干涸了的海洋，||没有削平了的雪山，|也没有枯萎了的心灵。

并列　　并列

可见，分句数量的多少并不决定层次的多少，关键是不同分句之间的关系远近和关系类型。我们分析多重复句，就这样层层分析，直到都是单个分句为止。分析多重复句的层次和前面所讲的分析句法结构的层次，其实质是相同的。这就更加深化了我们对语言结构层次性的认识。

（二）紧缩句

前面介绍复句时，分句之间都有明显的停顿。但在实际交际中，有些分句之间的语音停顿或词语被压缩了，几个分句便被压缩成一个类似单句的形式。也就是用单句的形式表达复句的内容，这就变成了**紧缩句**。这种结构形式不带语调时，有的教材便将它看作连锁短语、连锁结构。例如：

① 如果你愿意来，你就来。→你愿意来就来。

② 他一开口，就得罪人。→他一开口就得罪人。

有些复句的紧缩形式已经形成一些固定格式了。例如：

③ 你们真是不打不相识呀。（假设）

④ 不调查就没有发言权。（假设）

⑤ 刀非磨不快。（假设）

⑥ 不说我也知道。（让步）

⑦ 电视剧再烂也有人看。（让步）

⑧ 计划一公开就掀起了轩然大波。（承接）

⑨ 我越想越觉得不对劲儿。（条件）

⑩ 无知才会妄为。（条件或因果）

⑪ 丢了又怎么样？（假设）

⑫ 想走又不敢走。（转折）

⑬ 做什么事都要认真。（条件）

⑭ 走一趟就熟悉路了。（条件或假设）

⑮ 打死我也不说。（让步）

⑯ 没有土也培育出了小苗。（转折）

⑰ 面和心不和。（转折）

⑱ 买不起别买。（假设）

⑲ 人多力量大。（因果或假设）

这些固定格式构成的句子有的有关联词语，有的没有。对不用关联词语或只用一个关联词语的紧缩句，可以通过添加关联词语来帮助理解分句之间的关系。紧缩句的表达方式是汉语表达凝练性的一种表现。

思考与检测七

一、填空。

1. 复句是由两个或者两个以上__________、__________的分句组成的句子。

2. 联合复句包括__________、__________、__________、__________、__________等，偏正复句包括__________、__________、__________、__________、__________、__________等。

二、下列句子，哪些是复句，哪些是单句？请说明区分的理由。

1. 不管有多大困难都不低头的人，才能担此大任。

2. 为了理想，他甚至献出了生命。

3. 将军跨上马背，扬起皮鞭，飞驰而去。

4. 就是被撤职，我也要把这事管到底。

5. 他跳上马飞驰而去。

6. 为了心爱的人，她放弃了出国的机会。

7. 这种治沙技术的全面推广，大大改善了环境质量。

8. 珠穆朗玛峰的雄伟壮丽，只有亲眼看见，才能领略。

9. 当时只有我一个人对提案提出了反对意见。

10. 昨天王明又给赵雪梅写了一封信，尽管她从来没有打开过他的信。

三、指出下列复句的关系类型。

1. 出门在外应该常给父母打电话，免得他们担心。

2. 大卫会唱京剧，而且唱得特别棒。

3. 她养过两个儿子，一个在战争中牺牲了，一个在逃亡中走散了。

4. 他就是跑到天涯海角，我也要把他抓住。

5. 你要是稍微注意一点点，就不会造成这么严重的后果。

6. 虽然鲁迅没有写过一部长篇小说，但他的每个短篇都跟长篇一样厚重。

7. 他的艺术为人民所欣赏，是因为他的艺术来自于人民。

8. 无论我怎么做，他都挑毛病。

9. 现在，人类深刻地影响着自然环境，自然环境也深刻地影响了人。

10. 他扫了大家一眼，昂着头走了出去。

11. 与其坐着等死，不如奋起抗争。

12. 你只要到贫困农村走一走，就能深切地感受到农民生活的艰辛。

四、给下列复句加上合适的关联词语。

1. 他______看小说，______听收音机。

2. ______科技进步提高了工作效率，______每个人都感到比以前更加紧张了。

3. 禽兽______有怜悯之心，______我们人呢？

4. ______你同意不同意，我______要按自己的想法办。

5. ______她有过人的才能，倒不如说她以美貌胜人。

6. ______做什么工作，他______任劳任怨。

7. ______通过托福考试，他吃饭的时候都在看英语书。

8. 昨天晚上他______躺上床，______呼呼大睡。

9. ______你早一点听他的劝告，______不会落到今天这种地步。

10. 他______不愿意去，那______不要勉强他了。

11. ______管好自己，______能管好别人。

12. 一到暑假，我______回国，______到中国各地去旅游，所以这些年去过中国不少地方。

五、分析下列多重复句的层次，并标明分句之间的关系。

1. 虽然是满月，天上却有一层淡淡的云，所以不能朗照；但我以为这恰是到了好处——酣眠固不可少，小睡也别有风味。

2. 如果没有氧，光有氢，或者没有氢，光有氧，都不能够搞成水。

3. 我想这就和挑西瓜一样：有的看着好，可里边是生的；有的看样子很生，可里边却很甜。

4. 我们不管读什么书，都必须认真去读，不仅了解书的内容，而且通过书的内容去了解其反映的时代和社会，否则就不能算读懂。

第八节　常见语法偏误分析

我们在说话、写文章的时候，应当遵循汉语的语法规则和表达习惯。如果说出来的话、写出来的句子违背了这种规则，就会出现偏误。偏误的范围很广，其中问题比较集中、规律性比较强的就是表达中出现的语法偏误。

产生语法偏误的原因很多，主要有两个方面：一是在结构上、语义上没有很好地掌握汉语的语法规律，尤其是汉语的一些特殊语法现象。如“把”字句、“被”字句、比较句等特殊句式对句子中各种成分的使用限制，补语结构中多样的组合形式和复杂的意义关系，等等。二是受到母语或母方言（即以方言为母语）的干扰。如“*我练习书法每天下午”“*我们吃饭在留学生餐厅”，其中表示时间、处所的“每天下午”“在留学生餐厅”出现在句子末尾，显然是受到英语等语言表达的影响，汉语正确的表达应该是“我每天下午练习书法”“我们在留学生餐厅吃饭”。又如“*每天下午我的房间打扫”“*我们一块儿学校去吧”，其中宾语“我的房间”“学校”出现在动词前，往往是受到日语、韩语等语言“主—宾—谓”基本语序的影响。

如何检查句子是否合乎语法呢？分析一个句子是不是合乎语法，要将着眼点落在构成句子的成分及其关系上。也就是说，需要考察的方面主要有：在一个句子中，句子成分之间是不是能够配合，成分的位置放得对不对，成分是否多余或残缺。另外，句子一旦复杂了，就要看它们内部的关系对不对、顺不顺，表示这些关系的关联词语用得对不对。这样说来，语法偏误就会多种多样，这里将留学生在习得汉语过程中出现的偏误实例分成三个大的方面来谈。当然，一切偏误分析的前提都是对汉语语法结构的基本规律有比较清楚的了解。

需要说明的是，下面对偏误的分析根据本书的内容安排，主要是从汉语语法结构本身的特点来谈的，即主要指出偏误所在及如何改正，而对使用者之所以产生如此偏误的原因（如汉语知识的不充分、母语迁移、过度泛化、学习语境的诱导、交际策略偏失、文化迁移等）不做分析。

一、句子成分方面的偏误

判断一个句子是不是合格，首先要检查句子中的相关成分能不能搭配。在前面介绍句子成分分析法时，我们把句子成分划分为中心成分（主语、谓语/述语、宾语）和附加成分（定语、状语、补语）。这些成分之间是两两配对的，如主语和谓语、述语和宾语、修饰语（定语、状语、补语）和中心语都是密切相关的成分，不注意它们的配合，就容易出现语法偏误。因此，分析句子时，首先要看这些成分能不能搭配，是否多了一些成分或少了一些成分。一般的分析程序是：先查中心成分，再查附加成分，最后检查中心成分跟附加成分之间的关系。此时句子成分分析法就能够起到有效的作用。下面分别举例说明。

① *我的汉语作文水平比这个越南学生矮一些。

② *她的丈夫要她在家里办家务。

③ *在中国的这一年里，我一直过着慌张的生活。

④ *有的人在生活作风上拖拖拉拉，得过且过。

⑤ *这个保姆对孩子照顾得实在周全。

⑥ *秋天的香山是一年中最美丽的季节。

这些句子都存在搭配不当的问题，或者是中心成分之间不能搭配，或者是附加成分跟中心成分不能搭配。

例①的主语是“水平”，谓语是“矮”，两者不能搭配。“水平”论高低，不论高矮。“低”可跟抽象的“水平、标准、级别”等搭配，而“矮”只能跟有形的“身材、个子”和“墙、板凳”等搭配，应将“矮”改为“低”。例②的主语是“丈夫”，谓语是“办”，宾语是“家务”。主语和谓语能够搭配，但是谓语中心语和宾语不能搭配。动词“办”一般和公务、证件等搭配，而“家务”指家庭事务，跟“办”不搭配，应改为“操持”，强调亲手去做，含有“辛辛苦苦地劳动”的意味。

例③的中心成分“我—过—生活”，都能够搭配，但是定语“慌张”跟宾语“生活”不能搭配，因为“慌张”指心里急、动作乱，不能修饰“生活”。宜将“慌张的生活”改为“紧张的生活”。这是定语和中心语搭配不当。例④的主语“人”和谓语“拖拖拉拉，得过且过”能够搭配，状语“在生活作风上”跟谓语中的“拖拖拉拉”也能够搭配，但是跟“得过且过”不能搭配，因为“拖拖拉拉”的搭配对象指生活作风，而“得过且过”的搭配对象指生活态度。可将原句改为“有的人在生活作风上拖拖拉拉，在生活态度上得过且过”；或者把状中结构改为主谓结构，变成“有的人生活作风拖拖拉拉，生活态度得过且过”；或者干脆删除状语，变成“有的人拖拖拉拉，得过且过”，简洁明了。这是状语和中心语搭配不当。例⑤的主语“保姆”和谓语“照顾”能够搭配，但谓语“照顾”跟补语“周全”搭配不当。“周全”指各方面都考虑到、不疏忽的意思，“周到”也有相近的意思；但“周全”多用来形容计划、说话等，如“计划周全、想得很周全、讲得很周全”，而“周到”则多用来形容照顾、服务等，如“想得很周到、服务周到、照顾得很周到”。宜将“周全”改为“周到”。这是补语和中心语搭配不当。

例⑥有些特殊，谓语“是”所联系的主语和宾语搭配不当。“香山”不能是“季节”，所以宜将主语改为“香山的秋天”。

⑦ *关于这个问题，在全校引起了广泛的讨论。

⑧ *我对京剧、武术都很浓厚的兴趣。

⑨ *这四年里，我逐渐养成了用汉语对话、写信和思考问题。

⑩ *每个去过九寨沟的游客都说，九寨沟美丽。

⑪ *昨天，我把所有的房间打扫。

上面这些句子中都缺少了必不可少的成分。句子成分之间是配合使用的，如果缺少了某个必要成分，句子的结构就不完整。这就是成分残缺。

例⑦缺主语。句首是介宾结构，这样后半句就没有了主语，宜将介词“关于”删去，让“这个问题”做全句主语。例⑧缺谓语。“很浓厚的兴趣”是宾语，它没有谓语，宜在它的前面加上“有”或“产生了”。例⑨缺宾语中心语。“养成”的后面应是一个定中短语做它的宾语，宜在“用汉语对话、写信和思考问题”之后加上“的习惯”，补上中心语。

例⑩形容词“美丽”单独做谓语时不是特别自由，有时需要补上一些成分。这是汉语性质形容词用法的一个特点。或者在“美丽”前加上“很”“真”之类的成分做状语，或者在“美丽”后加上“无比”等成分做补语。例⑪缺补语。“把”字句中做谓语的动词不能是光杆动词，应该在后面加上补语，可以改为“打扫得干干净净”“打扫了一遍”。

⑫ *我们班的男生，一般情况下，在上课时大家都不怎么发言。

⑬ *我每天读报纸看电视，注意关心国内外大事。

⑭ *上了几节书法课后，我知道怎么运用毛笔的用法了。

⑮ *她刚满十六岁，是一个美丽、漂亮、聪明、好看的新疆姑娘。

⑯ *请你把这张表填完清楚。

跟成分残缺相反，上面这些句子中的相关成分已经完备了，却重复添加了一些成分，在结构和语义上显得累赘。这就是成分冗余。

例⑫的主语有多余成分。“我们班的男生”是主语，在谓语里又出现了主语“大家”，显得多余，应该删去。例⑬的谓语重复。“关心国内外大事”是一个完整结构，前面又加上了一个跟“关心”语义基本相同的动词“注意”，没有必要，宜删除。例⑭的宾语有多余成分。“知道”的宾语“怎么运用毛笔的用法”中，“怎么运用毛笔”和“用法”意思有重复，可以改为“知道怎么用毛笔”或“知道毛笔的用法”。

例⑮的定语有多余成分。“美丽”“漂亮”“好看”意思相同，应选取一个，删去其他。例⑯里的补语有多余成分。谓语“填”带两个结果补语，一个是动词“完”，一个是形容词“清楚”，只能保留一个。

二、语序方面的偏误

由于结构和语义上的限制，句子中各个词语往往有比较确定的位置。如果句子中词语的位置放得不合适，就会造成语序不当，影响句子意思的表达。语序不当大多跟修饰语的句法位置摆放不当有关。

①*在圣诞晚会上，我们每个留学生都表现了自己的充分才能。

②*这本小说很有意思，我想看多几遍。

③*妈妈工作很忙，去工厂每天早上六点。

④*我学中国功夫两年了在少林寺。

这是修饰语跟中心语的位置关系不当。例①是定语和状语的语序错位。“充分”应该做“表现”的状语，而不能做“才能”的定语，宜将“充分”放在“表现”之前。例②是状语和补语的语序错位。述语动词“看”后有数量词组“几遍”做补语，表示宽泛数量的“多”就不能再出现在补语位置上了，应该放在述语动词之前做状语。原句宜改为“这本小说很有意思，我想多看几遍”。例③的时间词语“每天早上六点”后置是英语等语言中的表达法，汉语里这种时间词语做状语，应放在谓语“去”之前。例④的失误有两处。在汉语中，表示动作发生处所的词语应放在谓语之前做状语，表示终点的词语通常放在谓语之后做补语，如“在教室看书”和“来到教室”。这句中的“在少林寺”是“学中国功夫”这个动作发生的处所，应该放在它的前面；“中国功夫”和“两年”分别是“学”的宾语和补语（时间补语），补语一般在宾语之前。这句宜改为“我在少林寺学了两年中国功夫”或“我在少林寺学中国功夫学了两年了”。由于时间补语有时也可放在宾语之后，故这句话还可改为“我在少林寺学中国功夫两年了”。

状语的语序问题在一些特殊句式里表现更为明显。例如：

⑤*我离开中国之前，把所有的用品可以留给你用。

⑥*这个小女孩很听话，从来被父母没有批评过。

⑦*那本书叫人刚才借走了。

在“把”字句、“被”字句中，助动词、否定词、时间词语应该放在“把”“被”之前。例⑤中的助动词“可以”应该放在“把”的前边，例⑥中的否定词“没有”应该放在“被”的前边，例⑦中的时间词语“刚才”应该放在“叫”的前面。

⑧*张老师是有丰富教学经验的一位老先生。

⑨*所有的学生认真地都在会议室里张贴着标语。

这是多个修饰语的顺序不当。在偏正结构中，同一个中心语被多个修饰语共同修饰时，它们的排列是遵循一定的规则的。多个定语的一般顺序是：表示领属关系的词语＋数量短语或指示代词＋动词（短语）＋形容词（短语）＋表示性质的名词（短语），如“我们请来的演讲者是（北京大学的）（一位）（擅长做实验的）（优秀）（生物）教师”。例⑧的宾语前面有三个定语“有丰富教学经验的”“一位”和“老”，前两个定语位置不当，应该换位为“一位有丰富教学经验的”。多个状语的一般顺序是：表示时间的词语＋副词＋表示处所的词语＋表示情态的词语＋表示对象的词语，如“我［昨天］［已经］［在图书馆里］［仔细地］［把这些材料］核查过了”。例⑨的“张贴”前有三个状语“认真地”“都”和“在会议室里”，它们的顺序应该是“都在会议室里认真地”。

⑩ *这首韩国歌曲对我很熟悉。

这里是主客颠倒。例⑩“很熟悉”的主动者应该是“我”，“很熟悉”的对象应该是“这首韩国歌曲”。这句话宜改为“我对这首韩国歌曲很熟悉”或“对这首韩国歌曲，我很熟悉”。

三、句子层次和关联方面的偏误

句子和句子之间是按照一定的关系组织在一起的。就单句而言，如果汉语学习者没有掌握好各种句式的结构特点，就有可能把两种不同的造句形式糅合在一起，造成句式杂糅，层次关系混杂不清。就复句而言，如果汉语学习者没有分清复句的分句之间在意义上的关联，就可能出现把意义上缺少联系的分句放在一起的情况；没有掌握好不同的关联词语所表示的不同语义关系，就会出现关联词语使用不当的情况。其中关联词语的误用现象比较普遍。

① *要想写好汉字，一定要下苦功夫不可。

② *《拯救大兵瑞恩》这部电影多么使人感动人心啊！

这是句式杂糅。例①将不同结构套叠在一起。“一定要……”和“非……不可”是两个不同的结构格式（原句“非”没有出现），不能套叠使用，或者说“一定要下苦功夫”，或者说“非下苦功夫不可”。例②是前后纠缠。“使人感动”和“感动人心”属于不同句式，由于语义相关而纠缠在一起，两者只需要保留一个。

③ *如果我们把身体锻炼好了，我们的学习就会好起来。

④ *我来到中国才真正发现，中国虽然很大，但是人很多。

这两句中分句之间的逻辑语义关联较弱，导致关联词语的使用不是很恰当。例③这两个分句用“如果……就……”连接，但从前后分句的语义联系看，它们之间的假设关系表达得不清楚，可以改为“如果我们把身体锻炼好了，就会更有精力去学习”。例④分句间用“虽然……但是……”连接，但是从分句的意思来看，转折关系没有明确地表达出来，因此可以拿掉所使用的关联词语而改成“中国很大，人很多”。如果要清楚地强调两个分句之间的转折关系，原句可改为“我来到中国才真正发现，中国虽然很大，但是人很多，人均面积很小”。

⑤ *只要有顽强的毅力，才能成为一名优秀的运动员。

⑥ *因为他身体一直不好，因此经常缺课。

这是关联词语搭配不当。例⑤“只要……，才……”不能搭配。汉语表示充分条件关系的关联词语是“只要……，就……”，表示必要条件关系的关联词语是“只有……，才……”。“有顽强的毅力”只是“能成为一名优秀的运动员”的必要条件，所以应选用关联词语“只有……，才……”。例⑥“因为……，因此……”不能搭配，“因此”本身的意思就是“因为这样，所以……”。表示因果关系的成对使用的关联词是“因为……，所以……”“由于……，因此……”等，或只用“因此”。

⑦ *今年夏天，你或者去旅游，或者回国？

⑧ *他喜欢一方面听音乐，一方面看小说。

这是关联词语的误用。例⑦“或者……，或者……”用于陈述句中的选择关系，而这里是疑问句，所以应该选用“是……，还是……”。例⑧“听音乐”和“看小说”是同时进行的两个具体动作，应该选用“一边……，一边……”关联，因为“一方面……，一方面……”往往只连接表示抽象意义的并列分句。

⑨ *我掌握汉语的词语很快，赶不上那个尼日利亚的同学。

⑩ *张教授教学认真，关心同学，但原则性强，所以大家都尊敬他。

这是关联词语的漏用和滥用。例⑨是漏用了关联词语，以致不能明确地将分句之间的转折关系表示出来（前一分句也不太好），可改为“汉语的词语我尽管掌握得很快，但还是赶不上那个尼日利亚的同学”或“我掌握汉语的词语掌握得很快，可还是赶不上那个尼日利亚的同学”。例⑩是滥用关联词语，分句之间没有必然的转折关系，应该删去“但”。

⑪ *听到他获奖的消息后，同学们不但乐得蹦了起来，而且老师也伸出了大拇指。

⑫ *他今天有急事要办，不等客人到齐，就他一个人先吃了起来。

这是关联词语的位置不对。关联词语在复句中的位置有一定的要求：如果两个分句的主语相同，前一分句的连词放在主语之后；如果主语不同，前一分句的连词放在主语之前（稍有特殊的是假设复句，不管前后分句主语是否相同，前一分句的连词放在主语前后都可以）。至于后一分句，不管分句的主语是否相同，关联词语为连词时都放在主语之前，为副词时都放在主语之后。例⑪分句的主语不同，“不但”应该放在“同学们”之前。例⑫“就”放在“他”前是表范围，而这里是表顺承的时间，所以应放在“他”之后。

四、语用和语体适用的偏误[①]

语言表达除了要考虑合“法”性，还要考虑是否合“用”。也就是说，除了要考虑句子结构、语义组合搭配的合法性，还需考虑语用和语体的适用性。如果一个在结构和语义上合格的句子用错了场合或对象，或者使用了感情色彩或语体色彩不合适的成分，就会使语言表达不得体、不恰当。在实际交际中，语用的不得体造成的负面影响有时比其他方面的偏误造成的更大。

（一）语用偏误

语用偏误是指学习者对汉语使用的文化背景、思维方式和社会习俗理解不够以及对汉语要素本身的特定用法不了解等等导致语言使用不得体的偏误。语用偏误类型大致可以分为两类：语言语用偏误和社交语用偏误。

1. 语言语用偏误

语言语用偏误指学习者在词语、句式的选择上不符合汉语交际方式所造成的偏误。例如：

① 语用和语体问题不完全属于语法问题，但为了方便，这里也将它们的相关偏误放到常见语法偏误分析中说明。同时，由于这两方面在别的地方讨论得相对较少，这里的说明便稍微充分一些。另外，下面对各个偏误例句的分析，主要是从语用和语体的角度来考虑的，其他方面若有偏误，一般不做讨论。

① *几天后，我恢复了勇气，回到路上，另谋高就！

② *我的爷爷去年死了。

③ *他是一个狗拿耗子，多管闲事的人，给了我很多帮助。

④ 老师：约翰，你不去颐和园玩吗？

*约翰：不，我不去。

例①中，“另谋高就”字面意思是“寻找另一份工作”，符合整句话的语义要求，但“高就”属于敬辞，往往在劝他人另外寻找工作或询问他人工作时才会用到，说话人用来表述自己找工作的情况，就显得不太谦虚，可以改为“另谋他职”或“找其他的工作”。

例②的动词“死”用得并不妥当，一般中国人对于年老、生病以及死亡等词语的使用非常谨慎，对于自己所尊敬的长辈或关系要好的人往往会避讳这种直接的说法，而是使用“去世、走了、离开”等委婉语。学习者出现这种偏误是因为对汉语敬辞、忌讳词、委婉语等文化特征词不够了解。以上两个词语的使用偏误，原因都在于并不了解词汇字面意义之外的文化含义。

例③“狗拿耗子，多管闲事”是一个歇后语，比喻干自己不该干的事情，具有强烈的贬义色彩，而学习者由于没有完全掌握这个歇后语背后的贬义色彩，根据字面意思来理解才会出现偏误，应改为“乐于助人”。

例④对是非疑问句的回答可能是由于学习者母语（如英语）的负迁移。这种语用失误主要是因为汉、英语言表达在思维方式上的差异。关于是非问否定句的回答，汉语使用者是先立足于对方问话所使用的疑问形式然后自己再做出肯定或否定的判断。如句中的回答应该是“是的，我不去”或者“不，我去”，再或者直接回答“我不去”。而英语是不考虑对方问答，只根据自己即将选择的行为做出肯定或否定的判断。

2. 社交语用偏误

社交语用偏误表现在言语交际中没有注意到特定的语言形式在字面义背后蕴含的情感态度，表达时选择了错误的社交用语，以致显得不那么礼貌和得体。例如：

① A：今天我们一起去逛街吧！

　B：随便你。

② A：彼得今天为什么没有来上课？

　B：我哪儿知道？

例①和例②对话中的“答”显然不符合礼貌原则。答者没有意识到“随便你”和反问语气的“我哪儿知道”蕴含态度冷淡、不礼貌等语用特征。为了使表达更为礼貌得体，应该改为“听你的、好的、好啊、可以啊、行”和“我不知道啊”之类的表示配合和正面回答的语句。当然，如果例②中B的意图就是要表达不友好、不合作的态度，则是合适的表达方式。

此外，使用称呼语和招呼用语也容易出现偏误。西方国家习惯将姓作为尊称，关系亲近的话可直呼其姓，但汉语称呼语的使用往往体现着长幼有序、谦恭有礼等礼仪文化。如果二语学习者没有注意到汉语的称呼习惯而对老师直呼其姓，就不合时宜；更有甚者，直接指称女性教师或男性教师为“女的”和“男的”，如“那个女的是我的老师”，这就失礼不当了，带有不尊重的意味。社交用语的使用需要学习者不断学习和巩固，熟悉其用法。又如，第三章第六节“汉语词汇系统的构成”中“文化特征词”部分曾提及汉语中的社交用语“吃了吗、上哪儿去、去哪儿啊、慢走、哪里”，而学习者如果不了解其中的语用含义而只简单地从字面上来理解的话，有时就会错会其意，这也属于社交语用偏误。

（二）语体偏误

语体就是在交际活动中根据内容、场合、对象、态度等的不同而在语言表达的选择和使用上所形成的特点，如正式和非正式、庄重典雅和通俗随便、书面性和口语性等。语体不同，语言表达便有差异。如“买”和“购买”、“看”和“阅读”，词汇意义大体相同，但“买、看”具有非正式特征，更多地出现在口语之中，而“购买、阅读”具有正式性特征，更适用于书面语。又如“驾鹤西去”和“翘了辫子”，都指人死，但前者婉指所尊敬的人去世，庄重典雅，后者用于讥笑诙谐的场合，非常口语化、俚俗化。如果学习者语体意识不强，对词句的语体特征不够了解，就会出现语体混用或语体风格失调的情况，这便是**语体偏误**。

语体偏误大致分为两种情况：一种是书面正式语体中误用口语化、非正式的成分，另一种是在一般性的书面语或口语中使用特别庄重典雅的成分。先看第一种情况：

① *这件事儿表明中国的经济非常有潜力。

② *我非常喜欢流行歌曲，也认为流行音乐对大众非常好。

③ *这桩财产纠纷案，法院判得不错。

④ *我会对这个问题加以盘算的。

例①—④都摘选自具有书面正式语体特征的议论文或说明文。例①在讨论中国的经济，而“事儿”是“事”的儿化形式，带有明显的口语色彩，不合语体，应改用具有正式色彩的“事情”。例②和例③中“好”和“判得不错”口语性强，在议论文中最好改用更为正式的表达，如“有益”和“判得十分公正”等。例④中“加以”是一个书面色彩浓重的双音节形式动词，为了语体风格的和谐，往往要求与之搭配的动词也是带有正式色彩的双音节词语，所以使用口语色彩的“盘算”是不恰当的，应改为“思考”或“考虑”。

语体偏误的第二种情况是：一般的书面正式语体中，或者当交际场合比较随意、交际双方关系较为亲密时，便不适合使用过于典雅的语言表达了。例如：

⑤ *我们诞生的时候，一点知识也没有。

⑥ *我们生活于社会的人类，为了相互沟通、传达自己的意思，而使用语言。

⑦ *我父亲上小学时期是第二次世界大战的时候。

⑧ A：你的汉语说得不错。

*B：您谬赞了。

例⑤中，“诞生”和“出生”都可以表示人或事物的出生，但“诞生”一般用于更为隆重的场合和指向较为伟岸的对象，如 “中华人民共和国从此诞生了”和“一代伟人的诞生”，而表示普通人的降生用“出生”更为合适。

例⑥中的介词“于”应改为“在”。“于”是留存在现代汉语中的文言语法成分，它是一种非常书面的表达，而“在”是既适用于书面语也适用于口语的“通体”。

例⑦中，“时期”作为双音节词，同样也是一个正式程度较高的词语，往往用来指称具有某种特征的一段时间，适用的对象更为宏大，所指时间也较长，如“战争时期、唐宋时期”。“父亲上小学”这段时间称为“时期”显然是不合适的，宜改为“父亲上小学时”。

例⑧属于口语交际中书面语成分的泛化。在日常对话中，人们更倾向于使用通俗易懂的词语、句式来进行交流，以拉近彼此之间的距离；而对话中，说话人是对对方汉语水平的一种评价，语气较为轻松随意，而答句“您谬赞了”过于书面化，宜使用更为口语化的“您过奖了”或“哪里哪里”。

思考与检测八

一、在不改变句义的前提下，改正下列句子中的偏误之处。

1. 北京语言大学的地址在海淀区学院路15号。
2. 不了解中国文化，怎么能学好汉语是肯定的。
3. 大学生是积累知识、训练思维的重要阶段。
4. 俄罗斯留学生的演出受到热烈欢迎，对演出评价很高。
5. 刚开始学汉语写汉字的时候，大家都产生了“汉语难学，汉字难写”。
6. 尽管他们来还是不来，我们都要去。
7. 老师明天考试我们听力。
8. 我把房间整理了一下昨天。
9. 琼斯经过一个多月的学习，许多语法知识，清晰地在脑中。
10. 如果不深入调查，如何能做好这件工作是不言而喻的。
11. 我的爱尔兰女朋友回国已经半年多过去了。
12. 他不仅忙了一天，而且精神特别好。
13. 放学的时候都我们到咖啡屋喝咖啡。
14. 你只有按时到校，就会取得好成绩。
15. 同学们认真克服并随时发现学习中的缺点。
16. 为了写毕业论文，她一直查资料在图书馆里。
17. 他上课非常认认真真，每次考试都第一。
18. 老师讲语法给我们。
19. 你们看得见看不见黑板上的字吗？
20. 我练太极拳三个月了在武术班。
21. 我们的教室打扫得干干净净，整整齐齐。
22. 一谈起那次西藏之行，他就非常激动起来。

23. 他们看我的时候大吃一惊。
24. 以前常常我去王府井百货商场买东西。
25. 一小时后，有人陆续交卷了。
26. 我们一个星期有了十五六节课。
27. 因为她长得很漂亮，所以从小就爱帮助别人。
28. 在中国的食堂吃了半年的米饭，我已经非常熟练筷子了。
29. 这姐妹俩，妹妹比姐姐很聪明。
30. 昨天他不去美术馆看画展。
31. 羽毛球比赛的下场是我得了二等奖。
32. 我的爸爸不肥不瘦，是个矮子。
33. 我们家里的事情都要靠妈妈独断专行。
34. 明天是周末，学生可以爱上哪就上哪。
35. 我在美国的时候，每当我和朋友在一起时，我们都会用音乐来放松我们的心情。
36. 翌日，我们一起去参观国家图书馆。
37. 中国人在外国造了不少工程。
38. 老执着陈旧的传统观念是错误的，老追求最时尚的偏见也是错误的。

二、下面是一篇应用文习作《一封求职信》，请指出其中出现偏误的原因，并据此重拟一份求职信。

精美服装公司××：

您好！

我叫×××，从上海复旦大学来。我对你们的广告设计师一职十分感兴趣。按照我的经验，我想我是一个很合适的人。

考虑我的申请的时候，请你们注意两点。

第一，我了解今天流行的服装。大学毕业以后，我两年多在上海精品大厦工作，卖东西。精品商店是上海最繁荣最流行的服装店之一，而且它们的进口服装也丰富。

我发现我还有一个好处：我曾经营过宣传项目。当广告设计师，这个能力是主要的。

此致敬礼！

第九节　现代汉语语法系统的特点

在前面各节介绍现代汉语语法的基本内容时，或多或少、或显或隐地指出了现代汉语语法的一些重要特点，这里再进一步做一些归纳。如果对现代汉语的特点有所了解，那既能深化我们对现代汉语语法系统及其具体语言现象的认识，也可以进一步提高我们在不同语言之间寻求共性和发掘个性的能力，从而提高汉语交际水平和语言分析能力。

所谓特点，就是相对于某种或某些语言所具有的特殊之处。也就是说，特点是比较的结果，没有比较就没有鉴别，也就无所谓特点了。对母语为非汉语背景的学习者而言，就是拿汉语跟自己的母语进行比较，察同辨异。当前，人们在归纳汉语语法系统的特点时，一般拿汉语跟印欧语（如英语、法语、德语、俄语、西班牙语、意大利语）相比较。下面主要拿英语来比较，看汉语具有怎样的特点。毫无疑问，如果我们拿汉语跟其他语言来比较，会得出汉语的另一些特点来。特点有大有小，这里归纳的几点都是带有全局性的，影响着汉语的表达系统，汉语中很多其他具体特点或表现都是因这些特点而显现的。

一、汉语是话题特征明显的语言

前面说过，句子的基本结构是主谓结构，这是从结构类型来考虑的。其实，如果换个角度，从表达功能上看，主语常常作为谈话的起点，也就是话题，谓语是对主语所做的陈述。跟英语等印欧语相比，汉语主语的话题特征更加明显，有很多常见的表达类型在英语中很难用相应的主谓结构来表达。例如：

① 这棵树叶子又细又长。　　　　（领属性话题）

② 我肚子早饿了。　　　　　　　（领属性话题）

③ 苹果他削了皮。　　　　　　　（与事性话题）

④ 那个山头，我们已经种上树了。（关涉性话题）

这些句子都是所谓的主谓谓语句，整个句子的主语作为谈话的起点，也就是话题，它们跟后面的动词或形容词在语义上的联系比较弱，后面的主谓结构是整个用来说明这个话题怎么样的，所以“这棵树叶子又细又长”不能分析成“这棵树叶子||又细又长”。如果这样分析了，句子就是在陈述叶子怎么样了。

然而，原来句子的意思是“这棵树”怎么样了，“叶子又细又长”是对“这棵树”的一个陈述。其他的三句都是如此，其中的“我、苹果、那个山头”都是话题，“肚子早饿了、他削了皮、我们已经种上树了”这些主谓结构都是对话题的陈述。这样的表达在汉语中很常见。还有其他类型丰富的话题句：

⑤ 他的小说我从来都没有看过。（受事性话题）

⑥ 这种杂志图书馆当废书处理了。（受事性话题）

⑦ 这台电脑我写研究报告。（工具性话题）

⑧ 三箱苹果两箱都烂了。（整体性话题）[①]

⑨ 婚姻的事我自己做主。（关涉性话题）

⑩ 水果，我最喜欢香蕉。（关涉性话题）

⑪ 价钱，这里的便宜。（关涉性话题）

⑫ 这场大火，幸亏消防队员到得早。（关涉性话题）

⑬ 小明，他已经把功课做完了。（同指性话题）

⑭ 老张，我早就认识他了。（同指性话题）

⑮ 他们你看看我，我看看你。（同指性话题）

可见，能够做话题的语义内容相当宽泛，关键在于话题跟后面的陈述之间一定有某种语义关联，这种语义关联可以是语境赋予的。

汉语常常将受事成分放到动词的前面，却不用被动的标志。这种表达方式也鲜明地体现出汉语话题特征明显的特点。例如：

⑯ 衣裳都洗干净了。（受事性话题）

⑰ 功课我做完了。（受事性话题）

⑱ 我功课做完了。（受事性次话题）[②]

⑲ 什么问题他都能回答。（周遍性话题）

⑳ 他什么问题都能回答。（周遍性次话题）

这些表达中，有的甚至不能将受事成分放到动词后面去。例⑲这样的周遍性话题句，如果变成“他都能回答什么问题”，意思就发生了根本的变化。

由于处于句首的话题可以将语义范围扩展到一个句子以上，因此汉语表达

---

① “三箱苹果”和“两箱”之间是整体和部分的关系，也有人将这种关系看作领属关系。

② 这里的“次话题”指主谓谓语句中的小主语所具有的话题功能成分。在受事性次话题句中，受事成分后不能加“被”，如不能说“我功课被做完了”。

中常常省略相关成分（尤其是后面句子的主语），只要话题明确即可。这也是我们常常说的汉语具有意合特点的一个重要表现。例如：

㉑ 她掉脸看壁上的大穿衣镜，立刻恢复理智，本能地擦去脸上的泪痕，把凌乱的鬓发捋平。（王朔《一半是火焰一半是海水》）

㉒ 这些事我和杨重已经跑起来了，已经进入具体安排了。

㉓ 他衣服笔挺，面料很讲究，鼻梁上架着一副金丝眼镜。

㉔ 那棵树，花小，叶子大，很难看，所以我没买。

㉕ 每天放学回家，宝宝跟上她，像个影子似的，走到哪，跟到哪。

而英语则是主语特征明显的语言，一般情况下每个句子都得有主语。像“下雨了”这样的汉语无主句，英语表达时也要有一个形式上的主语（“It is raining”中的“It”）。如果将上面这些话题句翻译成英语，很多都无法直接对译，因为英语中没有主谓谓语句，而这种句型是典型的话题表达结构。因此，在学习汉语的时候，必须对这种结构方式有很到位的了解。

当然，特点因比较而呈现。日语、韩语的话题特征也很明显，如果拿这些语言来比较，就谈不上是汉语的特点了。而相对于这些语言中宾语在动词之前这一特征而言，汉语句子的宾语基本在动词之后倒成了一个特点了。

二、汉语没有严格意义上的形态标志和形态变化

形态指构词上的形式标志和句法上的形式变化，其主要作用是标示词的语法范畴和句法成分之间的句法语义关系。跟形态比较丰富的印欧语相比，汉语缺乏形态，各个词类的词形没有严格意义上的形态标志，在造句时词语也缺乏表示语法意义的形态变化。

形态标志和形态变化在印欧语中比较丰富。英语的形态标志往往在构词上有比较明显的体现，我们通过词缀形式就能大体指出某个词属于哪个词类。如下面的三个后缀分别是名词后缀、动词后缀、形容词后缀：

-ment：fulfillment（履行）、judgment（判断）、movement（运动）

-fy：classify（分类）、justify（证明）、simplify（简化）

-ful：dreadful（可怕的）、graceful（优雅的）、thoughtful（深思熟虑的）

可见，英语的词类有一定的形态标志（当然，相对于俄语、德语，其形

态标志并不是很丰富），而汉语的词类一般没有形态标志，虽然有一些后缀如“子、头、儿、者”和“化”等，但用这种附加方式构成的词数量很少，而且能够加上后缀的情况也比较少。

印欧语的词在组合成句子的时候，往往有形态变化。一般而言，名词、形容词有数（如单数、复数）、格（如主格、宾格）、性（如俄语、德语区分阴性、阳性、中性）等的变化，动词有人称（如第一人称、第二人称、第三人称）、时态（如过去时、现在时、将来时）的变化。英语中单数名词不加词尾，可数名词的复数一般在词尾加“-s”表示，如“tree（树）：a tree—two trees”，而汉语“树：一棵树—两棵树”中的“树”并没有形态上的标志。又如英语动词的一般现在时，主语是第三人称单数时一般在词尾加“-s”表示，比较“He likes walking”（他喜欢散步）和“They like walking”（他们喜欢散步）就发现，同一个动词“like”，主语是第三人称单数时加了“-s”，主语是第三人称复数时则不加；汉语中则始终都是一个词形“喜欢”，没有任何形态变化。再来看“格”的标志。英语中的“格”标志没有俄语、德语丰富，只在人称代词中体现。如“I gave him a book”（我送了他一本书）和“He gave me a book”（他送了我一本书）这两句中的“I”和“me”都是指“我”，“He”和“him”都是指“他”，做主语时用“I”和“He”，做宾语时用“me”和“him”。语法关系不同，词形就有变化。汉语中的“我”和“他”不管在什么位置，词的形式都没有任何变化。至于“他”“她”“它”的区别，那是文字问题，口头上读音是一样的。

我们还可以拿一些特殊的表达方式来比较。汉语形容词用于比较句跟用于非比较句时，词的形态没有变化，如“张三比李四高”“王五是我见过的人当中个子最高的”跟“赵六个子高”中的“高”在形式上是一个；而英语中形容词的比较级和最高级必须有词形变化，如“Tom is taller than John”（汤姆比约翰高）和“Henry is the tallest I have ever seen”（亨利是我见过的人当中最高的），“taller”表示比较级，“the tallest”表示最高级。

从上面这些比较中可以看出，英语中这些形态变化，在相应的汉语表达中基本上没有什么表现，汉语主要通过词语的排列顺序、虚词或特殊格式来表示。那么，汉语到底有没有形态标志或形态变化？语法学界的一般看法是：汉语基本上没有形态变化，或者说没有严格意义上的形态标志。如：“们”似乎是复数的标志，可以构成“老师们、孩子们、战士们”等，但这些词不加“们”的时候既可以指个体，也可以指群体，如“一位老师—全体老师” 中的“老师”单复数同形，“孩子来了，家长还没来”中的“孩子、家长”是单数还是复数不明确，而且“们”一般不能加在非指人的名词之后。可见，“们”的使用非常受限制，而且即便有可用“们”的场合，也是一个选择性的使用，不是强制性使用。这跟英语表示复数的“-s”有着根本的区别。

没有严格意义上的形态标志和形态变化是汉语的一个重要特点，它对汉语的其他一些特点的形成有很大的影响，可以说是造成汉语结构方面其他特点的根源。其中有两方面最显著：一是造成汉语词缀少、语缀多的现象，这里的语缀包括助词、语气词、方位词、量词等用来辅助构造短语和句子的语法性成分，它们在汉语中数量明显偏多且使用频率很高；二是造成汉语语法编码主要依靠语序和虚词。关于这两点，我们在前文分析具体内容时都做了说明，此不赘述。

三、汉语词类和句法成分之间不是一一对应的关系

在印欧语里，词类（这里指实词，因为虚词不充当句法成分）和句法成分之间有一种相对简单的对应关系，大多是一对一，少数是一对二。大致说来，名词跟主、宾语对应，动词跟谓语对应，形容词跟定语对应，副词跟状语对应。

汉语的词由于没有形态变化，因此做任何句法成分时都不改变词形。这就造成汉语词类和句法成分之间有比较复杂的对应关系，基本上是一对多。比如，汉语的名词除了经常做主语、宾语外，还常常做定语，在一定条件下还可以做谓语。例如：

木头桌子　　中国历史　　历史文献　　（做定语）

今天晴天　　后天元旦　　鲁迅浙江人　　（做谓语）

汉语的动词除了经常做谓语外，还可以做主语、宾语、定语。例如：

散步有益健康　　阅读能带来很多乐趣　　（做主语）

喜欢散步　　我想知道　　怕死　　（做宾语）

学习材料　　射击冠军　　修理车间　　（做定语）

汉语的形容词除了经常做定语外，还可以做谓语、状语、补语，也可以做主语、宾语。例如：

胡子长	风景美丽	神色慌张	（做谓语）
快跑	一致反对	热烈欢迎	（做状语）
听懂	擦干净	打扮得漂亮	（做补语）
美丽不是罪过	聪明反被聪明误		（做主语）
嫌脏	喜欢干净	追求幸福	（做宾语）

在我们前面介绍的各类实词当中，除了副词（做状语）、区别词（做定语或用在“是……的”中）外，其他词类在充当句法成分时都有相当大的灵活性。

需要特别注意的是：名词做定语、谓语，动词做主语、宾语、定语，形容词做谓语、状语、补语、主语、宾语的时候，跟它们充当主要功能（即名词做主语、宾语，动词做谓语，形容词做定语）时相比，它们本身的词性没有改变，名词还是名词，动词还是动词，形容词还是形容词，不能因为它们充当了非主要功能，就认为名词变为形容词、动词或形容词变为名词了。这些词无论用作什么句法成分，形态上都没有变化。而在英语中，形态上往往需要有变化，如“散步有益健康—Walking is good for health”和“学习材料（定中）—learning material、学习材料（述宾）—to learn the materials”。

由此可见，在现代汉语语法中，属于同一词类的词可以充当不同的句法成分，同一句法成分可以由不同词类的词充当。也就是说，词类和句法成分之间不存在简单的一一对应的关系。

四、汉语短语的构造规则和句子的构造规则基本一致

汉语的词组成短语（词组）和短语组成句子，都具有主谓、述宾、述补、偏正、联合这五种基本结构关系。见下表4–5：

表4–5 短语、句子五种基本结构关系比较

语法单位 结构关系	短 语	句 子
主谓	会议开始	会议开始了。
述宾	坐汽车	坐汽车。
述补	看得清楚	看得清楚。
偏正	多美的风景	多美的风景！
联合	优美感人	（词曲）优美感人。

我们在前面曾说过：在特定的语境中，汉语的一个短语加上语调以后就可以形成一个句子；一个句子，如果删去语调，也就成了一个短语。

其实，汉语中复合词的构造规则也和短语、句子的构造规则一致，如主谓式“心虚、地震、胆怯”，述宾式“提名、司令、伤心”，补充式“提高、阐明、修正”，偏正式“教室、热爱、漆黑”，联合式“道路、美丽、动静”。

而在英语里，句子的结构跟短语的结构有明显的区别。英语句子的谓语必须用限定形式，而在短语里，只能用不定式或分词形式，绝不能用限定形式。例如：

She reads the book.（她读那本书。）

The book is easy to read.（那本书容易读。）

To read the book is easy.（读那本书很容易。）

Reading the book is easy.（读那本书很容易。）

第一句的谓语动词“reads”是限定形式，第二、三句的“to read”是不定式，最后一句的“reading”是现在分词。而在汉语中动词或动词短语无论出现在什么环境中，形式都完全一样。这就意味着汉语短语的构造规则和句子的构造规则基本一致。

五、汉语有丰富复杂的补语系统

在汉语的各类句法成分中，补语是具有较强汉语特性的一类。补语系统在汉语句法系统的格局中关联广泛。

本章第五节“短语”中，曾根据述语和补语的语义关系将补语分为下面8种类型：

结果补语：装满、喝醉、洗干净、关严实

趋向补语：走进、拿出、挂上去、摘下来

程度补语：好得很、恨透了、大一点儿、精彩极了

可能补语：吃得完、上不去、讲得清楚、答不上来

状态补语：干得漂亮、摆得整整齐齐、看得目瞪口呆、忙得她焦头烂额

数量补语：去两趟、听了五回、学一年、读了三天了

时间补语：生在战争年代、写于1982年、谈到第二天

处所补语：贴在墙上、发源于中国、跑到教室

由此可见，补语系统语义复杂，类型多样。可以充当补语的成分也多种多样，形容词、动词（含趋向动词）、副词（限于“很、极、透”等少数）、数量短语、介词短语均可以充当补语，甚至句子形式也可以充当补语，如“忙得〈她焦头烂额〉、写得〈谁也看不懂〉”。同时，补语在与述语组合时，存在着带“得”（可能补语还含带“不”的否定式）和不带“得”两种形式。如果补语比较复杂，就必须用带“得”式，如“打扫得干干净净、打扫得非常干净、打扫得地上都能照出人影”。

汉语的补语系统还具有很强的生成能力，体现为补语和述语的结合极为灵活自由。以结果补语为例，动词“看”可以带上如下这些语义指向多样的补语：

看完　看多　看少　看早　看晚　看对　看错　看懂　看呆　看哭　看怕

看乐　看好　看累　看透　看清　看傻　看穿　看坏　看久　看够　看成

看腻　看晕　看困　看明白　看清楚　看上瘾　看习惯　看高兴　看厌烦

可见，只要形容词或动词的语义可以从某个方面对动作的结果进行说明，就可以充当相应的结果补语。其他类型的补语也类似，生成能力很强。

汉语中广泛存在的补语，对词法和句法（尤其是句法系统）有很大的影响。在“词汇”一章中，我们曾介绍合成词的构成方式中的“补充式”，其中“动词＋结果补语”构成的双音节复合词是比较能产的一种构词类型，如“提高、扩大、打倒、推翻”等。

补语系统对汉语句法系统的格局影响很大。汉语中一些“把”字句、被动句（含“被”字句和受事主语句）等特殊句式的使用，与句中述补结构的存在有关。其中一个原因就是有些情况下补语的存在会使述语无法再携带宾语。如在本章第一节介绍“韵律词”时，曾提到多于双音节的述补短语不能再携带宾语，如不能说“摆整齐桌子”，而只能说“把桌子摆整齐、桌子被/给摆整齐了、桌子摆整齐了”等。此外，状态补语、时间补语、处所补语的存在，也会使述语不能再带宾语，如果需要把动作的对象表达出来，则必须借助“把”字句、被动句等句式。例如（画线部分为动作的对象）：

① *写得工工整整<u>那几个字</u>

把那几个字写得工工整整

那几个字写得工工整整

② *放在桌子上书
把书放在桌子上
书给放在桌子上了
书放在桌子上了

总的来说，汉语丰富复杂的补语系统是汉语作为分析语和重视结果的语言特点的体现，这就造成了汉语的补语（尤其是结果补语和状态补语）往往不能和其他语言直接对应。以英语为例，汉语只有一部分结果补语可以对应英语的“补足语”，如“（把它）洗干净—wash (it) clean”；更多的情况下，汉语的补语只能对应于英语的状语，如“写错—write wrongly、说得清楚—speak clearly”；也有时，汉语的述补结构整体在英语中是用一个词表达的，如“打碎—break、弄脏—stain”。至于“打哭、唱累”这类临时组合的述补结构在英语中只能用更复杂的句式将述语和补语分别表述，因此，汉语的补语也是学习的难点之一。而恰当地运用补语，尤其是汉语特色最鲜明的结果补语和状态补语，可以使汉语表达生动、简洁。

六、音节数量对汉语语法影响显著

本章第一节在说明汉语的韵律词时，曾指出一些音节数量制约语法的现象。这种制约实际上存在于整个语法（词法和句法）系统中，下面分别说明。

（一）音节数量对构词的影响

音节数量（尤其是单双音节）的差异在构词方面有显著的表现，既包括所形成的词汇词，也包括临时构成的词语。

一方面，汉语双音节词占大多数。这其中，大多数合乎一般的构词法，如“地震、快手、司令、美丽、改正”等。但也有一些词，本来不合乎一般构词法的要求，因为经常相邻出现，受双音节模式的推动而形成了双音节词。如“而立”，来自《论语》中的“三十而立”，其中的“而”本为连词，后来因受“三十/而立”这样的韵律词节奏的影响，“而立”便凝固为一个词，代指三十岁，如“而立之年、年届而立”。类似这样的情况还有很多，例如：

而后　　而今　　而已　　从而　　故而　　要不　　可是　　以及

如其	然则	除外	从来	自来	得以	赖以	碍于
终于	于是	合乎	几乎	何须	哪怕	岂敢	未曾
不必	好不	也许	何其	想必	岂非	极其	与其
之后	之前	之上	之下	真个	的话	似的	着呢

另外，像“阐明、鼓动、提高”和“辨明、加固、改正”这种述补式能够成为合成词，而“*阐释明、*鼓舞动、*提升高”和“辨明白、加牢固、改正确”这两组同样是述补式，但不能成为合成词（前一组甚至不能说），正是汉语双音节韵律节奏的制约作用。

另一方面，有的情况下，单音节形式即使语义明确，也需要凑成双音节形式才能使它在句法上自足，因此，汉语部分名词需要构成双音节韵律词才能自由使用。比较下列国名、地名、人名、植物等名称的称呼方式与音节数量的关系：

① a. ？我要去日本国。　我要去日本。
　b. 我要去韩国。　*我要去韩。
② a. 他来自安新县。　他来自安新。
　b. 他来自雄县。　*他来自雄。
③ a. 我喜欢孙悟空。　我喜欢悟空。
　b. 我喜欢关羽。　*我喜欢羽。
④ a. 前面有棵梧桐树。　前面有棵梧桐。
　b. 前面有棵柳树。　*前面有棵柳。

同时，汉语韵律系统以双音节音步为基本单位的特点，使得语流中的自然节奏呈现出以双音节为节奏单位的“两字一顿”的现象，这一点在多音节词中体现得尤为显著。在不受组成成分结构层次关系制约的多音节联合式复合词和音译单纯词中，总是每两个音节组成一个节奏单位，如果总音节数为奇数，则末尾三个音节组成一个节奏单位，如“琴棋/书画、乌鲁/木齐、布宜/诺斯/艾利斯”。有些词语甚至可以突破内部语义结构的制约，以两个音节为一个节奏单位，如：成语“一衣带水”指像一条衣带一样窄的水面，形容距离之近，其语义结构为“一衣带/水”，但一般读作“一衣/带水”；历史国名“南斯拉夫（Yugoslavia）”由意译的“南”和音译的“斯拉夫”两个语素构成，但实际往往读作“南斯/拉夫”。

此外，名词与名词构成的偏正式复合词（包括临时性的组合）一般排斥“单音节＋双音节”的形式。例如：

皮鞋商店　　皮鞋店/鞋店　　*鞋商店

钢铁工厂　　钢铁厂/钢厂　　*钢工厂

医学书籍　　医学书/医书　　*医书籍

上述各例中均有近义的单双音节两种形式可供选择，但只有“单音节＋双音节”组合的复合词是不合语法的。

（二）音节数量对句法的影响

在句法层面，音节数量也对成分间的组合搭配有制约作用，如动宾短语不允许“双音节＋单音节”的形式。与上述偏正式复合词的音节限制不同，只有“双音节＋单音节”的动宾短语是不合语法的。

建造房屋　　建房屋/建房　　*建造房

种植树木　　种树木/种树　　*种植树

出租汽车　　租汽车/租车　　*出租车（只能理解为定中结构）

在动宾结构中，多于两个音节的动词性成分在通常情况下不能支配宾语。例如：可以说“负责这项工作”，而不能说“*负责任这项工作”。除了这种因韵律作用导致的词和短语的差别外，即使在句法层面同为词或短语，带宾合法性也受音节数量的制约。例如：

① 简化这个问题　　*简单化这个问题

② 西化我们的思想　　*西方化我们的思想

③ 想透了道理　　*想透彻了道理

④ 办妥了事情　　*办妥当了事情

“简化、西化”与“简单化、西方化”均为词，“想透、办妥”与“想透彻、办妥当”均为述补短语，而音节数量及其组合搭配方式的差别在这里导致了带宾合法性的差异。如果需要使用上例中三音节的动词或动词性短语表达同样的语义关系，则必须借助“把”等介词将宾语提前。例如：

⑤ 把这个问题简单化

⑥ 把我们的思想西方化

⑦ 把道理想透彻了

⑧ 把事情办妥当了

再如，与上文讨论的必须构成双音节才能独立使用的词语相似，汉语在用数词表述日期、年龄等内容时，如果数词为单音节，同样必须构成双音节形式。例如，“我十五岁、今天二十号”中的“岁、号”可以省略，但“我五岁、今天二号”中的则不能省略。

单音节动词与双音节动词在句法搭配上也存在差别：汉语中一些单音节动词可以带非常规宾语，这类宾语不是动作作用的对象，而是与动作有关的其他语义角色；而双音节动词一般不能带非常规宾语。例如：

⑨ 我喜欢写毛笔。　　*我喜欢书写毛笔。　　（工具）

⑩ 她很擅长唱高音。　　*她很擅长歌唱高音。　　（方式）

⑪ 老王去年死了父亲。　　*老王去年死亡了父亲。　　（变化者）

⑫ 我们今天吃食堂。　　*我们今天食用食堂。　　（处所）

可见，单音节动词的句法搭配比相应的双音节动词更灵活，语义也更复杂。

从上面的分析中可以看出，音节数量对汉语语法的影响涉及汉语词法、句法的多个方面。同时，音节数量对语体风格也有影响。例如上述的单音节动词“写、唱、死、吃”与近义的双音节动词“书写、歌唱、死亡、食用”相比，单音节动词具有较为随意、通俗的口语色彩，而双音节动词具有较为正式的书面语色彩。又如本章第一节说明汉语的韵律词时所提到的“校、感、佳、错”一类需要组合成双音节形式才能使用的单音节词具有一定的文言色彩，一般用于庄重的场合；“伟大、获得、进行、极为”一类需要与双音节词组合搭配的则一般用于学术论文、新闻报道等较为正式的书面语体中。

而在英语中，音节数量对语法也存在一定的影响，如单音节形容词和多音节形容词在比较级、最高级的词形变化上不同（hard—harder—hardest，difficult—more difficult—most difficult）。但与汉语相比，音节制约对英语语法的影响较为有限，英语词语的自立性、词语间的组合搭配基本不受音节数量的影响。

因此，音节数量对语法有很大影响是汉语语法的一个鲜明特点，而这一点在习得和教学过程中常被忽视。为了使汉语表达更加地道自然，并合乎汉语使用的习惯，汉语学习者有必要了解音节数量对语法的影响。

除了上述几个方面的特点外，跟印欧语比较，汉语语法系统中还有其他一些比较显著的特点，如有丰富的个体量词、有语气词系统（这两点可以归入前面所说的“语缀多”这个特点）、定语状语总是前置等。跟其他类型的语言比较则会有另外一些特殊之处，这里就不一一陈说了。

思考与检测九

一、用汉语之外的另一种语言将本节第一部分“汉语是话题特征显著的语言”中的25个汉语句子翻译出来，看看汉语的话题结构形式在这种语言中如何表达。

二、指出并修改下列句子中的偏误。

1. 张是我最好的中国朋友。
2. 上周我和朋友们乘坐车去了颐和园。
3. 我很感兴趣足球。
4. 时间不早了，已经五点十了。
5. 我们一起去观看电影吧。

三、对比汉语和另一种语言中音节数量对语法影响的异同。

四、将你熟悉的一种语言（外语或母语）的语法跟汉语语法做比较，归纳出一些根本的不同之处。

主要参考书目

曹逢甫．汉语的句子与子句结构［M］．王静，译．北京：北京语言大学出版社，2005.
陈建民．现代汉语句型论［M］．北京：语文出版社，1986.
程美珍主编．汉语病句辨析九百例［M］．北京：华语教学出版社，1997.
邓思颖．形式汉语句法学［M］．上海：上海教育出版社，2010.
范 晓．汉语句子的多角度研究［C］．北京：商务印书馆，2009.
房玉清．实用汉语语法（第2次修订本）［M］．北京：北京语言大学出版社，2008.
冯胜利．汉语的韵律、词法与句法［M］．北京：北京大学出版社，1997.
冯胜利．汉语韵律语法研究［C］．北京：北京大学出版社，2005.

冯胜利. 汉语书面用语初编［M］. 北京：北京语言大学出版社，2006.
冯胜利. 汉语韵律句法学（增订本）［M］. 北京：商务印书馆，2013.
高更生，王红旗，等. 汉语教学语法研究［M］. 北京：语文出版社，1996.
郭　锐. 现代汉语词类研究［M］. 北京：商务印书馆，2002.
黄南松，胡文泽，何宝璋. 对外汉语教学语法疑难解析［M］. 北京：北京大学出版社，2015.
金立鑫主编. 对外汉语教学虚词辨析［M］. 北京：北京大学出版社，2005.
李大忠. 外国人学汉语语法偏误分析［M］. 北京：北京语言文化大学出版社，1996.
李临定. 现代汉语句型（增订本）［M］. 北京：商务印书馆，2011.
李晓琪. 现代汉语虚词讲义［M］. 北京：北京大学出版社，2005.
刘丹青. 语序类型学与介词理论［M］. 北京：商务印书馆，2003.
刘月华，潘文娱，故　韡. 实用现代汉语语法（增订本）［M］. 北京：商务印书馆，2001.
刘正光主编. 构式语法研究［M］. 上海：上海外语教育出版社，2011.
卢福波. 对外汉语教学实用语法（修订本）［M］. 北京：北京语言大学出版社，2011.
陆丙甫，金立鑫主编. 语言类型学教程［M］. 北京：北京大学出版社，2015.
陆俭明. 现代汉语语法研究教程（第4版）［M］. 北京：北京大学出版社，2013.
吕必松. 汉语语法新解［M］. 北京：北京语言大学出版社，2015.
吕叔湘. 汉语语法分析问题［M］. 北京：商务印书馆，1979.
吕叔湘. 汉语语法论文集（增订本）［C］. 北京：商务印书馆，1984.
吕叔湘主编. 现代汉语八百词（增订本）［M］. 北京：商务印书馆，1999.
吕文华. 对外汉语教学语法讲义［M］. 北京：北京大学出版社，2014.
马　真. 简明实用汉语语法教程（第2版）［M］. 北京：北京大学出版社，2015.
马　真. 现代汉语虚词研究方法论（修订本）［M］. 北京：商务印书馆，2016.
马庆株. 语法研究入门［M］. 北京：商务印书馆，1999.
彭小川，李守纪，王　红. 对外汉语教学语法释疑201例［M］. 北京：商务印书馆，2004.
屈承熹，纪宗仁. 汉语认知功能语法［M］. 哈尔滨：黑龙江人民出版社，2005.
沈家煊. 语法六讲［M］. 北京：商务印书馆，2011.
沈家煊. 名词和动词［M］. 北京：商务印书馆，2016.
施春宏. 汉语动结式的句法语义研究［M］. 北京：北京语言大学出版社，2008.
施春宏. 汉语基本知识（语法篇）［M］. 北京：北京语言大学出版社，2011.
施春宏. 形式和意义互动的句式系统研究——互动构式语法探索［M］. 北京：商务印书馆，2018.

施春宏，等．汉语构式的二语习得研究［M］．北京：商务印书馆，2017.
孙德金．汉语语法教程［M］．北京：北京语言大学出版社，2002.
孙德金主编．对外汉语语法及语法教学研究［C］．北京：商务印书馆，2006.
王　还主编．汉英虚词词典［M］．北京：华语教学出版社，1992.
王　寅．构式语法研究（上下卷）［M］．上海：上海外语教育出版社，2011.
王冬梅．汉语词类问题［M］．上海：学林出版社，2018.
肖奚强，等．外国学生汉语句式学习难度及分级排序研究［M］．北京：高等教育出版社，2009.
邢福义．汉语复句研究［M］．北京：商务印书馆，2001.
徐烈炯，刘丹青．话题的结构与功能（增订本）［M］．上海：上海教育出版社，2007.
徐通锵．语言论——语义型语言的结构原理和研究方法［M］．北京：商务印书馆，2014.
杨德峰．对外汉语教学核心语法［M］．北京：北京大学出版社，2009.
杨寄洲，贾永芬．汉语800虚词用法词典［M］．北京：北京语言大学出版社，2013.
杨玉玲，吴中伟．国际汉语语法与语法教学［M］．北京：高等教育出版社，2013.
叶盼云，吴中伟．外国人学汉语难点释疑［M］．北京：北京语言大学出版社，1999.
袁毓林．汉语配价语法研究［M］．北京：商务印书馆，2010.
张　斌主编．现代汉语虚词词典［M］．北京：商务印书馆，2001.
张　斌主编．现代汉语描写语法［M］．北京：商务印书馆，2010.
张　斌，胡裕树．汉语语法研究［C］．北京：商务印书馆，1989.
张伯江．什么是句法学［M］．上海：上海外语教育出版社，2013.
张伯江．从施受关系到句式语义［M］．上海：学林出版社，2016.
张　黎．汉语意合语法研究——基于认知类型和语言逻辑的建构［M］．东京：白帝社，2012.
张旺熹．汉语句法的认知结构研究（修订版）［M］．上海：学林出版社，2016.
赵金铭．赵金铭国际汉语教育论文集［C］．北京：北京语言大学出版社，2012.
赵金铭主编．新视角汉语语法研究［M］．北京：北京语言文化大学出版社，1997.
赵金铭主编．汉语口语与书面语教学［C］．北京：北京大学出版社，2004.
赵元任．汉语口语语法［M］．吕叔湘，译．北京：商务印书馆，1979.
朱德熙．语法讲义［M］．北京：商务印书馆，1982.
朱德熙．语法答问［M］．北京：商务印书馆，1985.
朱德熙．朱德熙文选［M］．北京：北京大学出版社，2010.

第五章　汉字

语言是人类最重要的交际工具，文字是用来记录语言的书写符号系统。文字的产生是为了弥补语言交际的不足。以声音为载体的语言交际受到时间和空间的限制，而文字能够突破时空的限制。人类产生之初，语言就产生了，而文字是语言发展到特定阶段的产物，原始文字出现于距今约一万年的时候。目前，世界上所使用的语言有五六千种，可是很多语言并没有文字。也就是说，有的民族有语言而没有文字，但没有哪个民族只有文字而不使用语言（但存在文字存留而语言消亡的情况）。

汉字是记录汉语的书写符号系统，它是迄今为止世界上仍在使用的最古老的文字系统。既然文字是用来记录语言的，那么就需要联系汉语的特点来认识汉字的性质和特点。汉字跟汉语是基本适应的，它的产生和发展促进了汉语和汉语交际的发展。

学习一种语言，往往需要同时学习记录该语言的文字系统。学习汉语，如果不想口语表达局限于简单的日常交际，便需要学习记录汉语的汉字。然而，除了日本、韩国等国的汉语学习者外，很多国家的学习者都反映，学汉语的最大困难莫过于学汉字。因为世界上绝大多数国家使用的是拼音文字，字母数量只有几十个，组成的单词读、写都相对方便；而汉字不仅数量多，而且不容易见字知音，读、写都相对困难。其实，对大多数国家的汉语学习者而言，在接触汉语和汉字之前，根本没有见过汉字，看到一个个汉字，就跟看一幅幅图画一样。因此，学习汉字就有一个从很不习惯到逐步习惯的过程。

然而，这只是问题的一个方面。实际上，每种语言和文字，都有它便于学习和使用的一面，也有它不便于学习和使用的一面。汉字也同样如此。汉字数量虽然多，但常用的汉字也就三千左右，而汉字跟语素往往有对应性，因而用这些汉字就可以组成日常使用的绝大多数词语。这样，学习汉字的过程就渗透了学习汉语语素和词语的过程。因此，学习汉字的初期虽有一定的困难，但学习了一定的数量以后，其方便之处就会显现出来，阅读和写作便有了相当的基础。另外，汉字的结构体现了汉民族在历史发展过程中对世界的思考和认知，而且汉字书法的艺术性很强，这样，学习汉字必然会有利于我们对中国传统文化产生新的感悟和认识。

第一节　汉字概述

一、汉字的性质

某种文字的性质和特点，指的就是这种文字区别于其他文字的本质特征。世界上出现过的文字系统很多，归纳起来一般分为三大类型：表形文字、表意文字和表音文字。现今世界上大多数国家的文字都是表音文字，也有使用表意文字的，但已经没有使用表形文字的了。

表形文字是人类文字发展最初阶段的文字类型，它通过描摹客观事物外部形象的方式来记录和表达该事物，因此也叫**象形文字**。汉字发展初期的甲骨文就基本属于表形文字。表形文字形体复杂多变，表意不够准确，不能准确表音，因此不能直接跟语言中的词语准确结合；而且这种文字只能表示部分具体事物，不但无法表示抽象的概念和关系，一些复杂的具体事物也难以表示。严格说来，表形文字用近似图形的方式来表示某些概念，还不是体系严整、功能完善的文字系统。

表意文字是在表形文字的基础上，将表形的笔画和部件进一步符号化、明晰化、系统化后的产物。它通过象征性的表意符号来表达语言中语素的意义，并跟所记录的语素的读音有对应关系，所以表意文字已经是体系严整的文字系统了。既然表意符号是记录语素的，而一种语言的语素有成千上万个，这样，表意文字所用的符号就有成千上万个，它的形体和读音需要一个一个地识记。汉字就属于表意文字。汉语所用的表意符号（即汉字）就有数万个，现代常用的也有几千个。实际上，没有纯粹的表意文字，汉字中就有相当多的表音成分。因此，从文字表达语言的方式这个角度来看，汉字在一定程度上又可以说是**意音文字**。

表音文字是使用少量的字母（一般只有几十个）记录语音从而记录语言的文字类型，也叫**拼音文字**、字母文字。这些字母有的记录的是语言的音位或音素（如英文的26个字母），有的记录的是语言的音节（如日文的假名），因此表音文字包括**音位文字**（或称**音素文字**）、**音节文字**等。使用表音文字时，人们掌握了字母的发音和拼写规则后，听到一个词的声音就能大体写下这个词，看到一个词就能大体拼出它的读音。需要说明的是，《汉语拼音方案》并不是表音文字，它是采用国际上通行的拉丁字母来给汉字注音的符号系统。

要确定某种文字的性质，就要看这种文字的基本单位记录的是什么样的语言单位。在表音文字中，英文的基本单位是字母，日文的基本单位是假名。跟表音文字相比，作为表意文字的汉字，它的特殊性很明显。汉字的基本单位是单字，每个字都有字形和字音，绝大多数汉字都有字义。例如：

Xuéxí yǔyán, liǎojiě wénhuà.

学习 语言，了解 文化。

这句话中的每个汉字除了有特定的字形和字音外，还有特定的意义。这跟英文字母、日文假名单纯用来记音的情况很不相同。汉字的音和义来自它所记录的语素（有的语素可以直接成词）的音和义。上面的8个汉字对应汉语中的8个语素。由于语素是语言中最小的音义结合体，所以记录它的汉字也就既表音又表意了。如“学”这个字表示汉语里“学”这个语素，它的读音是“xué”，意思是“从阅读、听讲、研究、实践中获得知识或技能”①。这样，汉字的形就跟它所表示的语素的音和义紧密地结合在一起了，形成一个形音义统一体。从文字记录的语言单位这个角度来看，汉字又可以说是**语素文字**。

汉字是表意体系的文字，汉字的单字记录的是汉语的语素，所以学界通常称汉字为表意文字、语素文字、意音文字。由于汉字所记录的单音节语素在造字之初基本上都直接成词，因此也有将汉字称作语词文字、表词文字。不管是哪种叫法，其立足点都是汉字具有表意功能。这就是汉字的根本性质。

二、汉字的特点

对汉字的性质有了比较清楚的认识后，就比较容易把握汉字的特点了。归纳起来，汉字具有以下几个主要特点：

① 该释义来自《现代汉语词典》第7版对“学习”的“学”意义的阐释。

（一）汉字的单字一般对应一个单音节语素

汉字系统的字不但有形体和读音，而且有意义。每个汉字都独立地记录了汉语中一个完整的音节[①]，即具有声、韵、调三个要素。汉语的一个音节写成汉字的时候往往可以写成几个汉字，即同音字。正因为汉字有义，这些同音字便可以依靠形体的不同而相互区别。即使脱离了上下文，我们仍然可以区别“梅”是梅花的“梅”，“眉”是眉毛的“眉”，“煤”是煤炭的“煤”，“霉”是发霉的“霉”。也就是说，它不但记录了汉语的读音，而且记录了意义。语素正是音义结合体，而汉语的语素基本上都是单音节的，所以汉字的单字记录的是汉语的单音节语素。由此可见，汉字和汉语是基本适应的。汉字能够持续存在这么久，跟汉字对汉语的这种适应性有很大关系。

不过，也不是每个汉字在任何场合记录的都是一个语素，有时候只是记录一个音节。在多音节语素（也就是多音节的单纯词）中，一个汉字记录的并不是一个语素，而只是记录这个语素中的一个音节，它跟其他的汉字合起来记录整个语素。如“咖啡”的“咖”记录的只是“kā”这个音节，“啡”记录的也只是“fēi”这个音节，“咖啡”合起来记录的才是整个语素，意思是一种经过烘焙的咖啡豆制作出来的饮料。“伶俐、幽默、逻辑、歇斯底里”等都是如此。这种情况多出现在音译词中。

另外，有时一个汉字在某个场合记录一个单音节语素，在另一场合（如在音译词中）却是纯粹的记音符号。如“沙、发、巧、克、力、歇、斯、底、里”这些字在汉字系统中都有特定的意义，但在下面这些词中都没有独立的意义了，而只是记音符号，构成词后整体才有意义。

shāfā　　qiǎokèlì　　xiēsīdǐlǐ

沙发　　巧克力　　歇斯底里

当然，这只是比较特殊的情况，它没有从根本上改变“汉字是形音义的统一体”这一特点，也就是说，绝大多数汉字所代表的是一个音节，表示的是一个语素。由于具有这样的特点，汉字在书面上就有了区别同音字和同音词的作用。如下面这则赵元任先生用文言文戏拟的故事《施氏食狮史》，所有音节的声韵都

① 儿化形式（如“花儿”）比较特殊，两个汉字记录一个音节。历史上还出现过以一个字代表两个音节的情况，如“瓩”读作qiānwǎ，意指“千瓦”。这种写法现在已经废止。

是shi，只有声调差异，听起来不可理解，写下来却可读解，便鲜明地展示了汉字这方面的特点。①

石室诗士施氏，嗜狮，誓食十狮。施氏时时适市视狮。十时，适十狮适市。是时，适施氏适市。氏视是十狮，恃矢势，使是十狮逝世。氏拾是十狮尸，适石室。石室湿，氏使侍拭石室。石室拭，氏始试食是十狮。食时，始识是十狮，实十石狮尸。试释是事。

（二）汉字的形体是方块形

大多数拼音文字是线性文字，它的基本构成成分（即字母）的组合呈线条式依次横向排列，字母之间不会有交叉；而汉字是平面性文字，它的基本构成成分（即笔画）的组合呈横向和纵向展开，笔画之间可以有交叉。在平面内，一个汉字不管有多少构成成分，都要均衡地分布在一个方框中，呈方块形。这就是我们把汉字叫"方块字"的原因。

由于汉字是方块字的缘故，汉字中笔画与笔画之间的配合就很重要。字形的美观与否与笔画之间的搭配是否得当有很大的关系，因此，学习汉字就需要逐渐养成按笔画、笔顺的书写规则和结构规则进行搭配的习惯。虽然现在已经进入互联网时代，电脑输入和手机输入使得学习汉字的路径和方式有了一定的变化，但为了更好地使用汉字和汉语，仍然需要正确地理解和掌握汉字的结构规则。

（三）汉字记录汉语不实行分词连写

绝大多数拼音文字以词为单位，分词连写（拼音文字中的日文、泰文等不分词连写），词与词之间的界限用空格表示；然而，汉字在书写时，一句话内字与字之间没有空格，汉字只和音节对应。例如：英语"I like playing basketball"和汉语"我喜欢打篮球"这两句话，它们意思相同，但英语词内字母连写，词与

① 这里采用的是广为流传的版本，与赵元任1953年发表的《语言的意义及其获取》（李芸、王强军译，《语言文字应用》2001年第4期）一文中的内容有出入。该文内容是："石室诗士施氏，嗜狮，誓食十狮。氏时时适市视狮。十时，氏适市，适十硕（旧读shí，意为"大"）狮适市。是时，氏视是十狮，恃十石矢势，使是十狮逝世。氏拾是十狮尸，适石室。石室湿，氏使侍试拭石室。石室拭，氏始试食是十狮尸。食时，始识是十硕狮尸，实十硕石狮尸。是时，氏始识是实事实，试释是事。"

词之间界限分明，而记录汉语的汉字则没有分词，词与词之间的界限并不分明。这种拼写方式的好处是看起来醒目，节省纸张；缺点是不容易确定词与词之间的界限，有时造成一些歧义，影响理解。如“今天学生会讨论这个问题”有两种理解：既可能指今天学生可能讨论这个问题，也可能指今天由学生会来讨论这个问题。如果实现分词连写，就可以避免这样的歧义现象。例如：

今天 学生 会 讨论 这个 问题

今天 学生会 讨论 这个 问题

我们在“语音”一章提到过《汉语拼音正词法基本规则》，规定用汉语拼音给汉字注音时要分词连写，但这只是给汉字注音的问题，不是书写汉字的分词连写问题。其实，没有分词连写而产生歧义的现象是极少的，在特定的上下文中存在歧义的现象更少，所以汉字没有实行分词连写，从总体上看并不影响交际。

（四）汉字具有较强的超时空性

一般情况下，汉字所记录的语音随着时间的推移和地域的变迁而发生变化，但汉字的字形自秦汉时期出现隶书尤其是魏晋到隋唐盛行楷书之后，这么长的时间里变化很少，即便某些具体字在笔画上有所调整，但不同时期汉字形体有系统的对应关系，构造方式并未发生大的变化，大多数基本汉字的形体未发生改变（注意：繁体字和简化字的不同，是另一个层面的问题，后文将做专门说明）。而且，相对而言，汉字所表示的意义的变化也比语音变化慢。这样，就给后代人阅读古代文献、不同方言区的人阅读相同的文献带来了相当大的方便。例如“人、上、下、天、地、田、鸟、虫、云、春、河”，现代人虽然不知道它们的古音，但仍能理解它们的字义。这些汉字在不同方言区的读音也有较大的差异，各自读出来时可能互相不能理解，但字义却基本相同。也就是说，汉字在交际过程中具有较强的超越时空的性质。相比较而言，拼音文字的词语拼写形式随着时间的推移变化要大得多，这就不利于后代读者的阅读。现代英国人读几百年前的莎士比亚（1564—1616）的作品已不是一件容易的事，而现代中国人读隋唐时期（比莎士比亚早1000年左右）用楷书转写的《论语》（记录孔子及其弟子及再传弟子言行的书），一般没有字形上的障碍，稍稍参考一些注释理解起来并不是太难。

（五）汉字字数繁多，结构复杂

表音文字是用数目不多的符号来表示一个语言中数量有限的音位或音节，汉字是用不同笔画和部件构成的大量表意符号来记录汉语的单音节语素，从而代表语素的读音。由于意义很多，这样用来表意的汉字数量必然很多。即便语素的本义和派生出来的意义用一个汉字来表示，人们在实际使用中需要的汉字数量仍然很大。东汉许慎的《说文解字》收字9353个，清代的《康熙字典》收字47 035个（此为该书所记，据今人统计应为46 964个），1915年编成的《中华大字典》收字48 000多个，1990年编成的《汉语大字典》收字54 678个（2010年第2版收字60 370个），1994年出版的《中华字海》收字更达85 568个。当然，这里有很多是历代积累起来而现在已不再通用的汉字，每个时代的实际用字并没有这么多。一般使用的汉字也就四五千个（常用的3000左右），加上一些罕用字也就在10 000左右。即便如此，这样的数量也不算少了。

总而言之，汉字和汉语基本适应，是一个形音义相结合的具有较强超时空性的文字体系，这是汉字的优点；然而由于汉字数量很多，笔画多，部件繁，结构复杂，加上汉语的音节数量不多而造成的同音字现象严重以及不采取分词连写的书写方式，必然会给初学汉语和汉字的人带来一定程度的不便，给国际文化交流带来一定的困难，这是汉字的局限。

同时，我们也应看到另一面，虽然作为个体使用的常用汉字达到几千个，但汉字作为单音节语素，组合成词的能力相当强大，这就意味着一旦掌握了一定量的汉字，理解和掌握新的词语甚至创造新词语会变得很方便。而且，一个汉字记录一个音节，这为汉语形成特定的韵律节奏提供了基础。另外，过去在中文信息处理上，汉字有一定的不便之处，而现在汉字的信息处理问题已经得到解决，电脑、手机等的汉字输入已经非常方便简捷了。

三、汉字的作用

汉字是汉族的祖先在长期的社会实践中创造出来的一种重要而独特的文字系统，它是世界上迄今仍在使用的、历史最悠久的文字。汉字是汉民族智慧的结晶，是汉文化的组成部分。在中国历史发展的长河中，汉字贯通古今、沟通四方，对中国社会的发展，对汉族语言和文化的发展，对中国国家的统一和民族的认同，对中国各民族之间的交流和学习，都起过重要的促进作用。通过汉字记载下来的中华文化悠久而灿烂，成为中华民族和全世界人民共同的宝贵财富。希望深入了解中国文化的人，需要学习汉字。汉字是记录汉语的唯一法定文字，《中华人民共和国国家通用语言文字法》（2000年10月31日中华人民共和国第九届全国人民代表大会常务委员会第十八次会议通过，自2001年1月1日起施行）第三条规定："国家推广普通话，推行规范汉字。"汉字在中国当前的经济建设和科学文化事业中，继续发挥着重要的作用。

汉字还曾被日本、朝鲜、韩国、越南等邻国借去记录它们的民族语言，形成超越国界的汉字文化圈，促进了中国同这些国家的社会交往和文化交流。至今，日本、韩国等国家还在自己的文字体系中使用一部分汉字。汉字文化对这些国家的文化发展、文化遗产保存产生过积极的影响。新加坡、马来西亚、泰国等国家也都颁布了汉字使用政策，允许在一定范围内使用汉字。

联合国把规范汉字作为六种工作文字之一。现在，世界上学习汉语的人越来越多，汉字在沟通中外经济文化交流、扩大国际交往等方面继续发挥着重要的作用。

思考与检测一

一、填空。

1. 现今世界上的文字类型可以分为__________和__________两种不同的类型。汉字属于__________。

2. 汉字是__________的统一体。

二、跟拼音文字相比，汉字具有哪些特点？

三、关于汉字的性质，有说是表意文字，有说是语素文字，有说是意音文字，为什么会有这些说法？你觉得从汉字教学的角度采用哪种说法最合适？

四、有人说，汉字没有完备的表音系统，因此是一种落后的文字。你怎样看待这种认识？

五、有人说，世界文字的总体方向是由表意向表音发展，世界主流的拼音文字要么历史上曾经是表意文字，要么是从其他的表意文字部分借鉴而来的，因此，汉字也不例外，也应实现拼音化。你怎样看待这种认识？

六、汉字在汉语教学中是个难点，近年来有人认为，大部分外国人学习汉语只是为了能用于口头交际，因此为了提高学习效率，不必进行汉字教学，而应该集中于汉语口语教学。对此，你有什么看法？

七、汉字不实行分词连写，这给计算机语言信息的处理领域造成了很大的困扰，因此有人提倡在书面形式中实行分词连写，这样可以提升语言信息处理的效率。你对此有何看法？

第二节　汉字形体的结构和演变

分析汉字的形体，可以从两个角度来认识：一个是汉字形体的结构方式（即构字法），这是从静态的角度来认识；一个是汉字形体的构造方式（即造字法），这是从动态的角度来认识。本节主要谈汉字的构字法，第三节主要谈汉字的造字法。

汉字是由各种点画和线条组成的。每个汉字都是某些点画和线条的特定组合，形成汉字的书写形体（即字体）。要想有效地辨识汉字，正确地书写汉字，就必须分析汉字的形体结构。对汉字的形体结构，既可以从汉字的现状来考察，分析现代汉字形体的结构原理和结构方式；也可以从汉字的历史来考察，分析汉字形体的演变过程，了解汉字的来龙去脉。

在学习汉语的初期，就要培养汉字的“字感”，即对汉字的笔画、笔形、部件和结构方式的直觉感知。对汉字文化圈的汉语学习者而言，他们已经具有了一定的汉字“字感”，这对学习汉字有较好的促进作用；对非汉字文化圈的汉语学习者而言，培养汉字“字感”，提高汉字习得能力，则是汉语学习过程中的重要任务。要培养字感，从汉字的结构入手是基本路径。

初学汉字的时候感到汉字难学，除了有汉字本身的原因外，还有就是对汉字的结构原理和结构方式还不了解。如果我们从结构这个角度来认识汉字，弄清汉字结构的组成成分（笔画和部件）以及成分之间的层次关系，就会达到事半功倍的效果。也就是说，结构性不但是我们分析语音、词汇、语法的基础，同样也是我们分析汉字的基础。

在汉语教学中，汉字难学（难写难认）与否的争议一直存在，其实关键在于如何突破“建立字感”这个瓶颈阶段所存在的实际困难和心理障碍。不恰当地夸大汉字学习的难度，长期采取“临摹”的方式学习汉字，将汉字的系统学习变成单个字的逐个记忆，以及不充分利用“写”的方式来具体认知汉字的基本结构和形义关系，都是制约汉字学习水平提升的因素。尤其是现在电脑的使用，很容易弱化甚至漠视“写”汉字在汉字学习中的积极作用。

一、汉字形体的结构

汉字的形体结构是有层级的。现行汉字的基本结构单位有两级：一是笔画，二是部件。大多数汉字都是由两个或两个以上的部件构成，每个部件又是由笔画构成。

（一）笔画

1. 笔画和笔形

笔画和笔形是汉字结构构造的基础。然而，对基本笔画的归纳以及某些特殊笔形的名称，汉字本体研究和二语教学领域既存在着“大同”的一面，也有“小异”的一面。下面我们先简要介绍汉字本体研究中的相关内容，然后再说明二语教学领域的处理策略。

笔画就是构成汉字的各种点和线。书写汉字的时候，每一次从落笔到收笔所写出来的点或线就叫一笔或一画。笔画是构成汉字的最小单位。

笔画的具体形状简称**笔形**。汉字的笔形可分为基本笔形和复合笔形。基本笔形是线条不包含转折的笔形，是汉字笔形系统的基础。汉字的基本笔形包括以下6种：

一（横） 丨（竖） 丿（撇） ㇏（捺） 丶（点） ㇀（提）

复合笔形是线条包含转折的笔形，数量繁多，为了便于称说，下面将通用规范汉字范围内的各种复合笔形列出来，具体见表5-1（包括一般归入竖的竖钩“亅”，名称多采用教学中常用的叫法）：

表5–1　通用规范汉字复合笔形表

折数	笔形	笔画名称	例字
1折	㇕	横折	片口
	㇇	横撇	又水
	㇖	横钩	买宝
	㇗	竖折	山出
	㇄	竖弯	四西
	㇙	竖提	氏切
	㇚	竖钩	小水
	㇜	撇折	红至
	㇛	撇点	女巡
	㇁	弯钩	家狂
	㇂	斜钩	代武
	㇃	卧钩	心必①
2折	㇅	横折折	凹
	㇍	横折弯	朵沿
	㇊	横折提	计
	㇆	横折钩	习力
	㇠	横斜钩	飞风
	㇞	竖折折	鼎
	ㄣ	竖折撇	专
	㇟	竖弯钩	儿己
3折	㇎	横折折折	凸
	㇋	横折折撇	及延
	㇈	横折弯钩	乙九
	㇌	横撇弯钩	队
	㇉	竖折折钩	与亏
4折	㇡	横折折折钩	乃孕

① 注意，楷体“心、必”的第二笔是卧钩（㇃），而在宋体如“心、必”则是竖弯钩（㇟）。手写“心、必”以及由它们构成的字（如“沁、思、想、恙、总、忒”和“泌、秘、毖、宓、密、谧”）时宜采取楷体的卧钩，运笔时笔画之间搭配起来相对协调。

汉字笔画中之所以出现这么多折笔，是因为书写汉字时，横、竖、撇若在不断开的情况下发生转向（点和捺没有再转向的问题），自然就会出现"转折"处，形成笔画。折画形体多样，往往是笔画之间相互配合的体现。由此可见，折画是实现汉字有效书写、丰富汉字结构形式的必然结果。

汉字的笔形比较多，为了语文教学和工具书检索的方便，需要整理归并。当前国家发布的一些规范字表确定的基本笔画有下面5种（目前字典、词典中字头的排序基本以此为准）：

一（横）　丨（竖）　丿（撇）　丶（点）　→（折）

由于横与提、竖与竖钩、点与捺在汉字笔画系统中关系密切（如"马"构成"骑、驰、骋、驴"时，将横变为提；"木"构成"亲、杀"时，将竖变为竖钩；"人、又、木、文、火、禾、矢、皮"作为"从、欢、林、刘、灯、和、知、颇"的左部构件、"大、米"作为"奇、类"的上部构件时，将捺变为点），因此将提归入横，竖钩归入竖，捺归入点。此外，将除竖钩外的所有复合笔形都归入"折"。上面5种笔形，有"札"字法的叫法，因为"札"字刚好含有这5种笔形，且顺序一致。①

上面是汉字本体研究所做的笔画类型归纳，而从汉语作为第二语言教学出发，人们在此基础上又做了一些策略性的微调，主要是基于实际的笔形来处理，以有利于初学汉字者对汉字笔画的准确感知。这种处理策略主要涉及4个笔画：捺（㇏）、提（㇀）、竖钩（亅）、折（笔形繁杂）。

捺（㇏）、提（㇀）、竖钩（亅）在汉字研究中分别被归入点（丶）、横（一）、竖（丨），然而它们在具体笔形上还是有比较明显的差别的，有些情况下它们的差别甚至会造成整字的对立，如"干"和"于"，因此，对初学汉字者来说，分开处理似乎更有利于他们认清汉字笔形之间的相互配合，更方便他们书写某个具体汉字。初始阶段的汉字教学，学理层面的关联有时需要做隐性处理。捺、提和竖钩写到位，对正确书写汉字、欣赏汉字结构之美很有帮助。

最复杂的是折（→），由于除了竖钩（亅），其他各种复合笔形都归入折

① 书法界还有"永字八法"的说法，即"永"字所包含的八种笔形：点（丶）、横（一）、竖（丨）、撇（丿）、捺（㇏）、提（㇀）、折（→）、钩（亅）。当然，这是从汉字书法用笔法则的角度阐述正楷笔势的书写方式，而不是说现代汉字"永"可以拆分出8种笔画，但这种分析笔形的方式倒很值得汉字教学参考。

画，因此折画容易给人以大杂烩之感。上表5-1中的折笔变体笔形就有26种之多，而且其名称虽有规律可循，但仍非常繁杂。从教学实践出发，不妨将折画的所“折”之处分开处理，每折一次按一种基本笔画的名称来识读。如“𠃌”不妨叫作“横竖钩”，“㇍”不妨叫作“横竖横竖”，“㇉”不妨叫作“竖横竖钩”，“㇋”不妨叫作“横撇横撇”。总的规则是：不以“折”的方式命名，而分别看折前折后的具体笔形；一折一名，折不断则名相连。根据这样的规则，“𠄌”仍叫作“竖提”，“㇌”仍叫作“横撇弯钩”。这样，就需要再立一个“钩”的名称，用于“横钩（乛）、竖钩（亅）、弯钩（㇁）、卧钩（㇃）”这些钩类笔画中，钩的命名随钩在特定汉字中的笔势形状而走（其中弯钩稍复杂，还有多种变体形式）。若如此处理可以接受，那么“折”这种复合笔画就采取分解的策略来分而治之了。

如此一来，从二语汉字教学出发，可以将下列7种笔画确定为教学基本笔画：

横（一）　　竖（丨）　　撇（丿）　　点（丶或㇀）

捺（㇏）　　提（㇀）　　钩（乛、亅、㇁、㇂、㇃）

如果这样可行的话，在这7种基本笔画的基础上加上一个笔形“弯（含弯、斜、卧三种）”[①]，我们可以对上面复合笔形的笔画（可以称作复合笔画）名称进行重新命名，具体见下表5-2：

表5-2　通用规范汉字复合笔形名称（教学用）

折数	笔形	笔画名称	例字
1折	㇕	横竖	片口
	㇇	横撇	又水
	乛	横钩	买宝
	㇗	竖横	山出
	㇄	竖弯	四西
	𠄌	竖提	氏切
	亅	竖钩	小水
	𡿨	撇提 / 撇横	红至
	㇛	撇点	女巡
	㇁	弯钩	家狂

① 笔形“弯”有两种：竖弯和圆弧弯。“弯”总是跟“竖”或“钩”结合，形成四种笔形：竖弯（㇄）弯钩（㇁）、斜钩（㇂）、卧钩（㇃）。

（续表）

折数	笔形	笔画名称	例字
1 折	㇂	斜钩	代武
	㇃	卧钩	心必
2 折	㇅	横竖横	凹
	㇍	横竖弯	朵沿
	㇊	横竖提	计
	㇆	横竖钩	习力
	㇠	横斜钩	飞风
	㇞	竖横竖	鼎
	ㄣ	竖横撇	专
	㇟	竖卧钩	儿己
3 折	㇎	横竖横竖	凸
	㇋	横撇横撇	及延
	㇈	横撇卧钩	乙九
	㇌	横撇弯钩	队
	㇉	竖横竖钩	与亏
4 折	㇡	横撇横竖钩	乃孕

在此背景下，是主张5种基本笔画（常见的是“横、竖、撇、点、折”，也有主张“横、竖、撇、点、捺”），还是6种基本笔画（有主张“横、竖、撇、点、捺、提”），或者如我们这里提出的7种基本笔画，都不是问题的根本了，笔画变体中具体笔形的走向才是所要关注的内容。基于我们对外国留学生中介字（这是我们相对于中介语而新拟的名称）偏误情况的系统考察，发现捺、提、钩的偏误比较多，因此，将它们独立出来很有必要。大体而言，将这7种笔画确定为基本笔画，用于汉字教学和中介字分析，是比较合适的，既能相对直观，又能统摄各种笔形。否则，面对汉字复杂的实际笔画，常会出现不敷使用的情况，造成大量使用“变形”概念，解说起来多有不便。在教学中，需要将原则的坚定性和策略的灵活性相统一。

还需要特别指出的是：上面的说明都是从显性笔画规则着眼的，即正确的笔画笔形是怎样的，然而如果从中介字的具体表现来看，还必须告诉汉字学习者，某些笔形在汉字系统中是不能够出现的，即存在着隐性笔画规则。如汉字笔画系统中除了“〇”字外没有“圆”这个笔画，也没有三角形、圆点之类的笔画；宋体字横的末端、竖的起端、横折的转向处有小三角，书写时不能有。这样就能更好地避免汉字偏误，提升教学效果了。

2. 笔向

笔向即书写汉字时的笔画走向。每个笔形实际上规定了书写的行笔方向。“横、竖、撇、点、捺、提、钩”这7种基本笔画的笔向是：

横（一）：行笔方向是由左往右。

竖（丨）：行笔方向是由上往下。

撇（丿）：行笔方向是由上往左下。

点（丶或丿）：分右点和左点。右点（即“丶”，构字较多，如“主、宝”的第一笔）行笔方向是由上往右下，左点（即“丿”，构字较少，如“心、写”的第一笔），行笔方向是由上往左下。

捺（㇏）：行笔方向是由左上往右下。

提（㇀）：行笔方向是由左下往右上。

钩（乛、亅、㇁、㇂、㇃）：变化形式较多，其行笔方向是随笔形而走并在末端顺势钩出。

每个笔画的笔形都是具体明确的，而且汉字结构内部的笔画是相互配合、彼此呼应的，合乎美学的和谐原则。开始学写汉字的时候，一定要掌握基本笔画的写法。熟悉这些笔画及其笔形，是辨认字形的开始，也是写好汉字的第一步。认识到了这点，会大大提高正确拆分汉字、顺利学写汉字的效率。很多汉字初学者在书写汉字时，往往对笔形、笔向重视不够，因而写出的字不够美观。

3. 笔画的组合

笔画与笔画的组合有三种类型：相离、相接和相交。

（1）相离：笔画之间彼此分离

三　六　八　儿　小　川　门　习　心

（2）相接：笔画和笔画相连接

丁　人　乃　幺　正　几　了　弓　凹

（3）相交：笔画和笔画相交叉

十　九　力　丈　也　丰　井　车　卅

一般汉字都运用了上述的两种或三种组合类型。例如：“个、亏、火、刃、亿”运用了相离、相接两种方式，“义、斗、戈、必、寸”运用了相离、相交两种方式，“大、巾、生、毛、斥”运用了相接、相交两种方式，“犬、汗、坐、赤、匡”则运用了相离、相接、相交三种方式。

有时，相同的笔画由于组合关系的不同，构成的字也不同。例如：

大—丈　夫—天　刀—力　工—土—干

田—甲—申—由　八—人—入—乂（yì）

4. 笔画数的计算

由于每个笔画的起笔和落笔都是有规定的，因而每一个规范汉字的笔画数都是确定的，如“一、乙”是一画，“天”是四画，“谢”是十二画。正确计算笔画数对于汉字教学、查检字典和索引十分必要，而分清笔形则是计算笔画数的关键。

如果对现代汉字规范字形的书写规则比较了解，就能更准确地计算笔画数。总的来说，规则有两条：第一，在同一笔画上，笔尖只能走一次，不能走回头路；第二，写横只能从左到右，写竖、撇、捺只能从上到下，不能相反。根据这两条规则，多数字的笔画数不难计算出来，只有当笔画的端点相接时，才会遇到计数的困难。此时可以按下面的办法来处理：

（1）在左上角相接的，分作两画

厂　几　日　四　见　臣　电　戊　禺

（2）在左下角相接的，有两种情况

如果是全包围的字，分作两画（因为全包围的最后一笔是封口）。例如：

日　四　田　回　团　园　围　申　曲

如果不是全包围的字，只作一画。例如：

山　区　凶　臣　画　出　氏　丢　切

（3）在右上角相接的，只作一画

刁　力　己　马　月　句　包　君　禺

（4）在右下角相接的，分作两画

日　凶　目　石　自　由　凸　出　幽

其实，除了全包围中左下角的竖和横算两画之外，其他的相接方式都可以利用笔向的内容推导出来，即：如果左上角的两画或右下角的两画分别相接写成一画的话，必定会出现由右向左或由下向上的行笔方向，这是汉字笔画规则所不允许的。

总的来看，笔画以这些方式断连，都是为了写字时“顺势”，方便笔画运行，这样写出来的字才结构协调，形体美观。这些都是在汉字结构大原则下的具体表现。

有些字的笔画数容易算错，例如：乃（2画）、及（3画）、弓（3画）、马（3画）、专（4画）、丏（4画）、长（4画）、世（5画）、凹（5画）、凸（5画）、鸟（5画）、乐（5画）、弗（5画）、臼（6画）、弟（7画）、承（8画）、哥（10画）、象（11画）、鼎（12画）、臧（14画）。其实，只要根据上面的计数规则计算，基本上没有什么问题。如“弓”，相接之处（即有转折的地方）依次位于相接面的右上角（连上）、右下角（断开）、左上角（断开）、左下角（非全包围，连上）、右上角（连上），所以一共只有3画。

根据统计，《通用规范汉字表》（教育部、国家语言文字工作委员会组织制定，2013年公开发布使用）所收的8105个字，笔画数呈现出一定的集中趋势：9画的字有899个，数量最多；其次是10画字，有872个；11画字有862个。

（二）部件

一般来说，汉字不是直接由笔画构成的，而是先由若干笔画有机组合起来生成相应的部件，再由若干部件有机组合起来生成汉字。也就是说，在笔画和整字之间还有一级构字单位，即部件。

1. 什么是部件

部件是由笔画组成的具有独立组字能力的构字单位，也叫字根、字素。

由于部件是由笔画组成的，所以一般而言，部件大于笔画。例如，“十”有两画，“扌”有三画，“鬼”有九画。但是，在一定的条件下，有的单笔画在构字中具有独立性，是整字的一个直接构成单位，这时这样的单笔画也就成了部件。例如，“丝”下边的横画、“旧”左边的竖画、“系”上边的撇画、“勺”里边的点画、“札”右边的折画（竖弯钩），都是部件。而“一”和“乙”既是一个笔画，又是一个部件，还是一个整字。也就是说，部件大于或等于笔画，小于或等于整字。

有的部件既可以跟其他部件组合构成汉字，也可以独立成字，这叫**成字部件**。如“召、全、粜、盒、明、静、屋、树”字中的部件“刀、口、人、王、出、米、合、皿、日、月、青、争、尸、至、木、又、寸”都可以独立成字（当然，基于部件之间笔画配合的需要，这些字做部件时有时需要调整部分笔形）。有的部件只能跟其他部件组合构成汉字，不能独立成字，这叫**不成字部件**。如“宝、盖、仆、找、狂、到、即、部、熬、慕”字中的部件“宀、⺷、亻、扌、犭、刂、卩、阝、灬、⺗”现在都不能独立成字。

有的部件跟整字有意义或声音上的联系，如“军、辆、轨、转、载、轿、辇、辐、辕”等都跟“车”的结构或功能有关，“刚、纲、钢、岗”都跟“冈”的语音有关，因此，可以从构字的理据性角度来认识部件和整字之间的关联。但是，随着汉字字形的演变（如小篆的隶楷化）以及后人对字形的改变、整理（如繁体字简化），现代汉字中有的部件已经不再跟整字的音义相关联了，而变成了纯粹的记号，如“韭”的上部“非”（下部“一”代表地面）、“急”的中部“彐”、“凤、汉、圣、鸡”等字中的“又”，都成了纯粹记号性的构字成分。

2. 部件的层次划分

部件也是有大有小的，有的部件可以切分成更小的部件。其实，从构造过程来看，部件在构字中的作用类似于词在构造短语中的作用，因此我们也可以像分析复杂的短语结构那样，用层次分析法来分析汉字的部件层次。

根据一个部件能否切分成更小的部件，可以将部件分为单一部件和复合部件两种类型。

单一部件指内部结构不能再切分的部件，也叫基础部件。由一个笔画组成的部件必然是单一部件，但大多数单一部件都是由两个或两个以上的笔画组成，如“仇、扔、建、团”字中的“亻、九、扌、乃、聿、廴、囗、才”都是单一部件。这些部件再往下切分只能切分出笔画，而不能切分出部件。

复合部件指内部结构可以再切分成更小部件的部件，也叫合成部件。如

“按”，第一次切分出“扌”和“安”两个部件；“扌”不能再切分了，是单一部件，而“安”还可以接着切分出“宀”和“女”两个部件，这里的“安”就是“按”字中的复合部件；“宀”和“女”不能再切分了，也是单一部件。这样就得到了两个层次的部件。有的汉字还可以做更多层次的部件切分。我们可以根据切分层次的先后，将切分出的部件依次称作一级部件、二级部件、三级部件等，最底一层部件也叫末级部件。例如：

藉：				（整字）
艹	耤			（一级部件）
	耒	昔		（二级部件）
		龷	日	（三级部件/末级部件）

汉字的数量数万个，但构字部件有限。根据中华人民共和国教育部、国家语言文字工作委员会2009年发布的《现代常用字部件及部件名称规范》（GF 0014—2009），现代常用字部件514个，其中常用成字部件311个。在汉字教学中，合理地分析汉字部件可以收到以简驭繁的效果。当然，部件切分不一定把每一个字或者每一个复合部件都切分到基础部件，具体切分到哪一级，要看实际需要。人们习惯上把一些传统的部首看作整体，不再切分。

汉字本来是逐层组合的，层次性是汉字本身的固有属性。这种对汉字部件从大到小的层层切分，跟我们在“语音”一章分析音节的结构、“词汇”一章分析复合词的结构、“语法”一章分析短语的结构，在基本分析原则上是一致的，都符合层次分析法的基本原则。这再一次告诉我们，任何观察的对象都可以进行层次分析，只有将层次分析清楚了，才可以深化我们的认识。层次性是语言现象、文字现象乃至一切自然现象、社会现象的根本属性之一。

由于部件下控笔画，上构汉字，因此正确掌握好部件的形、义及两者之间的关系，是有效认识汉字、正确书写汉字的枢纽。汉字教学中以部件为教学单元，就是积极利用了部件在汉字结构和汉字系统中的地位和作用。

这里列出《现代常用字部件及部件名称规范》中311个常用成字部件（按音序排列）：

凹　八　巴　白　百　办　半　卑　贝　本　匕　必　丙　秉　卜

不　才　册　叉　产　长　厂　车　臣　辰　承　尺　斥　赤　虫

丑　出　川　串　垂　匆　囱　寸　大　歹　丹　单　刀　弟　电

刁 丁 鼎 东 兜 斗 豆 儿 而 耳 二 发 凡 方 飞
非 丰 风 夫 弗 甫 父 丐 干 甘 高 戈 革 个 更
工 弓 谷 瓜 广 龟 鬼 果 亥 禾 黑 后 乎 互 户
黄 火 击 及 几 己 夹 甲 兼 柬 见 角 巾 斤 今
金 京 井 九 久 韭 臼 巨 具 卡 开 口 来 老 乐
里 力 立 吏 丽 隶 两 了 六 龙 卤 鹿 卵 仑 马
毛 矛 卯 么 门 米 免 面 民 皿 末 母 木 目 乃
南 内 年 鸟 牛 农 女 乓 皮 片 乒 平 七 妻 其
气 千 欠 且 丘 求 曲 去 犬 冉 人 壬 刃 日 肉
入 三 伞 色 山 上 勺 少 舌 申 身 升 生 尸 失
十 石 食 史 矢 士 氏 示 世 事 手 首 书 鼠 术
束 甩 水 司 丝 巳 四 肃 太 天 田 头 凸 土 屯
瓦 丸 万 亡 王 卫 为 未 文 我 乌 无 五 午 勿
戊 夕 西 习 下 乡 向 象 小 心 辛 戌 穴 血 熏
丫 牙 亚 严 言 央 羊 夭 也 业 页 一 衣 夷 乙
已 义 亦 庸 永 用 尤 由 酉 又 于 鱼 与 予 雨
禹 玉 曰 月 云 再 乍 丈 爪 兆 争 正 之 直 止
至 中 重 舟 州 朱 竹 主 专 子 自

3. 偏旁和部首

将汉字分成若干部件是现代汉字学的分析方法。传统的分析汉字的方法是把汉字分成若干个偏旁，同时根据汉字归类、检索的需要将部分偏旁归并为部首。偏旁、部首跟部件之间存在交叉关系。

（1）偏旁和部首的内涵

传统汉字学、汉字教学和查检中有两个重要的概念，就是偏旁和部首。**偏旁**指汉字字形结构中的某些基本组成部分。它是构成合体字的直接构字单位，如“讲”的偏旁是“讠”和“井”，“闻”的偏旁是“门”和“耳”，“栩”的偏旁是“木”和“羽”，“疆”的偏旁是“土”和“彊”（“强”的异体字），“树”的偏旁是“木”“又”和“寸”。偏旁一般跟字的读音或意义有联系，它一般是采取二分法分析得到的构字单位，本身不再往更小的单位去分析。如：

“栩”分析出“木”和“羽”两个偏旁后，“羽”就不再分析了，它跟这个字的读音有联系；“鼾”分析出“鼻”和“干”两个偏旁后，“鼻”也就不再分析了，它跟这个字的意义有联系。偏旁在分析合体字尤其是形声字的时候特别重要。

汉字的偏旁数量众多，字典为了查检汉字的方便，就需要对汉字的偏旁进行归类。**部首**就是字典、词典等根据汉字形体给偏旁所分的门类，如“一、厂、廾、山、石、口、人、刀（刂）、水（氵）、手（扌）、火（灬）”等。它是可以成批构字的一部分部件。任何学习汉字的人都必须对汉字的部首有所了解。

为什么汉字偏旁的类别叫部首呢？原来，古代编写字书（即字典、词典）时，根据偏旁所表示的意义类属，将具有字形归类作用的偏旁称作部首，放在包含该部件的所有字的最前面，作为领首之字，即一部之首。这样，“水”和“氵”归入同一部，部首都是“水”；“火”和“灬”归入同一部，部首是“火”。这些部首实际都可以独立成字，所以说部首是字书的字首。这种归并部首的原则是以意义为主、形体为辅，但是现代字典和词典为了查检的方便（尤其是面向初、中级汉语水平的读者），部首编排基本上是以形体为主、意义为辅了。同一个部件由于出现在字的不同部位而引起较小形体变化的，一般算作一部，如“足”和“⻊”归入同一部，“牛”和“牜”归入同一部；而对形体变化大的，一般分作不同的部来处理，如《新华字典》便将“刀”和“刂”、“水”和“氵”、“火”和“灬”、“手”和“扌”分成不同的部首。《现代汉语词典》第7版（商务印书馆，2016）虽然将它们看作同一个部首（如“刂”归入“刀”部），但在检字表中还是分开来检索的，实际的处理也是看作不同的部。有时为了查检的方便，对一些特殊的字甚至可以采取多部首查检法，如“疆”，一般字典和词典都会将它归入“土”部，《新华字典》和《现代汉语词典》还同时将它归入“弓”部。

充当部首的汉字部件，大多具有表示意义类属的作用。如：“马”部的字“驭、闯、驮、驯、驰、驱、驾、驶、驷、驿、骏、骑”等，字义跟马有关；“灬”（火的变体）部的字“热、烈、烹、煮、焦、蒸、照、煎、熬、熏、熟”等，字义跟火有关。现代汉字中少数部首不表示意义类属，只是单纯的记号，如“丿、丨、丶、乛”等。少数字的部首还可能代表声音，例如“骂”中的“马”，“问、闻、闷”中的“门”。

（2）部首和偏旁的关系

部首是根据汉字形体而对偏旁所做的归类。这样，偏旁和部首之间就存在这样的关系：部首一般都做偏旁，数目相对较少，在形声字中多做意符；偏旁不一定能做部首，它包括了部首和不是部首的一级部件，数目比部首要多得多。例如："读"的部首是"讠"，"鳖"的部首是"鱼"，"阔"的部首是"门"，它们同时也是这些字中的偏旁；而这些字中的"卖、敝、活"只是偏旁，不是部首。另外，有些汉字部件在一些字中是部首，在另一些字中则不是。例如："江、河、清"三个字，共有四个偏旁"氵、工、可、青"，只有"氵"是部首；而"工"在"巧、贡、左"字中是部首，"青"在"靓、静、靛"字中是部首。

（3）部首的名称

为了便于称说，每个部首都应该有特定的名称。成字部件构成的部首，它的名称用该字的读音，如"火"读huǒ，"马"读mǎ，"鼻"读bí。多音字按更常用的那个音读，如"中"读zhōng，不读zhòng；"几"读jǐ，不读jī；"长"读cháng，不读zhǎng。不成字部件构成的部首，一般有习惯名称。中华人民共和国教育部、国家语言文字工作委员会2009年发布的《汉字部首表》（GF 0011—2009），对汉字的部首及其使用规则做了规定，其中规定了主部首（指有不同写法的部首中具有代表性的书写形式）201个，附形部首（指附属于主部首的书写形式）100个。

为了方便大家的学习，下面列出常见部首及其通行的名称，常见的成字部首和易于称说的部首一般没有列入。[①]这些部首的名称也是它们做偏旁时的名称。具体见下表5-3：

① 表中部首按笔画多少排序。笔画相同者，按部首笔顺的起笔笔画排序：横、竖、撇、点、折；起笔笔画相同，按第二笔排序，以此类推。表中也列入了一些不常见的成字部首，如"彳（chì）、艮（gěn）、皿（mǐn）、兀（wù）、弋（yì）、聿（yù）、豸（zhì）、隹（zhuī）"等，有的按照不成字部首的命名方式来称说。由于对外汉语教学用字有限，具体命名可以根据实际而有所调整。另外，少数偏旁根据对外汉语教学实际采取了更为常用的说法，如"亻（单人旁）、彳（双人旁）"，而没有采取"单立人、双立人"的名称。

表5–3　常见部首及其通行名称

部首	名称	例字	部首	名称	例字
匚	三框儿	匹医匠	彡	三撇儿	形影须
⺊	上字头	占贞卡	犭	反犬旁	狂狗狼
刂	立刀旁	刑刚到	夂	折文儿	务备复
冂（⺆）	同字框	同用周	饣	食字旁	饥饿饭
亻	单人旁	化亿仇	丬	将字旁	壮状妆
厂	反字旁	后历质	忄	竖心旁	忧忙怀
⺈	危字头	争免负	宀	宝盖头	安完宇
勹	包字头	句勾匆	氵	三点水	汉河流
几	风字框	风凤凰	辶	走之旁	进还远
亠	六字头	亡交市	⺕	录字头	录绿氯
冫	两点水	冲次冷	彐	寻字头	寻灵归
丷	兰字头	并关兑	纟	绞丝旁	红结级
冖	秃宝盖	冠军写	幺	幼字旁	幻幼畿
讠	言字旁	说认识	巛	三拐儿	巢巡邕
凵	凶字框	画幽函	耂	老字头	考者孝
卩	单耳旁	印却卸	⺗	竖心底	恭忝慕
阝（左）	左耳旁	阳阶队	攵	反文旁	放故救
阝（右）	右耳旁	都部邮	爫	采字头	爱妥受
厶	私字儿	允台丢	火	火字旁	炸烂烧
廴	建之旁	建廷延	灬	四点底	煮杰照
艹	草字头	花节艺	礻	示字旁	礼祥神
廾	弄字底	异弃莽	𡗗	春字头	春秦奏
尢	尤字身	尤龙尴	罒	罗字头	罗罪罢
兀	尧字底	元尧虺	皿	皿字底	盐盛监
扌	提手旁	打扫扔	钅	金字旁	钢铁针
弋	式字框	式贰忒	疒	病字旁	疯疮症
囗	方框儿	回团困	衤	衣字旁	被袜补
⺌	光字头	当党尚	癶	登字头	癸登凳
彳	双人旁	很行往	覀	西字头	要贾票

（续表）

部首	名称	例字	部首	名称	例字
虍	虎字头	虚虏虑	艮	垦字头	恳艰良
⺮	竹字头	笔竿第	𧾷	足字旁	路跑跤
𦍌	撇尾羊	差羞着	釆	番字头	悉釉释
⺶	羊字头	美盖羔	豸	豹字旁	豺貌貂
龹	卷字头	卷券拳	𠦝	朝字旁	韩乾戟
聿	建字里	肆肄肇	隹	隹字旁	雌雄售

由于一个汉字的偏旁（包括部首）常常跟这个字的意义或声音有联系，因此传统的汉字教学非常重视分析偏旁在构字中的作用。

（三）整字

由笔画到部件，再由部件到整字，汉字就是这样层层构造而成的。不过，从构造过程上看，有的汉字相对复杂些，有的汉字相对简单些，因此还需要对汉字的结构类型和结构模式做出分析。

1. 独体字和合体字

整字是指汉字系统里一个一个的字，是汉字的使用单位。整字是由部件构成的，部件是构字单位，所以一般而言，整字大于部件，但也有可能一个汉字只由一个部件构成。这样，整字就可以分为独体字和合体字两类。

独体字是指由笔画组成、不能或不宜再行拆分、可以构成合体字的汉字。中华人民共和国教育部、国家语言文字工作委员会2009年发布的《现代常用独体字规范》（GF 0013—2009）在现代汉字的范围内确定了256个现代常用独体字：

1画（2字）：

一 乙

2画（19字）：

二 十 丁 厂 七 卜 八 人 入 儿 匕 几 九 刁 了

刀 力 乃 又

3画（48字）：

三　干　于　工　土　士　才　下　寸　大　丈　与　万　上　小
口　山　巾　千　川　个　夕　久　么　凡　丸　及　广　亡　门
丫　义　之　尸　己　已　巳　弓　子　卫　也　女　刃　飞　习
叉　马　乡

4画（65字）：

丰　王　开　井　天　夫　无　云　专　丏　木　五　不　犬　太
歹　尤　车　巨　牙　屯　戈　互　瓦　止　少　曰　日　中　贝
内　水　见　午　牛　手　气　毛　壬　升　夭　长　片　斤　爪
父　月　氏　勿　丹　乌　六　文　方　火　为　斗　户　心　尺
丑　巴　办　予　书

5画（58字）：

玉　未　末　击　正　甘　世　本　术　丙　石　戊　龙　平　东
卡　凸　业　目　且　甲　申　电　田　由　史　央　冉　皿　凹
四　生　矢　失　乍　禾　丘　白　斥　瓜　乎　用　甩　乐　匆
册　鸟　主　立　半　头　必　永　民　弗　出　矛　母

6画（29字）：

耳　亚　臣　吏　再　西　百　而　页　夹　夷　虫　曲　肉　年
朱　臼　自　血　囟　舟　亦　衣　产　亥　羊　米　州　农

7画（17字）：

严　求　甫　更　束　两　酉　来　卤　里　串　我　身　囱　言
羌　弟

8画（8字）：

事　雨　果　垂　秉　肃　隶　承

9画（7字）：

革　柬　面　重　鬼　禹　首

10画（1字）：

兼

11画（1字）：

象

13画（1字）：

鼠

这些独体字无法分离出两个部件来（“鼠”字略有特殊），即使像“雨、更、事、重、兼、象”这些笔画很多的字，由于不能再拆分，仍然是独体字。

“一”和“乙”比较特殊，它们既是一个笔画，又是一个部件，还是一个汉字。“〇”是个更为特殊的字，只包括一个笔画，且是圈形，用圈形笔画构字，这是现代汉字中唯一的不能用常规笔画系统分析的字。注意，汉字书写时“〇”不要写成阿拉伯数字“0”。

合体字是指由两个或两个以上基础部件构成的字。“好”有两个部件，“森”有三个部件，“摊”有四个部件，它们都是合体字。在现代通用的汉字中，独体字的数量占到总字数的4%左右，而合体字占到96%左右。在合体字中，有近四分之三的合体字都是由两个或三个部件构成。

2. 现代汉字的结构模式

现代汉字合体字中的部件组合方式是有一定的规律的，这就形成了一些固定的结构模式。根据一级部件的组合方式，基本上可以归纳为以下五大类：

（1）左右结构

①左　右：明　从　伏　权　情　知　识　好　刘　歌

②左中右：树　谢　锄　倒　搬　湘　斑　粥　街　衍

（2）上下结构

①上　下：忠　霜　尘　是　界　蟹　岗　笑　雷　奇

②上中下：意　竞　慧　舅　器　冀　密　葬　衰　赢

（3）包围结构

①全包围：团　困　国　囚　园　回　因　围　固　圆

②半包围：内部结构形式比较多样。

两面包围

上左包围：厄　鹿　病　居　考

上右包围：包　勾　可　氧　载

左下包围：过　建　毯　翅　勉

三面包围
- 左三包围：匡 匣 叵 匾 匠
- 上三包围：问 向 凤 同 春
- 下三包围：凶 函 画 凼 凷（kuài）

（4）品字形结构

品 众 晶 磊 矗 鑫 森 淼 焱（yàn）

（5）穿插结构

乖 乘 巫 坐 幽 爽 噩（è）

如果把品字形结构归入上下结构，就只有四类组合方式。穿插结构（也叫镶嵌结构、框架结构）是一种极其特殊的结构方式，在现代汉字系统中数量很少。所谓穿插结构，是字中某个部件的一画穿过或插入另一部件中。如："乖、乘"是"千"或"禾"穿过"北"的两部分之间。有的字从不同角度看有不同的结构特征，如"幽"既有穿插特征，又有半包围（三面包围）特征。需要注意的是，根据《现代常用独体字规范》，"四、斗、头、臣、击"和"秉、承、夷"等归入独体字，不要分析为包围结构和穿插结构。

上面分析了汉字构造的三级单位——笔画、部件和整字，这是汉字认知的不同层级的基本单位，是汉字教学的基础部分。由笔画到部件，由部件到整字，汉字结构化的特点逐步加强。学习和掌握汉字结构化的特点和方式，是培养和提升学习者汉字意识的重要途径。

二、汉字的书写规则

（一）基本笔顺规则

汉字笔画的组合是有一定的顺序的。书写汉字时笔画的次序和方向，就是**笔顺**。笔顺是为适应生理特点和结构类型的要求而归纳出来的汉字笔画书写顺序，具有约定俗成的特点。

汉字的笔画运行方向是向右、向下，因此笔顺规则的总前提是：书写的起点在左、在上，终点在右、在下，两个相关笔画之间以最短距离为运笔最佳选择。这样，笔顺的基本规则就可以概括为：

① 先横后竖：十 干 丰 击

② 先撇后捺：八　人　入　大

③ 先上后下：三　尘　京　宴

④ 先左后右：川　扑　做　滩

⑤ 先外后内：风　问　用　习

⑥ 先外后内再封口：田　目　回　圆

⑦ 先中间后两边：小　水　办　承

⑧ 先中间后加框：山　凶　函　画

笔顺规则是人们长期以来正确书写汉字的经验总结。上述的笔顺规则只是一般的规则，由于汉字结构复杂，形体变化多样，不同汉字的笔顺往往是上述原则的综合运用。按照笔顺规则写汉字，可以写得既美观又迅速。

（二）特殊笔顺的汉字和部件

有一些字或部件以及用它们做偏旁的字，笔顺不容易由上述规则推出。例如（括号里的数字为笔画数）：

七(2)：一七

九(2)：丿九

匕(2)：丿匕

乃(2)：㇋乃

与(3)：㇐㇉与

万(3)：一丆万

丸(3)：丿九丸

及(3)：丿乃及

门(3)：丶㇓门

义(3)：丶丿义

忄(3)：丶丷忄

辶(3)：丶㇇辶

也(3)：㇆㇆也

女(3)：㇛女女

叉(3)：㇇又叉

廿(4)：一十廾廿

卅(4)：一 𠂇 卄 卅
比(4)：- 上 上' 比
瓦(4)：一 丆 瓦 瓦
长(4)：丿 𠂉 𠃊 长
片(4)：丿 丿' 片 片
丹(4)：丿 刀 月 丹
方(4)：丶 亠 方 方
火(4)：丶 丷 火 火
为(4)：丶 丿 为 为
心(4)：丶 心 心 心
丑(4)：𠃌 刀 丑 丑
丬(4)：丨 丬 丬 丬
毋(4)：𠃊 毋 毋 毋
世(5)：一 十 廿 廿 世
可(5)：一 丁 可 可 可
轧(5)：一 七 车 车 轧
北(5)：丨 丬 丬 北 北
凸(5)：丨 凸 凸 凸 凸
凹(5)：丨 凹 凹 凹 凹
冉(5)：丨 冂 冉 冉 冉
必(5)：丶 心 心 必 必
讯(5)：丶 讠 讯 讯 讯
出(5)：𠃊 山 屮 出 出
皮(5)：𠃌 厂 广 皮 皮
母(5)：𠃊 毋 毋 母 母
白(6)：丿 亻 白 白 白 白
舟(6)：丿 丿 舟 舟 舟 舟
壮(6)：丶 冫 丬 壮 壮 壮
辰(7)：一 厂 厂 辰 辰 辰 辰
里(7)：丨 口 日 日 甲 甲 里

坐(7)：
卯(7)：
垂(8)：
非(8)：
卑(8)：
夜(8)：
肃(8)：
贯(8)：
重(9)：
哥(10)：
乘(10)：
脊(10)：
爽(11)：
假(11)：
兜(11)：
象(11)：
率(11)：
敝(11)：
插(12)：
鼎(12)：
黑(12)：
聚(14)：
燕(16)：
噩(16)：

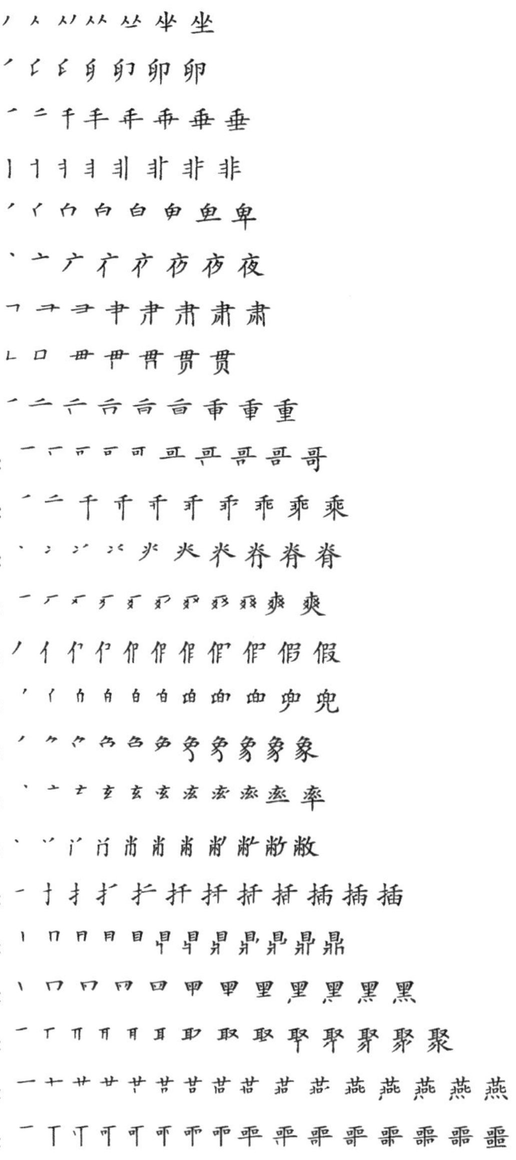

所有带“匚（2画）”的字，如“区、匹、叵（pǒ）、匝（zā）、匡、匠、匣、医、匿、匪、匮（kuì）、匾”等，笔顺都是先上横，再内里，最后竖折，左边和下边相接的笔画不要断开。跟“匚”结构相似的“巨（4画）、臣（6画）”和“臣（7画）”以及由它们构成的字“拒、矩、距、苣、炬、柜、渠”“卧、宦（huàn）”“颐（yí）、姬（jī）、熙（xī）、赜（zé）”等的笔

顺也是如此。例如：

区：一 丆 又 区

匡：一 二 三 王 王 匡

臣：一 丅 五 五 五 臣

姬：𡿨 女 女 女一 女丅 女丆 女五 女五 女五 姬

其实，我们在前面介绍笔画的书写规则时，指出过这样的情况，当笔画的端点在左下角相接时，如果不是全包围的字，只作一画。据此规则，就不会将这些字中的“乚”断作2画了。

所有右上角的点都最后写，如“犬、弋、戈、武、我、尤、龙、求、甫、书、发”等，由它们构成的字也是如此。

还有几个部首的笔顺跟独体字的笔顺并不一样。例如：

车（部首）：一 𠂉 车 车

车（整字）：一 𠂉 车 车

牛（部首）：丿 𠂉 牛 牛

牛（整字）：丿 𠂉 牛 牛

1997年国家语言文字工作委员会和新闻出版署联合发表了《现代汉语通用字笔顺规范》，规定了《现代汉语通用字表》7000个汉字的笔顺，列出了每个汉字的跟随式笔顺（即一笔接一笔地写出整字）。它既是汉字信息处理、出版印刷的笔顺标准，也是汉字教学、辞书编纂的笔顺依据。另外，中华人民共和国教育部、国家语言文字工作委员会2013年制定并发布的《通用规范汉字表》给每个通用规范汉字规定了标准字形，包括笔形、笔画数和结构，它是目前所执行的汉字字形标准。

无论一个字的笔画数是多少，部件有多少，在每次书写时都要按书写规则写成同样大小的方块字。不要把横向的部件写得左右分离、高低失衡，把纵向的部件写得上下分家、大小失当，也不要把笔画多的字写得比其他字大出许多。书写汉字时，要考虑到汉字立体结构内部各个部件、笔画组合的协调性和布局的规整性，而不能把各部件、笔画简单地堆砌在一起。这跟汉语音节发音的长短有相通之处，不管每个音节包含的音素是多少（如bā、bān、bāng、biān），同一声调类型中音节的发音长度基本相等。

需要注意的是：上面关于汉字特殊笔顺的说明，是从笔顺规范的角度所做的整理，但这并不意味着面向母语非汉语背景学习者的汉字教学中每个字都要采取这样严格的标准，而是应该根据学生习得汉字的阶段和水平灵活掌握。当然，从认识汉字结构、准确书写汉字、有效理解字义、感知汉字文化出发，汉字部件组合和笔画结构方式中所蕴含的大的规则还是应该渗透到教学过程中。因此，必要的笔画和笔顺训练对习得汉字还是很有帮助的。

三、汉字形体的演变

现代汉字是由古代汉字经过漫长演变而逐步定型下来的。我们现在日常手写的规规矩矩的楷书字，是公元3—4世纪才开始形成的一种字体，而汉字早在3000多年前就产生了。楷书产生之前汉字的写法曾有过很大的变迁。在汉字悠久的发展史上，出现过甲骨文、金文、篆书、隶书、楷书以及草书、行书等字体，总的趋向是由繁难变为简易，书写越来越方便。

以下是“月、山、水、采、安、武”6个字的各种书体形式：

（一）汉字形体演变的过程

1. 甲骨文

甲骨文是古代刻写在龟甲兽骨上的文字，它是公元前14世纪至公元前11世纪之间殷商时期通用的文字。当时常用龟甲兽骨来占卜吉凶，占卜之后，在龟甲兽骨上面刻写卜辞和跟占卜有关的记事文字，所以，甲骨文也叫契文、卜辞、龟甲文字。到了1899年，甲骨文才出土于河南安阳小屯村，那里是殷王朝的都城遗址，也叫殷墟，因此甲骨文也叫殷墟文字。

甲骨文以刻刀为书写工具，以龟甲兽骨为载体材料，因此呈现出以下特点：甲骨文具有比较强的象形性，笔画线条细瘦，直画居多，拐弯多是方笔；字形瘦长，字体结构大小不一，外形参差不齐，往往简单的字就小，复杂的字就大；异体字（即一个字的多种写法）较多，不少合体字中的偏旁位置可以互换。

现在收集到的甲骨文单字总数在4500个左右（若异体字分别计算，则有6000多个），已经能够辨识的有2000个左右，其中常用的没有争议的有1000多个。甲骨文的文字结构不仅由独体趋向合体，而且有了大批的形声字，是一种相当进步的文字；但多数字的笔画和部位还没有定型，属于早期阶段的汉字。

2. 金文

金文指古代铸刻在青铜器上的文字。古人称“铜”为“金”，因此将青铜器上的文字称作金文；又由于青铜器以钟和鼎最为常见，所以金文也叫钟鼎文；这些文字往往铭刻在钟鼎上，所以又叫铭文。从商周到秦汉时期都有金文，一般主要指西周（公元前11世纪—公元前8世纪）青铜器上的文字。

金文以青铜器为载体，采用铸刻的方式形成汉字，因此呈现出这样一些特点：金文的象形特点大大弱化，笔画肥大而圆转；字形接近长圆，字体结构较为匀称、整齐；异体字仍然很多，但比甲骨文大为减少。

金文是在甲骨文的基础上发展而来的，但限于材料和内容的限制，字数比甲骨文少。金文中的形声字明显多于甲骨文，是一种比甲骨文成熟得多的文字。

3. 篆书

篆书一般分为大篆和小篆两种。大篆指春秋战国时期秦国通行的文字，它是在金文得到极大发展的基础上演变出来的字体，笔势圆整，线条比金文均匀，没有明显的粗细不均，它奠定了方块字的基础。小篆指秦始皇统一中国（公元前221年）后整理、推行的标准字体，除了简化大篆的形体外，字体、字形已经高度统一，基本上都是长方形的方块字体，几乎没有了象形文字的痕迹。小篆通行的时间虽然比较短，不久就被隶书取代，但这种字体常常使用于郑重的场合，历代的印章基本上都使用小篆。

篆书已经用毛笔在竹简、丝帛上书写，因此显得笔画均匀、圆转，字体长圆，字形匀称整齐，偏旁位置基本固定。篆书实现了汉字历史上的第一次规范化，为汉字方块化打下了初步的基础。

4. 隶书

隶书是由简略的篆书逐渐发展而成的，分为秦隶和汉隶两种。秦隶是秦代运用的隶书，汉隶是汉代的通用字体。

隶书不同于篆书的地方主要有：笔画简化，并由圆笔改为直笔或方笔；字体由长方纵势改为扁平横势。隶书确立了汉字“横、竖、撇、捺、折”的基本笔画系统。传统上将这种由点画结构取代篆书线条结构的变化叫“隶变”。

隶书的出现是汉字由繁复变简单的一大发展，具有划时代的意义。它使汉字从象形演变为不再象形的符号化文字，这是古汉字演变为现代汉字的转折点。文字作为记录、传达语言的工具这一功能得到了进一步强化，在社会生活中发挥着更大的作用。

5. 楷书

楷书也叫真书、正书，“楷”有规矩、可做楷模的意思。它从隶书演变而来，兴起于汉代末期，魏晋南北朝时期已很通行，一直沿用至今，已有1700多年的历史了，是通行时间最长的标准字体。楷书笔画趋于平易，字体方正，便于书写，所以从唐代以后一直成为手写和印刷的主要字体。

现代汉字字体结构的书写规则分析是以楷书为基础的。

6. 草书和行书

上述五种字体都是一定历史阶段正式使用的字体，此外，还有草书和行书作为辅助性字体。**草书**兴起于东汉，本是草率的隶书。它的笔画、形体相连，不容易辨认。有的草书甚至成了纯粹的艺术品，并不追求实用价值。**行书**产生于东汉末年，是一种介于楷书和草书之间的字体，笔画连绵，字字独立。它比楷书书写快捷，比草书易于辨认，很有实用价值。

一种新的字体产生以后，并不意味着旧的字体很快就消失，而是新字体逐渐通行，旧字体常常出现于特定的使用领域。如现代汉字通常运用的是楷书和行书，但在一些特殊场合也有运用隶书、篆书、草书甚至金文、甲骨文的。至于书法艺术作品，则随作者所好，自由运用。

注意：我们阅读书籍、电脑打字时见到的宋体、仿宋体、楷体、黑体等，都属于楷书的印刷体（注意：楷书不等于楷体），是楷书在汉字印刷上的常用变体。每种字体还有不少变化形式。目前的印刷体中以宋体和楷体为常，其中最通行的是宋体。本书的正文即用宋体，独立占行的举例用楷体，比较重要的术语用黑体。如“教师是太阳底下最光辉的职业”这几个字的四种印刷体是：

教师是太阳底下最光辉的职业　　（宋体）

教师是太阳底下最光辉的职业　　（仿宋体）

教师是太阳底下最光辉的职业　　（楷体）

教师是太阳底下最光辉的职业　　（黑体）

需要特别说明的是：由于现代书籍基本上用宋体印刷，大部分教材也是如此，有人练习写汉字时便以宋体为本，这是不正确的，因为我们平时的手写体更接近楷体（属于楷书）和行书。其实，练习汉字书写的最好方式就是找一本自己比较喜欢的字帖去临写，在书写开始阶段最好有笔画拆分的练习指导。

（二）汉字形体演变的规律

总的来说，汉字形体演变过程大体呈现出以下几个规律：

1. 笔画线条化

汉字笔画的形成有一个历史过程。从甲骨文到篆书的古文字阶段，笔画逐渐形成直笔和圆转两种。隶变以后逐渐形成笔画匀称、线条统一的楷体字的笔画系统。

2. 字形符号化

早期的汉字造字方法，把字形和字义联系起来，以便于分析和理解汉字的读音和意义。每个组成部分都有其由来和理据，通过分析可以找出字形演变的来龙去脉，从而发现意义的根据。随着汉字的发展演变，这种见形知义的理据性逐渐改变。最大的一次字形系统的演变是从篆书到隶书的“隶变”，从根本上打破了古代汉字见形知义的理据性，这也使得汉字由繁变简。近现代汉字特别是经过简化的现代汉字，进一步改变了汉字的理据特征，这就使汉字系统彻底地符号化了。

3. 结构规范化

经过长期的发展演变，汉字形体逐渐由不规则变得整齐规范、大小一致、造型美观。这种规范是印刷术发明以来，在长期历史实践中逐步形成的。

思考与检测二

一、填空。

1. 现行汉字的构造单位有两级：一是__________，二是__________。其中，__________是构成汉字的最小单位。
2. 根据国家发布的若干规范字表所确定的基本笔画，汉字的基本笔画一般归纳为__________、__________、__________、__________、__________五种。
3. 汉字笔画的组合关系有__________、__________、__________。
4. 汉字整字有__________和合体字两种。其中合体字是由__________部件构成的字。
5. 在汉字形体演变的历史上，出现过__________、__________、__________、__________、__________、__________、__________等各具特点的字体。
6. 汉字字体演变的总趋势是__________________。

二、写出下列汉字的笔画数。

卧　使　极　适　魅　世　鼐　融　鸥　画　构　肃

三、按“横、竖、撇、点、折”的基本笔画，说出下列各字第一笔和最后一笔的名称（若是折，则指出具体笔形）。

快　张　侮　拖　拒　阵　帆　建　瓮　心　观　发

四、根据汉字部件切分的原则，切分出“曙”的部件层次。

五、根据下列偏旁的名称，各写出三个相应的汉字。

单人旁　双人旁　宝盖头　秃宝盖　建之旁　走之旁

单耳旁　左耳旁　右耳旁　心字底　竖心底　竖心旁

六、指出下列各个汉字的偏旁和部首，若是独体字（无偏旁）也请指出来。

陇　离　邓　状　背　建　专　传　殴　爽

七、请指出下列汉字中的独体字和合体字，并指出其中合体字的结构类型。

母　病　分　肃　东　瓦　滩　长　雨　磊　吏　重

八、具体说明下列汉字的笔顺。

将　必　帐　引　笼　舟　速　牧　四　忆　背　矩

九、汉字教学中，有的老师主张采取部件教学法，有的主张采取偏旁部首教学法。你觉得什么样的教学法更有利于汉字教学？为什么？

第三节　现代汉字的构造方式

汉字是由部件构造而成的，这种构造过程有一定的规则性，形成汉字的特定构造方式，即所谓的造字法。上一节说过，从结构上看汉字可以分为独体字和合体字两种类型，两者的构造方式大不相同。独体字是由笔画直接构成的字，它的字形具有整体性，不能从结构上分析；合体字则是由较小的结构单位组合而成的字，它的字形可以从结构上分析出一些组成成分。现代汉字系统中，绝大多数是合体字，独体字数量很少。现在使用的独体字大多来源于古代汉字，当然也有一些新产生的独体字，大都是由原来合体的繁体字简化而成，如“兰（蘭）、丰（豐）、乡（鄉）”等。

一、汉字的构造方式

古代学者把汉字的构造和使用方式归纳成六种类型，即象形、指事、会意、形声、转注、假借，总称六书。其中象形、指事、会意、形声这四类是造字法，转注、假借是用字法。①其实，六书（主要是前四书）是后人对汉字构造方式经过分析而归纳出来的系统。有了这个系统以后，人们再造新字时便以该系统为依据。汉字系统中，独体字大多是用象形、指事的方法构造出来的，而合体字是用会意、形声的方法构造出来的。下面先简单介绍一下象形和指事，然后重点介绍现代汉字系统仍在使用的两种构造方式——会意和形声，同时还说一下其他构字方式。

所谓**象形**，就是用简单的笔画把事物的轮廓或有代表性特征的部分勾勒、描画出来，以此来表示字义。“象”即模仿、模拟之义，“象形”即模仿某物之形体。用象形法造出来的字就是**象形字**。例如：

（人）　（月）　（牛）　（羊）　（虎）　（衣）　（木）

“人”象（即模仿）侧面的人形，指人；“月”象月亮残缺时的轮廓，虽然月亮有圆有缺，但以缺为常，且这样的形体可与“日”相区别；“牛”象牛头之形，牛角向上翘起，字形突出了这一特征；“羊”象羊头之形，羊角向下弯曲，字形突出了这一特征；“虎”象老虎之形，突出了这种猛兽的大口、长足和纹身这些特征；“衣”象衣有领、袖、襟之形，古人衣襟对开，这个字正像这种形态（“衣”本指上衣，后来泛指衣服）；“木”象有枝叶、茎干和根的一棵树。常见的象形字代表的基本上是人们生活中比较常见的事物，又如“日、水、火、山、云、气、马、犬、鱼、鸟、禾、竹、子、女、口、舌、足、耳、目、心、刀、弓、网、舟、门、田、井”等。由于汉字的多次演变，在现代汉字中，

---

① 所谓假借，指借用一个现成的、读音相同或者相近的字来记录语言中“本无其字”（即有音有义而无字）的词。如：“其”本义是簸箕，后借用为代词（簸箕义另造字“箕”）；“北”本义是二人相背，后借用为表示方位的“北”（二人相背义另造字“背”）；“我”本是一种武器的名称，后来借用为第一人称“我”（原义在交际中消失）。而关于转注的理解，历史上众说纷纭，这里不再赘述。

除了“田、网”等少数字还能看出原来象形之物的样子外，大多数象形字已经很难直接看出与所指物体之间的形象关联了。

所谓**指事**，就是用象征性符号或在象形字上加提示符号来表示字义。用指事法造出的字就是**指事字**。例如：

（上）　（下）　（身）　（亦）　（曰）　（立）

“上”，用向上的长弧线表示基准线，上边加一个短线，两个符号结合在一起，就表示上下之“上”这个抽象的概念；与“上”相反，“下”是表示基准的长弧线向下，下边加一短线；“身”，在象形字“人”上加一弧形符号，指出身体的躯干部分之所在，本义是身体的躯干部分；“亦”，在象形字“大”（正面人形）的两侧加两点，指明腋窝的所在，即今“腋”的古字；“曰”在象形字“口”上加一横画，表示话从口出，本义是说；“立”在象形字“大”下加一横，用以指明一个人站在地上不动之意。指事字比象形字少得多，又如“一、二、三、四、乎（本指乐声悠扬，余音不绝）、兮（本指乐声上扬）、刃、本、末、尺、匈（‘胸’的古字）、尤（‘疣’的古字）、甘、朱”等。现代汉字中的指事字基本上都是从古代的指事字演化而来的，有些字还能看出当初造字时的指事意图，有些字已经很难看出指事的意图了。

象形字和指事字都是独体字。前面讲过，在现代通用的汉字中，合体字的数量占到总字数的96%左右，独体字只占到4%左右。现代汉字中的独体字绝大多数来自于古代的象形字和指事字，但是这两种造字法在现代汉字系统中已经基本没有造字功能了。由此可见，现代汉字的构造方式以形声和会意为主。现代汉字系统中主要是形声字和会意字，其中又以形声字为主。据统计（李燕、康加深、魏励、张书岩《现代汉语形声字研究》，《语言文字应用》1992年第1期），在7000个通用汉字中，形声字有3975个，约占57%。这些形旁完全表义或基本表义的形声字中，声旁的表音情况有差异。其中，声旁与整字声韵全同（调可同可不同）的有2853个字，声母声调同（韵母不同）或韵母声调同（声母不同）的有436字，仅声母同或韵母同的有686字。下面就对会意和形声这两种造字法加以说明。

二、会意

所谓**会意**，就是用两个或两个以上的形体组合成一个新的意义。用会意法造出的字就是**会意字**。它通常由两个独体字充当偏旁合成一个字，也可由三个或三个以上的偏旁合成。这些偏旁之间存在某种意义关联，可以综合表达一个意思。例如：

北	步	矗	从	吠	公	寇	冠	寒	好
卉	及	集	棘	降	解	晶	君	看	利
美	苗	明	鸣	弄	囚	取	森	闪	社
涉	受	戍	束	双	死	突	歪	析	信
休	炎	杳	益	饮	斩	占	争	炙	坐

现代汉字中的会意字绝大部分都来自于古代汉字中的会意字，其中大多数是由两个意符构成的。例如：

尖：上小下大，指上端细小的部分。

吠：从犬从口，表示狗叫。

休：从人从木，像人倚靠在木上，表示休息。

雀：从隹从小，表示小鸟，特指麻雀。

涉：从水（氵）从步，表示两脚过河。

看：从手（楷体形体有变化）从目，像人用手遮着日光看东西。

秉：从禾从手（形体有变化），表示手里拿着禾，本义指拿、持。

北：两人相背，是违背的“背”的本字。

歪：不正为歪。

也有由多个意符构成的会意字。例如：

碧：从王（即玉）从石从白，指青绿色的玉石。

冠：从冖（像帽子）从元（人头）从寸（指手），像手拿着帽子戴在人头上，本义指帽子。

寇：从攴从宀从元，像手持武器入室打人。本义是侵犯、劫掠，引申为盗匪、入侵者。

由相同部件构成的字一般都是会意字。例如：

从：从二人，表示跟随、跟从。

林：从二木，表示树木丛生。

棘：从二束，本指酸枣树，引申为多刺的灌木。

森：从三木，表示树木众多。

晶：从三日，形容明亮。

矗：从三直，表示直立，高耸。

其他的如“炎、卉、众、鑫、淼、磊、垚（yáo）、焱（yàn）、燚（yì）、毳（cuì）、猋（biāo）、骉（biāo）、赑（bì）”和“棗（简化作‘枣’）、聶（简化作‘聂’）、轟（简化作‘轰’）、掱（简化作‘扒’）、犇（bēn，‘奔’的异体字）、姦（jiān，‘奸’的异体字）、羴（shān，‘膻’的异体字）、鱻（xiān，‘鲜’的异体字）、麤（cū，‘粗’的异体字）”等。

会意字是合体字。由于会意字没有表音成分，因此作为记录语言的符号就有很大的局限性。古代的会意字演变为现代汉字后，有些字还能看出当初的会意意图，如“日月”为“明”，“鸟口”为“鸣”，“步水（氵）”为“涉”，双“人”为“从”，双“木”成“林”，三“木”成“森”。有些字已经不能看出当初的会意意图了，如：“件”从人从牛，表示人分解牛为部分，本义为分解、分割；“奴”从女从又（手），表示操持家务的奴隶，本义为奴隶。过去的会意字，有些简化成了形声字，如“郵→邮、竄→窜”；有些简化得既不像形声也难称会意，如“聶→聂、棗→枣”；有些简化成了独体字，如“東→东”，无法会意了。

现代汉字也用会意法构造了一些新字，如：“不用”为“甭”（béng），“不好”为“孬”（nāo），“入水”为“氽”（cuān），“三个”为“仨”（sā）。大多数新造的会意字来自于繁体字的新造简化字（括号内为繁体字）。例如：

尘（塵）：从小从土，指小的土粒，表示尘埃。

笔（筆）：从竹从毛，竹表示笔杆（毛笔笔杆用竹制成），毛表示笔毛。

泪（淚）：从目从水，水从目出，目中水是泪。

宝（寶）：从宀从玉，屋子里有玉，表示宝贵之物。

灭（滅）：从一从火，火被东西压住，表示熄灭。

灶（竈）：从火从土，表示用砖、坯等制成的生活做饭的设备。

体（體）：从人从本，表示身体。

双（雙）：从二又（手），表示两个。

众（衆）：从三人，表示人多。

会意字中绝大多数都属于常用字。会意字以及下面马上要讲到的形声字的形旁，鲜明地折射出汉字的表意性质。学习会意字及形声字的形旁，应该有意识地利用组成各个字的偏旁来推断字的意思，这是培养和发展“望字知义”的能力的重要途径。当然，也要避免机械的“望字生义”，因为毕竟绝大多数汉字的意思并不等同于几个偏旁或部件意思的简单相加，更不等于某个偏旁的意思。再考虑到字义发生的演变，现代汉字的意思跟形旁所表示的意思可能就相差更远了。

三、形声

象形、指事、会意尽管在构字方法上有些不同，但是归根结底都离不开象形和符号，不但在字形上看不出读音，而且造字的能力也相当有限。形声造字法则不同，它不但有形符，还有联系字音的声符，同时，由于形声造字法规律性强，因而具有很强的能产性。

所谓**形声**，就是由表示意义类属的形旁和表示读音的声旁两部分组成。形旁也叫形符、意符（义符），声旁也叫声符、音符。用形声法造出的字就叫**形声字**。例如：表示一种收藏衣物的方形器具的xiāng，用一个象形字“竹（⺮）”来做它的意符（“箱”最初是用竹子做成的），再用一个会意字“相”来做它的声符，就造出了一个“箱”字。

由于形声字以音义兼顾的原则来造字，突破了汉字单纯表意的体制，使字的结构成分兼有表意、表音的因素，增强了汉字的表达能力和造字能力，因此，形声法可以成系列地造出新字。同一个形旁加上不同的声旁，就可以造出意义相关的一系列形声字，如用形旁“山”构造的形声字有“岭、峰、屿、峻、峙、峡、峪、岩、岗、崖、崩、崇、岛、岚、岸、岱、峦”等上百个。同一个声旁加上不同的形旁，就可以造出读音相关的一系列形声字，如用声旁“由”构成的形声字有“油、邮、柚、釉、铀、鼬、袖、抽、宙、轴、笛、迪”等。由此可见，形声造字法十分方便、快捷，造出来的字也便于识记。

在汉字的发展过程中，自形声造字法产生以后，形声字在汉字总数中的比例逐渐提高。古代汉字中的很多形声字一直沿用到现代汉字中。跟古代汉字相比，现代汉字更多地依靠形声造字法构造新字，如新造的简化字“窜（竄）、惊（驚）、响（響）、护（護）、丛（叢）”等。形声字使汉字体系得到了进一步的发展和完善，使汉字的系统性更加突出。形声字的大量增加，成为汉字发展的主流。

形声字的形旁大部分来源于象形字，如“跳、眺、挑、佻、祧”的形旁“足、目、手（扌）、人（亻）、示（礻）”。声旁的来源则是象形字、指事字、会意字、形声字都有，如“痒、沫、吸、湖”的声旁“羊、末、及、胡”分别为象形字、指事字、会意字、形声字。

由于形声字由表示字义类别的形旁和表示字音的声旁两部分构成，下面便主要谈谈现代汉字中形旁和声旁的关系问题。

（一）形声字的结构类型

从形声字形旁和声旁的结构位置来看，汉字形旁和声旁的组合类型主要有下面六种：

① 左形右声：江　村　绿　祖　漂　提　伍　城　例

② 右形左声：够　期　和　飘　放　视　勃　救　剑

③ 上形下声：空　岗　茵　霖　宵　花　笠　窥　霜

④ 下形上声：基　装　驾　盲　鲨　膏　婆　摩　翡

⑤ 外形内声：闸　阁　固　圆　圃　匡　匣　裹　衷

⑥ 内形外声：问　闷　闻　辩　辫　辨　瓣

其中，左形右声最为常见，内形外声最少。除了这六种基本结构形式外，还有形旁或声旁偏居一角的特殊形式。例如：

⑦ 声占一角：房（从户方声）　病（从疒丙声）

近（从辶斤声）　魅（从鬼未声）

⑧ 形占一角：颖（从禾顷声）　修（从彡攸声）

疆（从土彊声）　荆（从艹刑声）

由这种特殊形式构成的汉字数量较少。说明：“房，从户方声”指这个形声字以“户”为形旁（从户），以“方”为声旁（方声）。余例类推。有的形声字古今形体有变化，如“辶”，本为“辵（chuò）”，表示与行走有关。

有时形旁和声旁相同但位置关系不同，从而构成不同的形声字。例如：

叨—召	含—吟	晖—晕	枷—架
裸—裹	帕—帛	纹—紊	愉—愈

（二）形旁和声旁的作用

形声字的形旁和声旁分别跟字的意义和声音相关联，这实际上体现了汉字的理据性。

1. 形旁的作用

形旁的主要作用是表示字的意义类属，帮助了解和区别字的意义。如用“氵”（即水）做形旁的字，其本来的意义一般都同水或液体有关联，现在的引申意义也大体能够通过形旁了解其类属。例如：

①河	湖	沟	潮	泥	汗	沼	汁	油	浪	洪
②沐	浮	泛	注	泡	浇	涌	淋	淹	泳	洵
③清	浑	浓	淡	洁	浅	浩	瀚	渺	渴	混

对同一声旁的字，可以通过形旁的差异来了解它们不同的意义类属。如“浪、狼、朗、琅、稂”，可以通过它们的形旁知道它们的本义分别跟水、动物、月亮、玉石、禾苗相关联。

即便有的字读音发生了变化，我们仍能通过形旁了解字义。例如“江”，在现代汉字中虽然“工”的表音作用在普通话中已经不存在了，但“氵”的表意作用仍然存在。

当然，这里讲的意义类属，大多是从造字时的字义来理解的，有很多字的意义已经发生了变化，而且形旁所表示的意义都相当笼统和粗疏。即便如此，现在很多形声字仍然可以从字形上推断它的意义类属。这样，如果对形旁的本来意义及其形体演变有所了解，就有利于我们辨析现代汉字的字义，减少和纠正错别字。

2. 声旁的作用

声旁的主要作用是表示字的读音。据统计，现代通用汉字中，大约有四分之一形声字的声旁和整个字的读音完全相同（即声韵调都一致），如“码、倾、廊、围”。这样有效利用声符的表音性，可以帮助我们成系列地认读汉字，培养、提高念字的能力。例如：以“代、段、奂、皇、阑、历、厉、廉、农、容、式、斯、唐、亭、希、析、庸”等做声旁构成的字都跟声旁完全同音，由“段（duàn）”做声旁构成的同音字有“锻、缎、椴、煅、塅、瑖、碫”等，由“皇（huáng）”做声旁构成的同音字有“凰、惶、湟、徨、煌、蝗、遑”等。

虽然有些字声旁的读音和整个字的读音不完全相同，但在读音上还是有较高的相关性，也可以帮助我们成系列地识记汉字，避免写错别字。例如：以“叚（jiǎ）”做声旁的字韵母都是ia，如“假（jiǎ，jià）、葭（jiā）、霞（xiá）、暇（xiá）、瑕（xiá）、遐（xiá）”。我们还可以借此来区别形近字。例如：以“仑（lún）”做声旁的字声韵母相同，只是声调不同，如“抡（lūn）、伦（lún）、囵（lún）、沦（lún）、纶（lún）、轮（lún）、论（lùn，lún）”；以“仓（cāng）”做声旁的字韵母一般有ang，如“苍（cāng）、舱（cāng）、伧（cāng）、沧（cāng）、疮（chuāng）、枪（qiāng）、抢（qiǎng）”[①]，这样，就很容易辨别“伦—伧、抡—抢、沦—沧”了。

这样，在学习普通话时可以利用声旁类推法记住一组普通话字音。例如：对于n、l不分的人来说，如果记住了“尼（ní）”的声母是n，就可以记住以“尼”为声旁的字“泥、怩、呢、妮、旎”的声母了；同样，对于n、ng不分的人来说，如果记住了“门（mén）”的韵尾是n，就可以记住以“门”为声旁的字“们、闷、扪、焖，闵、闽、悯，闻、问”的韵尾了。这种类推虽然会遇到一些例外，但总的规律还是一致的。

有的形声字的声旁除了具有表音作用外，还兼有表意的功能，即跟整个字的意思有一定关联。如“婚”，形旁是“女”，指嫁娶女子；声旁是“昏”，兼有嫁娶女子的时间在昏（黄昏）时的意思。“娶、姓、功、瞑、返、贫、汲、茁”等字的声旁都与字义相关。这些字具有形声兼会意的特点。

（三）形声字常见形旁及其所表字义的类属

既然形声字的形旁通常能够起到表示字义类属的作用，我们在汉字教学中最好对常见的形旁及其所表示的字义类属有所了解。由于汉字的形旁常常充当部

① “纶”又音guān，基本只用于“纶巾”；“抢”又音qiāng，基本只用于“呼天抢地”。

首，所以这里就结合汉字的部首来说明。下面将比较常见的充当汉字部首的形旁按所表示的意思（主要是本义）做一个粗略的归纳，对其中意思比较隐晦的形旁做些说明并略举几例。

1. 与人或人的身体器官相关的

表人或躯体及相关现象的：人（亻）、儿、子、女、母、大、尸$_1$（本指人的躯体，如“居、屠、尿、屁”）、身、月$_1$（本指肉，如“肝、胆、肌”）、骨、士、力、疒、歹。

表人体器官及相关动作的：口、讠（言）、欠（本指打哈欠，张口出气，如“歌、欢、欣”）、耳、目、见、舌、自（本指鼻，如“息、臭、首”）、鼻、齿、页（本指额，与脸、头等有关，如“颜、须、颠”）、音、心（忄、⺗，如“怕、懂”和“恭、慕”）、髟（跟毛发等有关，如“鬓、髯”）。

专表上肢及其动作的：手（扌）、爪、又（本指右手，如“友、支、受”）、寸（跟手有关，如“付、寻、射”）、廾（本指两手捧物，如“弄、戒、弃”）、攴（本指手持木杖以击物，击打义，如“敲、寇”）、攵（同“攴”，如“攻、收、牧”）、殳（本指手持兵器，击打义，如“殴、毁、毅”）。

专表下肢及其动作的：止（本指人脚，如“趾、步”）、彳（多指行走，如“往、循、径”）、辶（本指走路，如“迈、近、运”）、廴（本指走长路，如“延”）、足（⻊）、走、立、卩（㔾）（跟人的腿部动作有关，如“却、即、卷”）。

2. 与人生存、生活有关的

表居住、宫室的：广、宀、穴、门、户、尸$_2$（指房屋，如“屋、层”）、厂$_1$（“广”的变体，指高敞棚屋，如“厅、厩、厦”）。

表村邑、农田的：阝$_1$（在右为“邑”的变体，指村邑，如“都、郡”）、田。

表衣饰、食物的：纟（糸）、系、衣（衤）、巾、冖（指蒙覆，如“冠、冤、幂”）、革、米、饣、食。

表工具、武器的：车、舟、罒（“网”的变体，如“罗、罩、罪”）、耒、刀、刂、斤、干（本指狩猎工具）、戈、矛、弓、矢。

表器皿的：皿、酉（跟酒或酒器等有关）、瓦、缶。

表财宝的：钅（金）、王（指玉）、贝。

3. 与自然界、鬼神相关的

表动物的：马、牛、羊、犬、犭、豕、豸、鹿、鸟、隹、龙、鱼、虫、龟、鼠、羽、毛、角、皮、韦（指动物的皮，如“韧”）。

表植物的：艹、木、竹（⺮）、禾。

表天象的：日、月$_2$（指月亮，如“期、望、朝”）、风、雨、气、夕（跟月亮、夜晚有关，如“汐、夙、梦”）。

表地理的：山、土、石、厂$_2$（跟山石相关，如“原、厚”）、阝$_2$（在左为“阜”的变体，指山石等，如“阻、陇、隘”）。

表水火的：水、氵、冫（本指冰，如“冷、冻、冽”）、火、灬（“火”的变体，如“煮、热、煎”）。

表鬼神的：示（礻）、鬼、巫。

有的形旁的意思跟多个类别相关，我们只是大体上归入某一类，如“金（钅）”既与地理中的矿物有关，也与财宝有关，若从本源上来说，无论是财宝还是矿物，都与金属相关。由于汉字形体演变，有的在古代属于不同的形旁而现在已经从字形上不能区别了，如：“月”既表示肉的意思，也表示月亮的意思；“阝”在左边与山石相关，在右边与村邑相关。有的形旁已经不容易看出原来的意思了，如“灬”表示火。另外，由于简化归并的原因，不少形旁的意思已经不好辨别了，如“又”本指右手或手的动作，可是“鸡、对、邓、凤、观、汉、权、难、戏、树”中的“又”则是从其他不同偏旁（在繁体字中大多做声旁）简化而来的，成为一个记号了。

（四）形旁和声旁的局限性

有人说，汉字中形声字占90%以上，其实这是从汉字字源的分析中得出的结论。事实上，从现代汉字着眼，形声字并没有这么多。一个字是不是形声字，常常是从造字的角度来看的，如果从后代用字来看，有时形声字的形声特点就不明显了。如“特”，本来是从牛寺声，指公牛，现在读tè，表示特殊、不同于一般，形旁不能表示字义、声旁不能表示字音了。由此可见，形声字形旁的表意功能和声旁的表音功能都有局限性。越是常用的字，这种局限性越突出。

1. 形旁表意的局限

形旁的表意功能具有很大的局限性。实际上，现代汉字系统中只有极少数形声字跟形旁同义，如“爸、船”，绝大多数形旁跟字义只是有一些联系，起到一个提示的作用，而且在不同的字中、在不同的时期，这种联系、提示的程度是有很大差异的。

首先，由于社会的发展、客观事物的变化，以及词义的引申，有些形旁的表意特征在现代汉字系统中已不明显了。例如“财、货、资、贿、贡”等字从“贝”，因为古代以贝壳为货币，后来货币的形式发生了变化，这些字中形旁的表意作用就不明显了。同样的如“镜”从“钅（金）”，因为古代的镜子是用青铜做的，而现在都改用玻璃制作了，这样它的形旁就失去了表意作用。又如“深”从“氵（水）”，本义指水的深浅的深（“如临深渊”），后来引申出时空距离大（“深夜”“深谷”），进一步引申为深入、深刻、深奥以及感情浓（“深情”）、颜色重（“深色”），甚至引申出表示程度的“很”义（“深信不疑”），这样，形旁的表意作用就越来越弱了。

其次，由于字形演变，有的形旁已经不好辨认了，其所示之意自然也就不好理解了。如“页”本是象形字，本义是头，所以“颜（眉目之间）、颠（头顶）、题（额头）、领（脖子）、项（脖子的后部）、颗（小头）、颁（大头）、颇（头偏）、硕（头大）、顿（叩头）”都从“页”，可是字形变化后就不好理解“页”的意思了。像“辨、煎、恭”的形旁，不做溯源分析，也是无法辨识的。

另外，由于文字假借，被假借字的形旁就完全失去了表意作用。如花草的“花”从“艹”，表意作用突出；但假借为花费的“花”后，就跟“艹”旁失去了联系。

需要特别说明的是，局限不等于缺点。我们这里说形旁表意有局限性，只是就具体的字形而言，并不意味着这种表意策略是落后的。恰恰相反，由于形旁主要是对字义的类属及相关功能起提示作用，这就使具有相同形旁的字可以成批地出现，通过不同声旁起区别作用。这种高度的能产性大大拓展了汉字交际的空间，而且也给字义引申带来了很大的方便。

2. 声旁表声的局限

声旁的表音功能也有很大的局限性，大约有四分之三的形声字，声旁跟整个字的读音不完全相同。有的声韵完全相同而声调不同，如“高—稿、己—记、方—房访放”；有的声母相同而韵母不同，两者成了双声关系，如“旬—绚、者—诸煮箸”；有的韵母相同而声母不同，两者成了叠韵关系，如“见—现、甫—捕、隹—堆崔谁推唯”；甚至有的形声字与其声符读音完全不同，如“己—妃、它—蛇、隶—逮、兑—说脱悦阅、出—咄屈拙茁”。为什么会出现这样的情况呢？

首先，在造字的时候就没有要求声旁跟字的读音完全一致，两者的读音相同固然很好，相近的情况也存在。声旁实际只是字音的提示符号。

其次，由于古今语音的演变，古代一些声音相同或相近的音到现代已经不再相同或相近了；再加上方言的差异，更增加了形声字与其声符之间语音关系的复杂性。

再次，汉字形体经过演变，有些声旁的形体不好辨认和理解。“布”本来是从巾父声，“在”本来是从土才声，“巡”本来是从辵（chuò）川声，现在声旁经过讹变已经不能识别了。另外，有些声旁现在已经不能独立成字了，这样就不知道它的读音了，例如“逆—屰（nì）、温—昷（wēn）、栽—𢦏（zāi）、纠—丩（jiū）、剖—咅（pǒu）”。

我们在汉字教学中，必须充分认识到汉字声旁和形旁的这种局限性。当然，从另一方面来看，汉字的形旁和声旁在表意表音方面虽然有一定的局限性，但仍有不少聚合成类的规律性，如同形旁的语义关联度比较高，同声旁的语音关联度比较高，这正是形义理据性的体现。这样，就识字教学方面而言，应当尽量巧妙地利用汉字自身所具备的意义和读音方面的理据因素，帮助学生更好地理解汉字，了解字形与字音、字义之间的关系，系统地掌握汉字。

四、包含记号的汉字构造方式

上面介绍的四种造字方式，无论是象形、指事这两种现代汉字不再使用的造字法，还是会意、形声这两种现代汉字的基本造字法，都是在说明汉字的理据（即“字理”），即根据其组成部件与整字的意义或声音的关系所做的理据性分析。然而，随着汉字系统的发展，有的本来有理据的部件在现代汉字系统中逐渐失去了理据而变成了纯粹的记号；有的部件在汉字的整理和使用过程中被简化、变形为纯粹的记号，与整字的声音和意义失去了关联。与记号有关的造字方式有四种类型，其中以来自形声字的半意符半记号字为主。下面各举几例说明。

（一）半意符半记号字

布：从巾父声。声符“父”变为“ナ”，成了记号。

急：从心及声。声符“及”变为“刍”，成了记号。

鸡：繁体字“鷄”，从鳥奚声。简化字中将“奚”变为“又”，成了记号。

邓：繁体字“鄧”，从阝登声。简化字中将“登”变为“又”，成了记号。

轰：繁体字“轟”，是会意字。简化字中将下部变为“双”，成了记号。

（二）半声符半记号字

历：对应两个繁体字“歷、曆”，简化后合并，“力”是声符，“厂”是记号。

胜：繁体字“勝”，从力朕声，胜任义。简化字中“生”是声符，“月”成了记号。

（三）独体记号字

史：本为会意字𠀬，指记事者，形体变化后整字成了记号。

乐：繁体字“樂”，草书楷化后，简化字的整字成了记号。

（四）合体记号字

总：繁体字“總”，简化后，“丷、口、心”都是记号。

特：从牛寺声，本义是公牛。后借用作副词，“牛、寺”都成了记号。

思考与检测三

一、填空。

1. 古代的“六书”指的是：________、________、________、________、________、________。

2. 形声字的结构中，表示意义类属的是________，表示读音的是________。

二、形声跟会意的区别是什么？

三、指出下列汉字哪些是形声字，哪些是会意字。

斧　渠　伐　劣　囚　欺　简　武　闺　引

四、指出下列形声字的结构类型。

庭　辫　芜　匪　束　冻　裘　逃　闷　修

五、下列各字都是声旁相同而形旁不同的字，指出它们的字义跟形旁的联系。

1. 零龄领玲岭铃　2. 苍舱创疮　3. 贷袋岱黛　4. 蚊纹汶玟

六、下列各字都是形旁相同而声旁不同的字，指出它们的字音跟声旁的联系。

1. 铁钉　2. 填坑　3. 团圆　4. 幕布

七、下列古文字各是用什么造字法造的？从现代汉字来看，哪些字还能体现原来的造字法？

（向）

（女）

（酒）

（门）

（中）

（从）

（裘）

（既）

（明）

八、在汉字演变过程中，很多字的声符或意符变成了记号，有人说这是汉字由理据性向任意性发展的标志。你怎么看？

第四节 汉字的整理和使用

现代汉字的规范化、标准化主要包括字量、字形、字音、字序这四个方面。要实现汉字在这四个方面的规范化、标准化，就要做到“四定”：定量、定形、定音、定序。为此，20世纪50年代以来中国政府发布了一系列关于汉字规范化、标准化的文件，其主要成果体现在一系列汉字字表中。“规范汉字”是指经过系统整理、由国家发布、通行于中国（港、澳、台地区除外）现代社会一般应用领域的标准汉字。《通用规范汉字表》（2013）是在整合《第一批异体字整理表》（1955）、《简化字总表》（1964年公布，1986年微调后重新发布）、《现代汉字常用字表》（1988）、《现代汉语通用字表》（1988）等成果的基础上，面向现代社会应用领域而制定的规范字表，共收字8105个，分为三级：一级字表共收3500字，二级字表共收3000字，三级字表共收1605字。另外，中华人民共和国教育部、国家语言文字工作委员会2010年发布的《汉语国际教育用音节汉字词汇等级划分》（GF 0015—2010）共收用于汉语国际教育的现代汉语常用字3000个，共分三级及一个附录：一级（初级，也叫普及化等级）汉字900个，二级（中级）汉字900个，三级（高级）汉字900个，三级附录汉字300个。这是专门领域的汉字规范字表。

这里从汉字教学的角度介绍一些跟规范汉字相关的汉字整理和使用方面的知识。作为一种重要的交际工具，汉字系统中存在着一些不利于有效交际的因素，因此需要进行整理，从而为用字规范服务。汉字的整理主要包括简化笔画、精简字数、减少异读等方面的内容。汉字使用的规范包括用字规范和写字规范两个方面：用字方面要掌握标准简化字，不写已经淘汰的异体字，正确读出常用汉字的读音；写字方面要纠正错别字。

一、汉字的简化

目前，中国大陆使用的是简化字，中国台湾、香港、澳门使用的是繁体字；海外有的地方使用简化字，有的地方使用繁体字；古籍中使用的是繁体字。这样，就有必要了解繁体字和简化字之间的关系。

汉字发展过程中有简化现象也有繁化现象，但总的趋势是简化。当然，这不是说汉字发展表现为无休止的简化，也不是越简越好。简化是为了认读和书写的简易，但是过于简化就不容易更好地体现字与字之间的区别，反而影响认读。所以为了保留字形之间必要的区别，就不能无限制、无规则地简化。这就是说，简化也有一个适度的问题。从1964年发布《简化字总表》至今已有50多年了

（1986年重新发布时有微调），今后汉字的形体需要保持相对稳定。《通用规范汉字表》吸收了《简化字总表》的成果。

（一）繁体字和简化字①

繁体字是简化字的对称，指的是原来笔画较多、汉字简化以后已由简化字代替的字。**简化字**是繁体字的对称，指的是笔画较少、汉字简化以后代替原来繁体字的字。例如：

簡—简	漢—汉	語—语	對—对	電—电
鄧—邓	燈—灯	邊—边	書—书	聲—声
龍—龙	頭—头	體—体	選—选	飛—飞

我们现在所说的简化字只是指《简化字总表》中规定的简化字，繁体字就是跟这些简化字相对应的繁体字，并不是说古代的字都是繁体字，现在用的字都是简化字。有很多字在《简化字总表》发布前后都没有简化，如“一、十、人、刀、寸、天、化、古、平、成、攻、忘、苗、述、品、夏、隆、街、照、裹”等，这时也就无所谓繁简了。只不过有时为了方便而采取比较笼统的称说方式，如说“中国大陆使用简化字，港澳台地区使用繁体字”。

（二）汉字简化的方法

汉字简化大多采取约定俗成的原则，即采用当时已经在交际中广泛使用的笔画较少的字，只有少数是新造的。简化的主要方法有：

1. 局部删除

把繁体字中的某些部件省略，只留下一部分代表性部件。例如：

開→开	奮→奋	醫→医	慮→虑	習→习

① 繁体字是在推行简化字之后才有的说法，是与简化字相对而言的，以前没有“繁体字”之说，而叫“正体字”。正体字，广义上是指人类在特定时代及范围内使用的符合标准或规范的文字，字形（结构和笔画）符合规范的字体，多用于指标准汉字。就这个意义来说，规范的简化字也是正体字。目前中国大陆已经不用“正体字”这一说法，而台湾地区还保留“正体字”这种说法，用来指称“繁体字”。另外，正体字也与异体字（一个汉字的多种写法）相对，是在多种写法中选择出来的一个“正规的字体”。

號→号　　虧→亏　　懇→恳　　聲→声　　復、複→复

其中，有不少简化字是恢复古代的本字，如“从（從）、云（雲）、电（電）、气（氣）、须（鬚）”等，括号外的字在甲骨文中就已经存在了，括号里的繁体字是后来繁化的结果。有的古字在繁化过程中不完全是添加偏旁而来，因此所恢复的古字就不完全是繁体字删除偏旁的结果，如“礼（禮）、尔（爾）”。

2. 改换偏旁

将繁体字中比较复杂的偏旁（尤其是声符）改换成笔画更少的偏旁。例如：

燈→灯　　潔→洁　　億→亿　　鐵→铁　　糧→粮

礎→础　　優→优　　劇→剧　　態→态　　這→这

3. 符号替代

用一个笔画简单的符号去替换繁体字中比较繁难的部件。替代所用的符号一般只起记号作用。例如：

鄧→邓　　對→对　　鳳→凤　　觀→观　　漢→汉

岡→冈　　趙→赵　　層→层　　動→动　　邊→边

4.保留轮廓

仅保留繁体字的轮廓特征，简化内部笔画。例如：

馬→马　　鳥→鸟　　烏→乌　　龜→龟　　肅→肃

壽→寿　　韋→韦　　齊→齐　　愛→爱　　貝→贝

5. 草书楷化

在某些繁体字的草书形式基础上改写成楷书的写法。例如：

長→长　　東→东　　龍→龙　　農→农　　興→兴

書→书　　為→为　　專→专　　樂→乐　　堯→尧

6. 兼并代替

在同时并用的几个字当中，选用一个形体简单的字去代替形体繁难的字，其中大多数是同音兼并，也有近音兼并和异音兼并的情况。

同音兼并，如：

才/纔→才　　后/後→后　　丑/醜→丑　　松/鬆→松

非同音兼并，如：

广（ān）/廣(guǎng)→广　　别（bié）/彆（biè）→别

几（jī）/幾(jǐ)→几　　叶（xié）/葉（yè）→叶

这种简化方式很容易造成繁简转换的错位，后面将做专门说明。

7. 另造新字

根据现代汉字系统的音义特点重新构造一个形声字或会意字。例如：

關→关　　塵→尘　　陰→阴　　陽→阳　　護→护

態→态　　筆→笔　　義→义　　滅→灭　　叢→丛

8. 类推简化

合体字的同形偏旁全部按同一方式简化。例如：

言→讠：認識詞語議論訪談評記→认识词语议论访谈评记

金→钅：錢銀銅針鋼釬鈔鈎鈴鋌→钱银铜针钢钎钞钩铃铤

侖→仑：倫論輪掄綸淪圇→伦论轮抡纶沦囵

當→当：檔擋襠鐺璫→档挡裆铛珰

这样的偏旁简化现象在简化字中很普遍，又如“龍→龙、貝→贝、糸（糹）→纟、長→长、倉→仓”等。这种简化方式可以使一些繁体字和简化字之间有系列性的对应关系，因此可以成批简化。这是最为有效的简化方法。当然，类推简化的基础往往是基于上面某种方式简化后，再进行类推的。

另外，有些字同时采取几种简化方法，如“鹼”简化为“硷”（jiǎn），既改换了意符，又简化了声符。

采取省略、兼并尤其是楷化的简化方法，有时将一些合体的繁体字变成了独体的简化字，如“电（電）、开（開）、乡（鄉）、丰（豐）、击（擊）、发

（髮發）、乐（樂）、卫（衛）、厂（廠）、万（萬）、丑（醜）、才（纔）、兰（蘭）、农（農）”等。其他简化方法形成的字基本上是合体字。

经过简化，汉字的笔画数大大减少。1986年重新发布的《简化字总表》收录的2235[①]个简化字，平均每字10.3画，被代替的2261个繁体字，平均每字16画，平均每字减少5.7画。汉字简化后减少了通用汉字的字数。除了同音代替减少了字数外，两个繁体字共用一个简化字也减少了字数，如“彙、匯”合并为“汇”，“髒、臟”合并为“脏”，这样共减少了102个繁体字。一些繁难的繁体字简化后更便于识别、记忆，如“龟、乱、郁、灶、尔”远比繁体字“龜、亂、鬱、竈、爾”清晰好记。有些字简化后表音更准确，如“态（態）、证（證）”；有些字简化后表意更明确，如“泪（淚）、体（體）、尘（塵）”；有些字简化后部件更便于分解和称说，如“灭（滅）、庆（慶）”。当然，简化字也存在一些不足，但优点还是主要的。而且，优点和局限必须放到整个汉字系统和使用情况中来看，而不能简单地就单个字的繁简来看。

（三）掌握繁体字和简化字的对应关系

繁体字和简化字之间大多是一一对应的关系，但也存在一些比较复杂的对应关系，这在繁体字和简化字相互转换过程中显得尤为突出。

1. 兼并法简化过程中的繁简对应

采取兼并法（或者说代替法）进行汉字简化，必然会造成这样的情况：只有被兼并的字才有繁简之别，用来兼并他字的字根本没有发生形体上的变化。常见的是同音兼并，例如：

才：①【纔】副词：～来。
　　②【才】名词：～能、英～。
丑：①【醜】丑恶：～陋、出～。
　　②【丑】其他义项：～角、子～寅卯。
后：①【後】其他义项：前～、～门、～代。
　　②【后】君主的妻子：皇～。

① 《简化字总表》（1986）收录的2235个简化字，不含附录中39个习惯看作简化字的规范汉字。

里：①【裏】跟“外、表”相对或表处所：～边、这～。

　　②【里】其他义项：邻～、公～。

各例中表示第二个义项的字比表示第一个义项的字形体简单，兼并后选择形体简单的字。这样，只有在第一个义项上才有繁简之别，在第二个义项上形体没变。这种类型的字有50组左右，其他的如（斜线前面的字是用来兼并的字）：

板/闆	表/錶	出/齣	党/黨	淀/澱	冬/鼕
范/範	丰/豐	谷/穀	刮/颳	合/閤	胡/鬍
回/迴	伙/夥	家/傢	姜/薑	借/藉	克/剋
夸/誇	困/睏	漓/灕	蓠/蘺	帘/簾	霉/黴
面/麵	蔑/衊	千/韆	秋/鞦	沈/瀋	松/鬆
涂/塗	咸/鹹	向/嚮	余/餘	郁/鬱	御/禦
愿/願	云/雲	芸/蕓	沄/澐	征/徵	致/緻
制/製	朱/硃	筑/築	准/準		

还有一些近音兼并的情况（声、韵至少有一个方面相同，有时简化字或繁体字之间在读音上存在一对多的关系），有30组左右。例如：

辟（bì，pì）/闢（pì）
卜（bǔ）/蔔（bo）
种（chóng）/種（zhǒng，zhòng）
担（dǎn）/擔（dān，dàn）
划（huá）/劃（huá，huà）
价（jiè）/價（jià，jie）
卷（juàn）/捲（juǎn）
了（le，liǎo）/瞭（liào）
么（ma）/麼（me）
仆（pū）/僕（pú）
折（shé，zhē，zhé）/摺（zhé）
叶（xié）/葉（yè）
旋（xuán，xuàn）/鏇（xuàn）
与（yǔ）/與（yú，yǔ，yù）
术（zhú）/術（shù）
别（bié）/彆（biè）
冲（chōng）/衝（chōng，chòng）
仇（chóu，qiú）/讎（chóu）
斗（dǒu）/鬥（dòu）
几（jī）/幾（jī，jǐ）
据（jū）/據（jù）
蜡（zhà）/蠟（là）
累（lěi，lèi）/纍（léi，lěi）
朴（piáo，pō，pò）/樸（pǔ）
曲（qū，qǔ）/麯（qū）
舍（shè）/捨（shě）
吁（xū，yū）/籲（yù）
佣（yōng，yòng）/傭（yōng）
症（zhèng）/癥（zhēng）

干（gān）/乾（gān）、幹（gàn）

系（xì）/係（xì）、繫（jì，xì）

蒙（mēng，méng，měng）/矇（mēng，méng）、濛（méng）、懞（méng）

台（tāi，tái）/臺（tái）、檯（tái）、颱（tái）

另有极少数异音兼并的情况（声、韵、调完全不同），用一个罕用但笔画较少的字去兼并一个常用但笔画较多的字，读音仍取繁体字的字音。例如：

厂（ān）/廠（chǎng）

广（ān）/廣（guǎng）

虫（huǐ）/蟲（chóng）

柜（jǔ）/櫃（guì）

适（kuò）/適（shì）

万（mò）/萬（wàn）

宁[①]（zhù）/寧（níng，nìng）

腊（xī）/臘（là）

2. 一简对多繁现象

汉字简化时，还有一种特殊情况，就是用一个新造的简化字代替两个同音的繁体字，这样，原来不同的繁体字在意义上的区别就看不出来了。例如：

发：① fà【髮】：头～。

② fā【發】：～展、一～子弹。

获：① huò【穫】：收～。

② huò【獲】：～得、捕～、猎～。

脏：① zàng【臟】：肝～、心～、五～六腑。

② zāng【髒】：肮～。

这种统一简化的字常见的有20多组，可分两种情况（箭头后面的字为简化字）：

繁体字读音相同，例如：

壩—壩→坝　　擺—襬→摆　　複—復→复

彙—匯→汇　　飢—饑→饥　　歷—曆→历

鹵—滷→卤　　彌—瀰→弥　　簽—籤→签

蘇—囌→苏　　壇—罎→坛　　團—糰→团

須—鬚→须　　鐘—鍾→钟

① “宁（zhù）”做声旁所构的字，简化时采用形体“𰃮”，如“贮（貯）”等。

繁体字读音不全一样或不同（此时简化字为多音字），例如：

噹（dāng，dàng）—噹（dāng）→当

惡（ě，è，wù）—噁（ě）→恶

盡（jìn）—儘（jǐn）→尽

縴（qiàn）—纖（xiān）→纤

隻（zhī）—衹（zhǐ）→只

兼并法简化、一简对多繁造成的复杂对应关系，常见的字有100来组，只有一一辨析清楚了才不会混用。可是，有人不了解这些特殊情况，以致错误地写出了“皇後、茶幾、乾支、北鬥星、中文係、萬裏長城、子醜寅卯、前僕後繼”和“發廊、捕穫、日歷、必鬚、鐘情”这样的词形。这是因好繁却又不审清繁简关系而出现的问题。这些词的正确写法（有些字没有繁体形式）是“皇后、茶几、干支、北斗星、中文系、萬里長城、子丑寅卯、前仆後繼”和“髮廊、捕獲、日曆、必須、鍾情”。

要想比较全面地掌握繁体字和简化字的对应关系，就必须熟悉《简化字总表》及《通用规范汉字表》（2013），了解简化的规则。

现在，简化字的使用和传播范围十分广泛。联合国把简化字作为工作用的六种文字之一。这样，作为汉语学习者，首先要掌握的就是简化字。当然，到了一定阶段，为了某种特定的需要（如阅读古书、欣赏书法以及跟港澳台地区交际等），完全可以去了解、学习繁体字。繁体字同样也是中国文化的一部分。

二、异体字和异读字

汉字整理除了字形简化外，还需要做到字有定形、字有定音，这就是整理异体字和异读字。

（一）异体字

异体字通常指形体不同而读音和意义相同的字。汉字自古以来就存在异体字，有的在使用中逐步淘汰了，但同时又产生一些新的异体字。例如：

翱—翶	霸—覇	冰—氷	痴—癡	床—牀
唇—脣	村—邨	睹—覩	够—夠	脚—腳

杰—傑	猫—貓	群—羣	笋—筍	它—牠
仙—僊	针—鍼	韵—韻	注—註	迹—跡蹟
脉—脈衇衂	拿—舒拏拏	碗—椀盌瓮	窑—窰窯	

这类异体字的读音和意义完全相同。还有一种情况，两个字之间只有部分义项的读音和意义相同（大多是甲字的读音和意义包括了乙字的读音和意义），此时只在这个相同的义项上构成异体字。例如：

豆：① 黄豆、绿豆的豆。② 样子像豆的东西。③ 古代盛食物的器皿。

荳：黄豆、绿豆的豆。

“豆”和“荳”只在“黄豆、绿豆”这个意义上是异体字。

异体字的存在造成了一字多形的现象，增加了学习和使用的负担，妨碍了汉字规范化，因此有必要进行系统的整理。对音义完全相同的异体字，整理时一般采取取舍法，选取一个作为规范字，淘汰其他的字，如取“猫”舍“貓”，取“庵”舍“菴”。对音义有包含关系的异体字，一般采取归并分化法。“修”和“脩”在“修饰，修理；钻研，修行；编写；建筑”等义项上完全通用，但“脩”还有“旧时送给老师的酬金（原义为干肉，古时弟子用来送给老师当作见面礼）”这个义项，用于“束脩、脩金”等词，这时不能用“修”。这种情况下，将“脩”的其他义项都归到“修”字下，让“修”和“脩”各有分工。

1955年，中华人民共和国文化部、中国文字改革委员会联合公布《第一批异体字整理表》，后来相关文件和字表对部分字有所调整。《通用规范汉字表》（2013）在《第一批异体字整理表》以及相关涉及异体字的文件和字表的基础上做了进一步整理。

（二）异读字

异读字指的是同一个字具有不同读音，这些读音记录的是同一个意义。异读字属于多音同义字。例如“吨”，是译音专用字，用来翻译英语的ton，过去的读音声调不确定，或读dūn或读dùn，成为异读；又如“打击、射击”中的“击”，以前有jī、jí两读。还有的字，在部分词中有异读，在另一部分词中只有一读。如“喷”，在“喷嚏”中有pēn、pèn两读，而在“喷香”中只有一读pèn；再如“波浪”的“波”，有人读bō，有人读pō；“质量”的“质”，有人读zhì，有人读zhǐ。新时期也产生了一些异读字，如规范工具书中规定“教室”

的“室”读shì，现在有不少人读shǐ；规定“瑰丽”的“瑰”读guī，现在有人读作guì；规定“阜阳（安徽地名）、阜成门（北京地名）”的“阜”读fù，现在有不少人读fǔ；规定“亚洲”的“亚”读yà，现在有人读yǎ；规定“法国”的“法”读fǎ，现在有人读fà。

这种异读情况的存在也给学习和交际带来了不便，我们有必要进行系统的整理。汉字的读音实际体现在词中，因此异读字的问题实际上就是异读词的问题，对异读字的整理实际上就是对异读词的整理。单音的异读词也就是异读字，复音的异读词实际上也就是其中的某个字有异读造成整个词有异读。1985年国家语言文字工作委员会、国家教育委员会、广播电视部联合公布了《普通话异读词审音表》。对新出现的异读字，我们应该按规范读音来读，如“室”读shì，“瑰”读guī。2016年发布了《普通话异读词审音表（修订稿）》征求意见稿。

需要注意的是，异读字不同于同音字和多音字。同音字是指意义不同而读音相同的一组字，它们的字形有的相同，有的不相同。字形相同的同音字如“白[1]”（白色）和“白[2]”（白跑一趟），字形不同的同音字如“家、加、嘉、佳、袈”。一般所指的多音字是指有不同读音和意义的同一个字，如“行”有两个读音和意义：xíng（行走）和háng（行业、银行）。它们一般不是汉字整理的对象，而异读字是字音不同但字形和意义相同的字，是汉字整理的对象。它们之间以及和异体字之间的关系可以用下表5-4表示：

表5-4　异读字、同音字、多音字、异体字关系表

特征／类别	字形	字音	字义	是否为汉字整理对象
异读字	同	异	同	是
同音字	同或异	同	异	否
多音字	同	异	异	否
异体字	异	同	同	是

三、纠正错别字

虽然现在采用键盘输入的情况越来越多，对汉字书写的要求降低了，但书写汉字仍是日常交际中必不可少的内容。在需要书面表达和考试的场合，汉字书写仍是基本要求。这就要求我们：在使用汉字时，要努力掌握规范汉字；在书写汉字时，除了尽可能写得协调美观外，还要不写错别字。键盘输入已经不需要面对错字的问题，但还存在别字的情况，而书写汉字时，错字和别字都是很容易出现的现象。

（一）错字和别字

错字指的是写出来的“字”不成字，即把笔画结构写得不合标准，写成了汉字中根本没有的字。例如（排在前面的为正字）：

染—染　　浇—浇　　步—步　　初—初

拜—拜　　展—展　　颐—颐　　茫—茫

别字是指把甲字写成乙字，即错误地用了别的字来代替本该用的字，也叫白字。例如（括号外的字为正字）：

即（既）使　　迫不及（急）待　　蛊（鼓）惑人心

刻（克）苦　　欢度（渡）佳节　　过渡（度）阶段

错别字就是错字和别字的合称。由于写了“别”的字当然也是写错了，所以通常所说的写错字实际已将写别字包括在内。

（二）产生错别字的原因

产生错别字的原因很多：主观原因，如识记汉字不够细致认真，写字时注意力不够，不勤查字典等，自然会出现缺笔少画或张冠李戴的现象；客观原因，主要是汉字本身很复杂，难认，难写，难记。下面主要谈谈客观方面的原因。

1. 汉字笔画繁难、部件特殊而造成的难记难认

有些错字的反复出现就是因为某些汉字笔画较多，笔画之间的关系不分明。如果一个部件很特殊以致难以称说，就容易用相似的、常见的部件去代替而写出错字。例如：

微：不相连接的中间那一横常被丢掉。“隆、蒙”也如此。

瀑：右下角的“氺”不成字，不便记忆，容易写成“水”。“暴、曝、爆”也如此。

熙：左上角“𦣞”不便称说，常被写成常见的“臣”。“颐”也如此。

炯：右部“冋”不便称说，容易写成“同”。“迥”也如此。

堕：上部“陏”无法称说，容易写成“隋”。

浇：右上部“㦮”无法称说，便在上面加一点。“绕、饶、娆”也如此。

拜：左边4画，右边5画，部件不对称，容易将右边少写一横。

步：下部的“少”无法称说，容易写成“少”。

2. 由于字形、部件近似而误写

字形、部件太相近，区别度就较低，容易出现错字。常见的是用一个部件来代替另一个部件。由于受“戈、我、找、载、戊”等字的影响，有人便在“贰、武”的最后一笔“㇂”上再加一“丿”，把这两个字写成“贰、武”。由于“仑”和“仓”近似，导致将“抡、沦”写作“抢、沧”或相反。其他如将“鼻”的下部“丌”写成“廾”，将“祭”的上部写成“癶”，都是这方面的原因。

一些不怎么熟悉的字很容易写成常见的、熟悉的相似字，容易出现别字。“拔”的右边偏旁“犮”（bá）和“发”近似，“发”又比较常见，有人便将“拔”写成“拨”；同样，由于“巿”（fú，一竖从上贯到下）和“市”近似，而将“沛（pèi）、肺（fèi）、旆（pèi）、霈（pèi）”中的“巿”写成“市”；又如将“荼（tú）毒生灵”写成“茶毒生灵”，将“病入膏肓（huāng）”写成“病入膏盲”，将“鬼祟（suì）”写成“鬼崇”，将“针灸（jiǔ）”写成“针炙（zhì）”。

3. 由于音同、音近而误写

纯粹由于读音相同或相近而出现误写的情况不是太多，常见的是写同音或近音别字。如：将“商榷”写成“商确”，将“班门弄斧”写成“搬门弄斧”，将“以逸待劳”写成“以逸代劳”，将“分道扬镳”写成“分道扬标”。这种情况的出现一般是由于不了解词语中相应语素的意义所致。

更多的是在音同、音近的同时，字形或部件又比较相似，这就特别容易混淆了。很多由于部件替换而产生的错字都有这方面的原因，如：“染”和“丸”韵腹和韵尾相同，“九”和“丸”的字形又相近，便可能将“染”右上角的“九”写成“丸”；又如“庐、芦、炉”这些形声字跟“卢”同音，便将其中的

“户”写作“卢”。出现别字的可能性更大，如：将“高粱”写成“高梁”，将“篮球”写成“蓝球”，将“证券”写成“证卷”，将“既然”写成“即然”，而将“即使”写成“既使”。

4. 由于语义上的关联而误写

人们识字时总希望从字形、字义上找到造字构词的理据。这种识字意识自然也出现在人们用字的过程中，如“荡漾”的“漾”意思与水有关，便容易将右下的“永”写作“水”。

有些字不但语义上有关联（有的关联只是书写者意识上的），而且字音相同，便更容易出现别字。由于“部署”的意思是“安排、布置（人力、任务）”，便容易误写成“布署”；由于“诡”的意思是欺诈、狡猾，便容易将“阴谋诡计”误写成“阴谋鬼计”；由于“决”和“绝”语义相关，便将“坚决”误写成“坚绝”。

如果汉字之间的形音义都有关联，写别字的可能性就更大了。由于“注销”的意思是“取消登记过的事项”，人们便常常误写成“注消”；将“麻风病”写成“麻疯病”，也是如此。根据我们的统计，最容易出现别字的情况就是这种语义上有关联，而字音和字形又相近的字。

5. 形旁类推

有时一个词中的两个字会出现形旁类推现象：如“鞠躬”，表示一个身体的动作，由于受“躬”的影响，会把“鞠”的左部也写作“身”；将“辉煌”的“煌”错写成“炷”，将“锻炼”的“锻”写成别字“煅”（误写的人未必知道这个字），也是形旁类推作用的结果；甚至在形旁类推作用下，一些不加偏旁的字也加上了偏旁，如“安排”，由于受到“排”的影响，“安”也就写成了“按”。

其实，上述各种原因，有很多实际上受到人类认知机制的影响。也就是说，产生汉字书写和认知偏误，有其客观原因，在汉字教学中要充分认识到这一点，并积极利用汉字的认知加工机制来教授汉字的形音义。

（三）避免写错别字

了解了错别字产生的原因，实际也就找到了避免写错别字和纠正错别字的途径。写错别字大多是由于两个字的字形相似、语音相同或相近、语义相关而造成的，有的只是某一个方面的原因，更多的则是形音义之间的复杂关系造成的。这样，我们就需要从分清字形、读准字音、辨明字义这几个方面下功夫。

思考与检测四

一、写出下列繁体汉字的简化形式。

飛　術　鹵　傘　棗　畫　際　齊

撲　齒　戲　環　療　虧　竄　雙

懷　藝　藥　麗　權　聽　驚　體

二、下面各字，在什么情况下要简化，什么情况下不简化？请查《新华字典》或《现代汉语词典》来说明（注意凡例中对相关符号体例的说明）。

1. 瞭　2. 乾　3. 藉　4. 徵

三、下面是一些经常出现的繁体字乱用现象，请指出每个误用的字，并写出正确的用法。

1. 暮鼓晨鍾　2. 子曰詩雲　3. 恭喜髮財　4. 封麵故事

5. 窗明幾淨　6. 皇天後土　7. 魯迅故裏　8. 人髒俱穫

四、什么是异体字？什么是异读字？为什么要对异体字和异读字进行规范整理？

五、改正下列词语中的错别字。

最初　流审　白晳　困拢　蒙古　火炉

麻痺　水滴　浩瀚　充盈　盗贼　证券

六、改正下列词语中的别字。

布署　防碍　姑负　鬼计　寒喧　涣发　克苦　恢谐　家俱

高粱　坚绝　注消　浪废　气慨　枢钮　题要　甜密　陷井

即然　训炼　云宵　针炙　既使　装璜　松驰　证卷　按排

挤身　入场卷　麻疯病　按步就班　迫不急待　草管人命

以逸代劳	并行不背	不符众望	不记其数	残无人道
常年累月	出奇致胜	当人不让	尔立之年	风糜一时
轰堂大笑	欢渡佳节	鬼鬼崇崇	过度阶段	绿草如荫
披星带月	破斧沉舟	认识浮浅	三翻五次	手屈一指
通货膨涨	相形见拙	兴高彩烈	鼓惑人心	熙熙嚷嚷
严惩不待	一愁莫展	一口同声	再此一举	直接了当

七、现在网络上经常出现一些新造的汉字或恢复使用一些现在已经不再使用的古文字，如“囧（jiǒng，郁闷，困窘等义）、槑（méi，反应迟钝、思维不上路）、嫑（biáo，不要）、忈（rén，二心）、巭（gū，功夫）”。请谈谈你对这种用字情况的看法，并从互联网中收集一下，归纳其结构类型和使用原因。

八、当前社会用字存在哪些问题？请实际调查一下，并提出解决社会用字不规范现象的措施。

第五节　汉字的文化特征

汉字历史悠久，作为汉语的书写符号，服务于汉语使用者书面交际的同时，也承载了深厚的文化内涵，深深地植根于中华文明，是汉民族文化的重要组成部分。

汉字具有表意功能，是形音义统一于一体的文字形式。它沟通古今，可以在不同方言和地域间以相同的形体来交际和传播，这使得汉字的形体和意义以及汉字的使用过程得以呈现出较为丰富的文化特征，这一点不同于表音文字。了解汉字所蕴含的文化信息，对科学地认识和评价汉字在交际中的作用、对理解和发挥汉字的文明载体功能、对正确地使用和整理汉字、对汉字的研究和教学都很有帮助。我们这里主要从造字文化、用字文化两个方面去理解汉字的文化特征。

一、造字文化

汉字作为历史悠久的文字系统，其形体（尤其是古文字阶段的形体）所体现出的构造理据，是古人对事物形象、活动场景的描摹或对事物、社会关系的认识方式的体现，其中包含着古人特有的生活场景、风俗习惯或思维观念。

一些象形字和会意字的字形直接描摹了古代社会的事物或事件，由此传递出与之相关的文化信息。例如：

卜：古文字作，象龟甲烧出的裂纹之形，反映古人通过龟甲烧出的裂纹进行占卜的习俗。

册：古文字作，象串起来的竹简之形，反映古人使用编起来的简作为典册以记事的历史。

监（監）：古文字作，本义是镜子，描摹了一个人睁大眼睛看向盛水器皿的图景，反映了古人以盛水器皿为镜的生活方式。

为（為）：古文字作，描摹了用手牵象的动作，反映古人曾利用大象进行劳动的历史。

寒：古文字作，通过描摹屋中人以草包裹身体四周，表达“寒冷”之义，反映古人以草御寒的生活方式。

执（執）：古文字作，表示用枷锁把俘虏或犯人的手铐起来，反映古时的刑罚。

出：古文字作，像脚趾从洞穴中走出，反映古时的穴居生活。

祭：古文字作，左上部是肉的变体，右上部象手之形，“示”指神明，表示以手持肉祭祀神明，反映古时的祭祀场景。

伐：从人从戈，表示人持戈（或说用戈砍人头），反映古时的战争武器和战斗方式。

取：从耳从又（又代表手），描摹了用手割耳的动作，反映古时战争用割耳作为计功凭证的历史。

笔（筆）：现行简化字为古代俗字，从竹从毛，反映了古时以由竹、毛构成的毛笔为主要书写工具。

一些会意字和形声字中意符的选取也体现了造字时代的历史或观念。例如：

男：从田从力，反映古代农业社会将男子视为田间主要劳动力的观念。

婚：昏是声符兼义符，反映古时婚礼在黄昏举行的习俗。

政、教：从攵（即攴），指击打，反映古时政治、教育与暴力惩罚相联系的社会状况。

思、慕、恨、忆：从心（忄），反映古人认为心具有思维功能的观念。

福、祸、禄、祟：从礻（示），反映古人认为这些现象由神明主宰的迷信观念。

驾、驭、驶、驰：从马，反映古人以马为主要交通工具的历史。

由于汉语使用者的交际表达需要或特定时代社会、文化等的影响，新的汉字会不断产生，不断被创造。这些汉字的创造也必然带有特定时代的烙印，如佛教传入中国后，出现了“塔、萨、袈、裟”等新字用以书写与佛教相关的梵语音译词。近代在新文化运动的背景下，文学家、语言学家刘半农创造了“她”字（此字古已有之，但音义均与现用法无关，由“他”到“她”，可以看作是创造），这是男女平等的思想在汉字构形上的表现。近现代自然科学的发展，催生了“氢、镁、焓、熵”等表示学科术语的新字。

二、用字文化

汉字在使用过程中，也孕育了一系列特有的文化现象。以汉字为载体产生的文化现象中，较为突出的包括书法与篆刻、对联、灯谜等。

（一）书法与篆刻

书法与篆刻是两种依托于汉字形体的传统艺术形式。

书法是文字的书写艺术。汉字的笔画、部件错综排列，结构多样，使得汉字不仅具有一般的记录语言的功能，同时也具有审美价值，因而得以发展为一种独立的艺术形式。汉字是书法艺术最发达的文字系统之一。

汉字书法艺术的美感主要是通过笔画线条的轻重、粗细、曲直等变化以及笔画间、部件间、整字间的结构布局体现的。篆书、隶书、楷书、行书、草书是汉字书法中使用的五种主要字体。在此基础上，不同的书法家还创造出了具有独特风格的各种书体。

传统上书法使用的工具为笔（毛笔）、墨（墨块或墨汁）、纸（宣纸）、砚，称为“文房四宝”。现代随着书写工具的发展，以钢笔为工具的硬笔书法成为了书法艺术的新形式。

篆刻是印章的镌刻艺术。中国自古以来就有使用印章验证身份、行使职权的传统。在印章发展的过程中，逐渐产生了专用于艺术欣赏的印章，由此，篆刻得以成为一种独立的艺术形式。篆刻的艺术美感通过在印石上雕刻，而后由盖印于纸上的文字所体现。篆刻所使用的文字多为小篆及其变体。

篆刻艺术与书法、绘画艺术关系密切，盖在书法、绘画作品上的印章常是这些作品中不可缺少的组成部分。"诗书画印"一体的作品更是中国文化中独有的艺术形式。

（二）对联

对联是汉语特有的一种文学艺术形式，它与汉字形音义一体的性质密切相关。

对联脱胎于汉语诗文中对仗、骈偶的修辞方式。一副对联由上联与下联两部分组成（有时也包括横批），上联与下联字数相等，内部结构关系一致，语音上也要求平仄和谐。

由于汉字具有"一个汉字·一个音节·一个概念"相互对应的特征，因此，一副工整的对联，其上下联可以在形、音、义三方面同时具有匀称工整的美感，与汉民族崇尚和谐、对称的审美观念相契合。正因如此，对联得以长盛不衰，雅俗共赏，并且深深融入了汉民族的文化习俗。对联常用于节庆礼仪，也常张贴或雕刻于各种场所的大门、廊柱上。例如：

天增岁月人增寿，春满乾坤福满门　　（春联）
寿比南山松不老，福如东海水长流　　（寿联）
花开并蒂，缘结同心　　（婚嫁联）
美德堪称典范，遗训长昭泣人　　（哀挽联）
欢迎春夏秋冬客，款待东西南北人　　（旅店联）

对联作为一种与汉字相关的特殊艺术形式，在一般的对偶语句的基础上，创作者还常利用汉字字形、字音等方面的特点，在字面意义之外构造独到的修辞效果。如拆字联"鸿是江边鸟，蚕为天下虫"，上下联的"江边鸟、天下虫"分别是对首字"鸿、蚕"的拆分，同时，上下联字面义也均通顺并构成对偶；同偏旁联"湛江港清波滚滚，渤海湾浊浪滔滔"，上下联每字均用"氵"旁，书诸纸面富于美感；谐音联“移椅倚桐同望月，等灯登阁各攻书”，上下联各自的前三字以及第四、五字均构成谐音关系；回文联“上海自来水来自海上，山东落花生花落东山”上下联均为正读逆读一致的回文句。

对联的创作需要具有较高的文化底蕴和文学素养。因此，对联也成为文人雅士间的一种文字游戏。在传统文化中，“吟诗作对”常并称。

（三）灯谜

灯谜是一种依托于汉字字形、字义的民间文化形式，因古时常在元宵节悬挂于花灯之上以供竞猜而得名。灯谜的形式包括谜面、谜目和谜底三部分，竞猜者需根据谜面的提示，在谜目所限定的范围中猜出谜底。谜面与谜底不能有重复的字。

灯谜不同于一般意义上的“谜语”：后者普遍存在于各种语言、文化中，它们是依靠对具体事物特征的描述进行猜测的，如“千条线，万条线，掉到水里看不见——雨”，谜面描述的是“雨”一词所代表的自然现象；而灯谜则完全依靠谜面与谜底的文字本身在字形或字义方面的关联进行猜测，与具体事物特征无涉，是汉语独有的文化现象，如“零头（打一字）——雨”，谜面通过解释为“零”字之“头”得出“雨”字。

以上谜例是通过汉字的字形实现谜面和谜底的关联的，这类灯谜中最常见的是以“打一字”为谜目的字谜。猜谜者需依据谜面的提示，对汉字的笔画、部件进行增减、重组，得出作为谜底的汉字。一则合格的字谜，谜面总是另有字面义，而猜测谜底的线索需要通过对谜面文字进行非常规的解读（称为“别解”）而获知，例如：

乘人不备（打一字）——乖

休要多口（打一字）——保

半真半假（打一字）——值

岁岁除夕团聚（打一字）——出

第一则需解为“乘”中没有“人”，得出“乖”；第二则需解为“休”字需要多一个“口”，即“保”字；第三则需解为“真”字的一半加上“假”字的一半，其中可以构成汉字的只有“值”；第四则需解为“岁岁”二字除去“夕”，再来“团聚”（结合），得“出”字。

另有一类灯谜，谜面与谜底的关联是着眼于字义的。在此类灯谜中，谜底与谜面至少其中之一需要进行“别解”，从而实现意义上的关联。这充分体现了灯谜作为文字游戏的趣味性。例如：

刮脸（打一食品名）——刀削面

飞行员（打一成语）——有机可乘

第一则将“刀削面”中指一种食物的“面”解为指“脸”的同形同音词“面”，从而使“刀削面”解读为“刮脸”；第二则将成语“有机可乘”中本指“机会”的“机”解为“飞机”，本指“利用”的“乘”解为“乘坐”，从而使“有机可乘”解读为“有飞机可以乘坐”，与谜面“飞行员”实现关联。

猜灯谜的过程要求猜谜者对汉字的字形、字义达到较高的熟知程度，因此，在汉语学习过程中，浅易的灯谜是帮助记忆汉字的手段之一。玩味字谜也是了解汉字文化的一种有效途径。

此外，汉字的用字文化还体现在其他很多方面。有的汉字本身就是民俗活动的载体，如由两个“喜”字组成的“囍”，专用于婚庆场合的装饰，取意“双喜”；由“招财进宝”通过共用部件组合成的合体字“”在民间常作为表达美好祈愿的装饰图案。又如，汉字的字形本身也可以用来构造修辞，起到生动地描摹事物形态的作用，如“之”字形山路、四肢张开躺在床上像一个“大”字。

思考与检测五

一、根据字形，并查阅相关资料，试阐释以下汉字的字形反映了古代社会的哪些文化信息。

逐　　删　　瑞　　红　　婪

二、分析下列对联是如何利用汉字形、音、义的特点构造修辞效果的。

1. 烟锁池塘柳，炮镇海城楼

2. 冻雨洒窗东两点西三点，切瓜分片横七刀竖八刀

3. 橘子洲，洲旁舟，舟行洲不行；天心阁，阁中鸽，鸽飞阁不飞

三、猜字谜。

1. 内里有人

2. 一大二小

3. 向西一直去

4. 从上至下，广为团结

第六节　常用汉语字典和检字法

学习汉语汉字，必然会对一些字的字音、字义、字形不够清楚，这就需要查工具书，而要有效地检索，就需要了解常见的汉字检字法。另外，由于汉语词典的排列方式都是以字领词，因此检索方式跟字典基本相同，这里便不再介绍。

一、常用汉语字典

汉语字典编写有着悠久的历史。东汉许慎编撰的《说文解字》（作于公元100—121年）是中国第一部系统地分析汉字字形和考究字源的字书，也是世界上最早的字典之一。此后，中国历代都注重字书的编写。现在人们使用的字典更是类型丰富，层次多样。这里主要介绍五本常用的字典（包括一本古代字典）。

1.《新华字典》

原由新华辞书社编写，1953年人民教育出版社出版，后由中国社会科学院语言研究所修订，2011年由商务印书馆出版第11版。收单字（包括繁体字、异体字）13 000多个，带注解的复音词3300多个，采取部首检字法。该字典是一部小型语文工具书，主要供中小学教师和学生使用，中等文化程度的读者也可参考。

2.《中华字典》

教育部语言文字应用研究所、中华书局编辑部编，1999年中华书局出版，2007年出版修订本。收单字字头10 000多个，相关字头的繁体字和异体字也一并收入，同时收入几千条复音词。该字典第一版采取笔画笔顺检字法，再版时调整为部首检字法。该字典是一部小型语文工具书，主要供初、中等文化程度的读者使用。

3.《现代汉语规范字典》

李行健主编，1998年语文出版社出版，2011年外语教学与研究出版社出版第3版。收单字字头约14 000个，同时在正编之外收录一部分生僻字作为备查字，采用部首检字法。该字典在字形、字音上严格遵从现有的国家标准，对易错的字形、读音、笔顺、用法以及在学习中可能遇到的疑难点等给出提示，引导规范使用。该字典是一部中型语文工具书，主要供中等文化程度的读者使用。

4.《康熙字典》

清代张玉书、陈廷敬等奉康熙皇帝之诏编纂，1716年编成。据今人统计，收字46 964个（原书所记为47 035个），按214部编排。“字典”这一名称由此开始。它是一部大型的古代汉语字典，普通字典中查不到的生僻字，一般都用它来查检。

5.《汉语大字典》

汉语大字典编辑委员会编，徐中舒主编，四川辞书出版社、湖北辞书出版社出版，全书八卷，1990年出齐，2010年出版第2版。收字60 370个，按改进的200个部首检排。该字典是以解释汉字的形、音、义为主要任务的大型语文工具书。

另外，《现代汉语词典》（中国社会科学院语言研究所词典编辑室编，商务印书馆，2016年第7版）、《现代汉语规范词典》（李行健主编，外语教学与研究出版社、语文出版社，2014年第3版）、《辞海》（上海辞书出版社，2009年第6版）等常用词典都立有字头，在一定程度上起到了字典的功用。

二、常用检字法

在查字典时，首先要知道汉字的排列顺序，即字序。其实，不仅查找字典，图书、资料、档案等各种目录、索引的编制，人名、地名、单位名的排列，汉字在计算机中的编码，都要用到字序。

拼音文字的排序比较简单，因为每个词都是由字母拼写而成，所以按照字母表中规定的顺序就很容易给词语排序；而汉语的词是由一个个汉字构成的，字数繁多，结构复杂，不能像拼音文字那样简单地根据字母表顺序给词语排序，需要根据特定的标准来给汉字排序。

汉字具有形、音、义三个方面的属性，根据每个属性都可以编排字序，这样传统检字法就有形序法、音序法、义序法三大类。它们各有各的适用范围。每种大的检字法还可以分成一些小类。我们在使用各种工具书时，首先要阅读它的凡例（这是使用者往往会忽视的地方），其中就有对该工具书的字词排序方式的说明。

现在用得比较多的是形序法和音序法。下面介绍形序法中的部首检字法、笔画检字法和音序检字法中的汉语拼音字母检字法。

（一）部首检字法

部首检字法是按汉字的部首编排查检汉字的方法。本章第二节在介绍汉字的构造时，介绍了有关“部首”的知识。

部首法由东汉许慎的《说文解字》首创，将汉字归为540部。后来的字书（字典）大多归为200部上下，如《康熙字典》共有214部，《新华字典》共有189部，《汉语大字典》共有200部。现在一般采用中华人民共和国教育部、国家语言文字工作委员会2009年发布的《汉字部首表》（GF 0011—2009）归纳的201部（这是主部首，该表还包含附形部首100个），《现代汉语词典》第7版（2016）和《现代汉语规范词典》第3版（2014）的字头就是如此。

部首检字法首先归纳汉字的部首，然后将汉字逐个归入各部以备查检。只有对归纳的部首比较熟悉，才能提高查字的效率。

部首检字法一般包括两部分：部首目录和部首检字表。检字时，首先确定待查字的部首，然后按待查字所属的部首在“部首目录”内查出页码，再到“部首检字表”中找到相应的汉字。“部首检字表”内，同一部首的字一般按除去部首笔画以外的画数排列。如“湖”，部首是“氵”，三画；余下的“胡”，九画。我们先到“部首目录”三画的下面找到“氵”；再根据“氵”部标示的页码到“部首检字表”中查找，在“氵部”九画的地方找到这个字。

部首检字法是一种适用面比较广、使用历史长的检字法，一般工具书都以这种检字法为主。但是，部首检字法的局限在于，有些字的部首难以一下子确定，不同工具书对具体部首的归并也不完全一致。这是部首检字法必须解决而又不容易解决的问题。正因为有一些汉字（尤其是独体字）读者不容易确定它们的部首，如“〇（líng）、乙、九、才、以、东、册、戍、我、柬、能”，为了查检的方便，一般字典都在“部首检字表”后面附有“难检字笔画索引”。独体字往往同时也采取以首笔为部首的规则。

（二）笔画检字法

笔画检字法是按汉字笔画数的多少及起笔的笔形顺序来编排检字的方法。由于这种检字法既考虑了待查字的笔画数，又考虑了笔形顺序，所以通常称作笔画笔形检字法。编排字序时，先按笔画数排序，笔画少的在前，笔画多的在后，笔画数相同的排在一起。由于汉字系统中相同笔画数的字很多，这就有必要根据新的编排原则来排序。现在的通常排法是：笔画数相同的按起笔笔形“一（横）、丨（竖）、丿（撇）、丶（点）、乛（折）”排序，起笔相同的按第二笔笔形排序，第二笔笔形相同的按第三笔笔形排序，以此类推。也有工具书采取“丶、一、丨、丿、乛”的笔形排序。查检汉字前需要了解编排汉字的笔形顺序。

笔画检字法简单方便，容易掌握。局限在于，有的字笔画繁多，如“懿（yì，22画）、蠹（dù，24画）、戆（zhuàng，25画）、爨（cuàn，30画）、齉（nàng，36画）”，计算起来很费事。另外，有的字有不同的习惯笔顺，起笔不好确定，如“长、惊”，这给检字带来了一定的困难。当然，在汉语作为二语教学中，接触的汉字并不是特别多，笔画繁多的字一般较少接触到，因此相对而言，笔画检字法是较为方便的一种检字法。

（三）音序检字法

音序检字法是按汉字读音拼写字母的顺序来编排检字的方法。音序检字法有不少类型，现在中国通行的是汉语拼音字母检字法，就是采用《汉语拼音方案》字母表中字母的顺序来排检汉字。音节相同的按“阴平、阳平、上声、去声”来编排，轻声字一般排在相同音节的所有字头之后。

这种检字法的优点很明显，如果熟悉普通话的字音，就可以很容易查检到该字，不受字形的影响；但是如果不知道该字的字音，或者不熟悉普通话的语音，查检起来就很不方便了。

其实，这种检字法也需要借助笔画笔形检字法来帮助编排字序。因为汉语中有的音节同音字很多，需要确定字序。如“yì”，《新华字典》（第11版）就收了72个字，这便存在根据字形来排序的问题。在同音字的排序方法上，《新华字典》和《现代汉语词典》（第7版）不同。现在一般采取《现代汉语词典》的排序方法：同音字按笔画多少排列，笔画少的在前，多的在后；笔画相同的，按起笔笔形横、竖、撇、点、折的次序排列。

上面三种常用的检字法各有优点和局限，现在的工具书往往都有两种或三种检字法的索引，以便互相补充，方便读者使用。其实，人们在检字时往往也是灵活运用的：如果一个字，知道读音而要查检意思，一般按音序检字法直接到“字典正文”中查找；如果是不知道读音的字，便只能用形序法来查检，而且形序法的两种类型也可以互相补充。

思考与检测六

一、指出下列各字的部首。

美 丽 宁 静 的 天 鹅 湖

上 未 见 一 只 小 鸟

二、将下列各字按笔画数从少到多排列，笔画数相同的按“横、竖、撇、点、折”的笔顺排列。

在 这 儿 人 们 充 分 地

享 受 着 繁 荣 昌 盛 幸

福 安 宁 的 新 生 活

三、给下列汉字按汉语拼音排序。

祖 国 啊 我 是 你 河 边

上 破 旧 的 老 水 车 数

百 年 来 纺 着 疲 惫 歌

四、一般的字典都有部首检字法和音序检字法，也有的字典还有笔画检字法。请找到合适的字典，分别按这几种检字法查检上面三题中所有的字，看看它们在多少页。如果是独体字，你首先采取哪一种检字法？

主要参考书目

曹先擢．汉语汉字文化常谈［M］．北京：商务印书馆国际有限公司，2015．

崔永华主编．词汇文字研究与对外汉语教学［C］．北京：北京语言文化大学出版社，1997．

董　琨．中国汉字源流［M］．北京：商务印书馆国际有限公司，2017．

傅永和．汉字七题［M］．郑州：河南教育出版社，1993．

高更生．汉字研究［C］．济南：山东教育出版社，2000．

高家莺，范可育，费锦昌．现代汉字学［M］．北京：高等教育出版社，1993．

顾安达，江　新，万业馨主编．汉字的认知与教学：西方学习者汉字认知国际研讨会论文集［C］．北京：北京语言大学出版社，2007．

国家对外汉语教学领导小组办公室汉语水平考试部．汉语水平词汇与汉字等级大纲［M］．北京：北京语言学院出版社，1992．

何九盈．汉字文化学［M］．沈阳：辽宁人民出版社，2000．

胡晓萍．汉字的结构和演变［M］．长春：东北师范大学出版社，2015．

李　蕊．外国人汉字习得与教学［M］．广州：中山大学出版社，2014．

李大遂．简明实用汉字学（第3版）［M］．北京：北京大学出版社，2013．

吕必松．汉语语法新解［M］．北京：北京语言大学出版社，2015．

裘锡圭．文字学概要（修订本）［M］．北京：商务印书馆，2013．

史定国主编．简化字研究［C］．北京：商务印书馆，2004．

苏培成．现代汉字学纲要（第3版）［M］．北京：商务印书馆，2014．

苏英霞．国际汉语教学汉字教学方法与技巧［M］．北京：北京语言大学出版社，2015．

孙德金主编．对外汉字教学研究［C］．北京：商务印书馆，2006．

万业馨．应用汉字学概要［M］．北京：商务印书馆，2012．

王　宁．汉字构形学导论［M］．北京：商务印书馆，2015．

王　宁．汉字与中华文化十讲［M］．北京：三联书店，2018．

王　宁主编．《通用规范汉字表》解读［M］．北京：商务印书馆，2013．

王汉卫，苏印霞．基于定量分析的对外汉字学［M］．北京：清华大学出版社，2015．

王鸿滨．对外汉字教学研究［M］．北京：北京师范大学出版社，2018．

王秀荣．国际汉语汉字与汉字教学［M］．北京：高等教育出版社，2013．

王秀荣．国际汉语教师汉字教学手册［M］．北京：高等教育出版社，2017．

魏　励．语言文字规范手册［M］．北京：商务印书馆国际有限公司，2014.
邢红兵．现代汉字特征分析与计算研究［M］．北京：商务印书馆，2007.
尹斌庸，苏培成主编．科学地评价汉语汉字［M］．北京：华语教学出版社，1994.
詹绪左，朱良志．汉字与中国文化教程［M］．芜湖：安徽师范大学出版社，2014.
张静贤．现代汉字教程［M］．北京：现代出版社，1992.
周　健．汉字教学理论与方法［M］．北京：北京大学出版社，2007.
周有光．汉字和文化问题［M］．沈阳：辽宁人民出版社，2000.

附录

附录1 关键概念检索

说明：1. 关键概念后的数字为该概念所在页码；

2. 概念加粗者表示本书对该概念做了解释，页码加粗者表示概念的解释在此页；

3. 有的概念有几个名称，以本书使用者为正条。

T

附录2　思考与检测参考答案

第四章　语法

思考与检测一

一、1. 组词造句

2. 语素　词　短语（词组）　句子　句子

3. 能否独立运用　最小的

4. 两

5. 形式—意义　特异性　组成成分

二、［略］

三、1. 语素：人　是　有　思　想　的　动　物

词：人　是　有　思想　的　动物

短语：人是有思想的动物　是有思想的动物　有思想的动物　有思想

句子：人是有思想的动物。

2. 语素：白　昼　和　黑　夜　的　绝　对　界　限　并　不　存　在

词：白昼　和　黑夜　的　绝对　界限　并　不　存在

短语：白昼和黑夜的绝对界限并不存在　白昼和黑夜的绝对界限　并不存在

白昼和黑夜　绝对界限　不存在

句子：白昼和黑夜的绝对界限并不存在。

四、可以自由使用的：爱、狗、人、手；必须构成双音节形式的：敌（强敌、杀敌）、感（深感、倍感）、国（我国、敌国）、邀（应邀、受邀）。

注意：不能写成“敌人、感受、国家、邀请”之类的形式，因为这些形式整体是一个词了，其中的“敌、感、国、邀”是语素而不是词。上面构成的双音节形式中的“敌、感、国、邀”是作为词汇词来使用的，跟另一个音节组合后形成韵律词。

五、第1句是白话表达方式（口语性强），第2句是书面表达方式（显得典雅）。第1句中有的短语在第2句中是用韵律词来表达的，如“偷偷地喜欢—暗恋、跟他说—明言”；第1句中的“好长、可是”带有口语特征，而第2句中的“已有、但”带有较强的书面语特征。

六、七、八、九、十、［略］

思考与检测二

一、符号说明：主语____；述语____；宾语____；定语（ ）；状语［ ］；补语〈 〉。注意：下面只标充当谓语中心的述语，不标谓语。另外，这里划分句法成分的做法不同于句子成分分析法，其差异主要体现在主语和宾语上。这里划分句法成分要把全部主语和全部宾语画出来，而不像句子成分分析法那样只画主语中心语和宾语中心语。

1.（新进）的光盘‖［已经］卖〈光〉了。

2.（每个）人‖［都］［无限］眷念（自己）的母亲。

3.（张家界）的（美好）景色‖［深深］地吸引了（各地）的游客。

4. 老师傅‖［把教学楼的大门］漆〈成蓝色〉。

5.（那几个）孩子‖［早］［就］做〈完〉了（老师布置）的（寒假）作业。

二、1. 定语　2. 补语　3. 主语

4.（谓语的）中心语　5. 状语　6. 宾语

三、1. “旅游”不能带宾语。“旅游广西桂林”可改为“去广西桂林旅游”。

2. “深入”不能修饰“印象”。“深入的印象”可改为“深刻的印象”。

3. “个子”与“很结实”不能搭配。“个子很结实”可改为“个子很高”或“身体很结实”。

4. “访问”与“车间”不能搭配。“访问了几个车间”可改为“参观了几个车间”。

5. 状语“十分”和“特别”重复。“十分特别笔直”可改为“十分笔直”或“特别笔直”。

6. “书籍”是集体名词，不能用“很多”修饰。“很多书籍”可改为“很多书”。

7. “车”与“开始”不能搭配。“车就开始了”可改为“车就开了”。

8. 补语“懂”和“明白”重复。“听懂明白”可改为“听懂”或“听明白”。

思考与检测三

一、1. 语法功能

2. 及物　不及物

3. 两个语素之间可以插入别的成分

4. 性质　状态

5. 人称代词　指示代词　疑问代词

二、名词：电话　绿地　思绪　高见　提纲　下面　热度　反话　反响

动词：变动　绿化　思考　高举　提高　提升　下班　下降

反对　反映　繁育

形容词：碧绿　高傲　下贱　鲜红　热烈　反常　繁杂　沉甸甸

三、四、［略］

五、“漆黑”是状态形容词，“黑暗”是性质形容词，它们在能否与程度副词搭配方面存在差异。我们可以说“很黑暗”，但不说“很漆黑”。

六、［略］

七、1. 你　我　虚指

2. 这　那　虚指

3. 哪儿　虚指

4. 哪儿　任指

5. 谁　任指

6. 谁　虚指

八、1. 在没有对比的情况下，性质形容词一般不单独做谓语。应将“乱”改为“很乱”“乱得很”或“乱极了”。

2. “二十三四”和“来”都表示概数，不能一起用，应改为“二十三四个”或“二十来个”。

3. “战争”是名词，不能做谓语，应改为“发生了战争”。

4. “简单”是形容词，一般不带宾语，应改为“简化了一些报名手续”。

5. 跟一般个体量词搭配时，用“两”，不用“二”。应将“二本书”改为“两本书”。

6. “主要”是区别词，不能受程度副词修饰。应将“很主要”改为“很重要”。

7. “孤零零”是状态形容词，本身含有程度义，不能再受程度副词修饰。应将“非常孤零零的”改为“非常孤单”或“孤零零的”。

8. “猛然”是副词，不能做定语。应将“猛然的车祸”改为“偶然的车祸”或“突然的车祸”。

9. 在普通话中，用于“奶牛”的个体量词是“头”，不是“只”。应将“一百多只奶牛”改为“一百多头奶牛”。

10. “结婚”是不及物动词，不能带宾语，它所搭配的对象只能用特定的介词引出并位于动词之前。应将“结婚男朋友”改为“跟男朋友结婚”。

九、［略］

思考与检测四

一、她（代词）｜趴（动词）｜在（介词）｜窗台（名词）｜上（名词：方位词）｜向（介词）｜窗（名词）｜外（名词：方位词）｜看（动词），忽然（副词）｜发现（动词）｜

眼（名词）｜前（名词：方位词）｜飞（动词）｜过（动词：趋向动词）｜一（数词）｜只（量词）｜雪白（形容词）｜的（助词）｜小（形容词）｜鸟（名词）。她（代词）｜张开（动词）｜嘴（名词），想（动词）｜问（动词）｜一（数词）｜句（量词），喂（叹词），小（形容词）｜鸟（名词），你（代词）｜飞（动词）｜到（介词）｜什么（代词）｜地方（名词）｜去（动词：趋向动词）｜呀（语气词）？可是（连词），她（代词）｜没有（副词）｜出声（动词），静静（形容词）｜地（助词）｜看（动词）｜着（助词）｜鸟儿（名词）｜飞（动词）｜了（助词）｜过去（动词：趋向动词）。

二、［略］

三、1. 比：① 动词　② 介词　③ 动词

2. 管：① 动词　② 介词　③ 量词

3. 给：① 介词　② 动词　③ 助词　④ 介词

4. 在：① 介词　② 副词　③ 动词　④ 介词

5. 要：① 动词　② 连词　③ 动词　④ 助动词

6. 对：① 介词　② 动词　③ 形容词　④ 量词

7. 和：① 介词　② 名词　③ 连词　④ 介词

8. 活跃：① 形容词　② 动词

四、1. 不　2. 没（没有）　3. 没（没有）

4. 不　5. 不　不　6. 不

7. 没（没有）　不　8. 不　9. 不/没（没有）

10. 没（没有）　11. 不/没（没有）　12. 不

13. 不　没（没有）　14. 没（没有）

五、1. 的　得　地　2. 的　得

3. 的　地　4. 得　得

5. 的　地　6. 得

7. 的　的　8. 的　得

六、1. 着　2. 着　了

3. 着　4. 过　了

5. 着　过　6. 了　了

7. 过　了　8. 过/了

七、1. “和”可以自由连接并列的两项或多项名词，但在连接动词或形容词时，动词和形容词

不能单独出现，前后必须有其他成分，如状语、补语等。

2.“并”连接并列的两项动词。

3.“而”连接并列的两项形容词。

八、区别：（1）“万万”比“千万”所表达的语气更强。“千万”是指“务必”，表示嘱咐叮咛；而“万万”指绝对，无论如何。（2）“千万”多用于肯定句，也可用于否定句（一般用于祈使性否定句，故可以用于“这件事你千万不要泄漏出去”，但不能用于“千万没想到”）；而“万万”则只能用于否定句。（3）“千万”仅用于祈使句中；“万万”多用于陈述句，较少用于祈使句（用于祈使句往往有固定的表达，如“万万不可、万万不能、万万使不得”）。

九、1.①中的“骄傲”受“很”修饰，做谓语，且不能带宾语（排除心理动词的可能），所以是形容词；②中的“骄傲”做定中结构的中心语，也做宾语，且可以用“一个”来限定（即“一个骄傲”），所以是名词。两者语义有较大关联，所以是兼类词，形容词兼名词。

2.①中的“明星”做定中结构的中心语，做宾语，且可以用“一个”来限定（即“一个明星”），所以是名词。②中的“明星”做谓语中心语，后面带了动量补语，且可以带动态助词“了”（即“明星了一回”），因此具有动词性功能；但因这种用法是临时性的，对这个特定语境依赖性很强，不是“明星”的固定用法，因此是名词临时活用为动词，意思是“当明星”。

3.①中的“制服”指的是一种特殊的、能表明身份的服装，做宾语，可以用“一件”来限定（即“一件制服”），所以是名词；②中的“制服”是一种动作，指用强力使之听话、变老实，做谓语中心语，在语义上支配“大飞”，且可以带动态助词“了”（即“将大飞制服了”），所以是动词。这两个“制服”仅仅是读音相同，并无语义关联，所以是同音词而不是兼类词。

4.①中的“兄弟”做定中结构的中心语，做宾语，且可以用“一个”来限定（即“一个兄弟”），所以是名词。②中的“兄弟”，跟程度副词“很”搭配，修饰动词性成分，因此具有形容词的用法；但因这种用法是临时性的，对这个特定语境依赖性很强，不是“兄弟”的固定用法，因此是名词临时活用为形容词，意思是“像兄弟似的”。

5.①中的“方便”受“很”修饰，做谓语，且不能带宾语（排除心理动词的可能），所以是形容词；②中的“方便”做述语，后带宾语“大家”，且可以带动态助词“了”（即“方便了大家”），所以是动词。两者语义有较大关联，所以是兼类词，形容词兼动词。

6. ① 中的“别”是“不要”的意思，修饰动词，做状语，所以是副词；② 中的“别”表示佩戴的一种动作（意思是“卡住、插住、绷住”），在语义上支配前文出现的“百合花”，做谓语中心语，后带介宾结构的补语，所以是动词。这两个“别”仅仅是读音相同，并无语义关联，所以是同音词而不是兼类词。

十、1. 除→除了　　2. 及→以及

3. 为了→为　　4. 只有→只要

5. 或者→还是　　6. 了→过

7. 关于→对　　8. 吗→呢

9. 因此→所以　　10.对于→对

十一、［略］

思考与检测五

一、

联合短语/偏正短语	介宾短语	联合短语	偏正短语
主谓短语	介宾短语	方位短语	连谓短语
述补短语	述宾短语	连谓短语	同位短语
述宾短语	联合短语	兼语短语	偏正短语
“的”字短语	同位短语	同位短语	连谓短语
方位短语	兼语短语	述补短语	主谓短语
述宾短语	“的”字短语	兼语短语	兼语短语
述补短语	偏正短语	偏正短语	述宾短语
述补短语	联合短语	连谓短语/兼语短语	同位短语
偏正短语	述宾短语	主谓短语	
述宾短语	述补短语	主谓短语	

二、

数量补语	结果补语	可能补语	可能补语	趋向补语
结果补语	处所补语	程度补语	结果补语	可能补语
程度补语	数量补语	状态补语	趋向补语	结果补语
状态补语	状态补语	处所补语	数量补语	状态补语

三、1.“完”指向“一首流行歌曲”。

2.“累”指向“他”。

3.“哑”指向“嗓子”。

4.“红”指向“曲作者”。

5.“成”指向“（流行歌曲成）摇滚”。

6.“一个小时”指向“唱（流行歌曲）”。

7.“哭”指向“所有的听众”。

8.“哭”指向“他自己”。

四、1.那个 东北 小姑娘 特别 喜欢 笑。

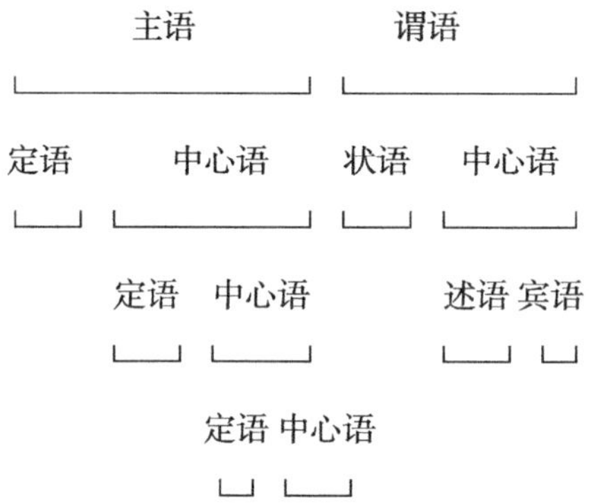

（那个）（东北）（小）姑娘||［特别］喜欢笑。

2.我 为他调动的事 前后 奔波了半年。

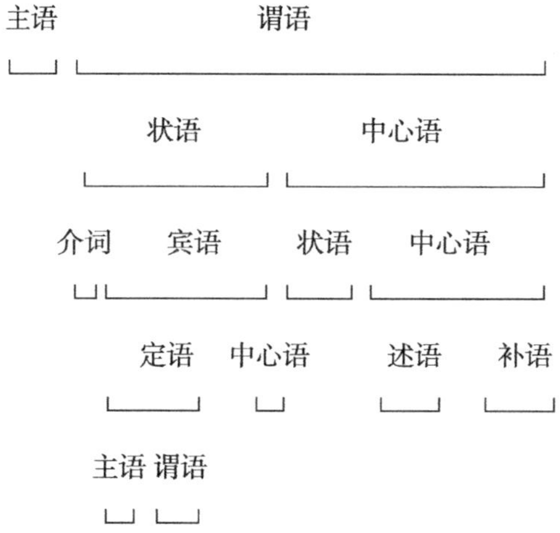

我||［为他调动的事］［前后］奔波了〈半年〉。

3. 父亲 今天 早上 已经 决定 把 这些 书 送 学校了。

主语　　谓语

状语　　中心语

定语　中心语　状语　　中心语

述语　　宾语

状语　　中心语

介词　宾语　述语 宾语

定语 中心语

父亲‖［今天早上］［已经］决定把这些书送学校了。

4. 医院 门口 站 满 了 等待 消息 的 人们。

主语　　谓语

定语　中心语　述语　　宾语

述语 补语　　定语　　中心语

述语　宾语

（医院）门口‖站〈满〉了（等待消息）的人们。

五、1. ① 一 个 学 校 的 教 师

定—中

定—中

② 一个学校的教师

定—中

定—中

2. ① 热爱人民的总理

述—宾

定—中

② 热爱人民的总理

定—中

述—宾

3. ① 对 厂长的意见

介—宾

定—中

② 对厂长的意见

定—中

介—宾

4. ① 我们 三个一组

主—谓

主—谓

② 我们三个 一组

主—谓

复指

5. ① 妹妹和弟弟的朋友

联合

定—中

② 妹妹和弟弟的朋友

定—中

联合

6. ① 地板上 睡 不 好

└───┘ └─────┘　状—中

└─┘└┘ └─┘ └───┘　方位、述—补

　　　　　└┘ └┘　状—中

② 地板上睡 不 好

└─────┘ └───┘　主—谓

└────┘└┘ └┘ └┘　状—中、状—中

└───┘└┘　方位

7. ① 安排 好工作

└──┘ └─────┘　述—宾

　　　└┘ └──┘　定—中

② 安排好 工作

└────┘ └──┘　述—宾

└───┘└┘　述—补

8. ① 没有 必要的批评

└──┘ └──────┘　述—宾

　　　└──┘ └──┘　定—中

② 没有必要的 批评

└──────┘ └──┘　定—中

└──┘ └──┘　述—宾

六、1. ① 这种学习理论很重要（“学习理论”是偏正短语）。

② 学习这种理论很重要（“学习理论”是述宾短语）。

2. ① 张校长已经问我了（“张校长”是“问”的发出者）。

② 我已经问了张校长（“张校长”是“问”的对象）。

3. ① 关于他的故事讲不完（“他的故事”是“讲”的内容）。

② 他讲故事讲不完（“他”是“讲故事”的动作发出者）。

4. ① 通知他的人怎么还没来（“通知的”是动作发出者）。

② 他通知的人怎么还没来（“通知的”是动作对象）。

七、［略］

思考与检测六

一、1. 结构　　语气　　某种显著特征

　　2. 陈述句　　疑问句　　祈使句　　感叹句

二、1. 主谓句—主谓谓语句

　　2. 非主谓句—名词性非主谓句

　　3. 非主谓句—特殊非主谓句（叹词句）

　　4. 非主谓句—特殊非主谓句（拟声词句）

　　5. 非主谓句—动词性非主谓句

　　6. 主谓句—名词性谓语句

　　7. 非主谓句—形容词性非主谓句

　　8. 主谓句—形容词性谓语句

　　9. 主谓句—动词性谓语句

　　10. 主谓句—主谓谓语句

　　11. 非主谓句—动词性非主谓句

　　12. 主谓句—动词性谓语句

三、［略］

四、1. 疑问句　　2. 感叹句　　3. 陈述句　　4. 祈使句

　　5. 感叹句　　6. 疑问句　　7. 祈使句　　8. 疑问句

五、1. 特指问句　　2. 是非问句　　3. 正反问句　　4. 选择问句

　　5. 正反问句　　6. 特指问句　　7. 是非问句　　8. 选择问句

六、存现句有：1、2、4、6、8、10、11、12、13、14。

七、1. 这个“把”字句中只有表示结果的补语动词，而缺少表示原因的述语动词。宜改为“大风把门口的自行车刮/吹倒了”。

　　2. “把”字句中述语不能是光杆动词，应该带上结果补语。宜改为“我一定要把中国画学好/学会”。

　　3. 这里的处所“在柜子里”不是表示动作“放”发生的处所，而是动作对象“衣服”在动作支配下移动后的位置，因此应该放在动词后面做补语。宜改为“请你把衣服放在柜子里”。

　　4. 这个“把”字句中只有表示结果的补语动词，而缺少表示原因的述语动词。宜改为“教

练要把他训练成为世界冠军”。

5. “懂得”是个后面必须跟宾语的黏宾动词，不能用于表示原因和结果的关系中；另外，“懂得”虽然已含结果，但是它只能表示一种已知的状态，而不能表示一种状态的变化，因此不能用在“把”字句中。宜改为“我们终于懂得了老师的话”或改为“我们终于把老师的话弄懂了”。

6. 这个“把”字句中，“见面”不能使得“我的朋友”受到影响并产生某种结果。所以，动词“见面”不符合“把”字句要求。宜改为“你跟我的朋友见面了没有？”。

7. 否定词“没有”放错了位置，应该放在“把＋宾语”的前面。宜改为“我的朋友没有把收音机修好”。

8. 这个“把”字句中只有表示结果的补语动词，而缺少表示原因的述语动词。宜改为“你看看，你把我的裙子都弄脏了”。

9. “懂”在这句话中是可能补语，而不是表示结果，所以不符合“把”字句动词后表示变化结果的语义要求。宜改为“他把这本英文书看懂了”或改为“他看得懂这本英文书”。

10. “在留学生食堂”不是“吃”的对象“饺子”到达的处所（结果）。宜改为“我每天在留学生食堂吃饺子”。（若保留“把”字句，则句意需要做较大调整，如构成“我每天都把饺子吃到饭桌上”。但句意有些奇怪，而且这已不是语法偏误的修改了。）

八、1. 述语动词“读”是光杆动词。应改为“他花了一个月时间把李白的诗歌读完”。

2. 表达相差比较的句子，谓语应放在后一个比较对象的后面。应改为“冬天里，俄罗斯比中国冷得多”。

3. 否定词“不”放在了“把”的后面。应改为“小明不把糖分给同伴吃”。

4. “感动”的人是我。应改为“他的英雄事迹把我深深地感动了”或“我被他的英雄事迹深深地感动了”。

5. 原句表达的是日常口语性语境，而“为……所……”是具有正式体特征的句式，两者不协调。应改为“孩子刚要出去玩儿，就被妈妈（给）批评了一顿”。

6. 这句想强调的是“由优秀教师组成”，因此最合适的表达方式是使用“是……的”句。应改为“这次去印度尼西亚参观的代表团是由优秀教师组成的”。（删去“是”后句子也成立，但没有特别强调的意味。）

7. “有”字句中，“有”后面不可以再有别的动词。应改为“天气预报说今天白天有雪”。

8. “是”字句中，“是”后面不能用“了”等动态助词。应改为“小王的爸爸已经是局长了”。

9. “被”字句多表示不如意的事情，而且“被”后动作发出者不出现时，若没有特别强调的意味，“被”常不出现。应改为“吉米今天的作业做完了”。

10. 在“有”字句中，“有”的否定形式是在“有”之前加“没”。应改为“我只有一个弟弟，没有哥哥”。

11. “是……的”句式中，“的”字不可以用“了”替换。应改为“在文学史上，李白是很有名的”。

12. 述语“修好了”应放在“被”的后面。应改为“这台电脑被他花了一小时修好了”。

13. “是……的”句式中，“是”用在主谓之间。应改为“这支钢笔是属于弟弟的”。（如果不是特别强调“属于”，更好的改法是“这支钢笔是弟弟的”。）

14. 在比较句中，不能用“很”。应改为“他看上去比他哥哥年轻多了”。

思考与检测七

一、1. 意义上相关　　结构上互不包含

2. 并列复句　　承接复句　　递进复句　　选择复句　　解说复句

转折复句　　让步复句　　因果复句　　目的复句　　假设复句　　条件复句

二、单句：1、2、5、6、7、9

复句：3、4、8、10

理由：单句是由几个句子成分直接构成，复句是由几个单句形式（即分句）构成。复句的每个分句独立出来就是单句。

三、1. 目的复句　　2. 递进复句　　3. 解说复句　　4. 让步复句

5. 假设复句　　6. 转折复句　　7. 因果复句　　8. 条件复句

9. 并列复句　　10. 承接复句　　11. 选择复句　　12. 条件复句

四、1. 一边　　一边　　（不但/不仅　　而且/还）　　2. 虽然　　但是　　3. 尚且　　何况

4. 无论/不论/不管　　都　　5. 与其说　　6. 无论/不论/不管　　都

7. 为了　　8. 一　　就　　9. 如果　　就　　10. 既然　　就

11. 只有　　才　　12. 不是　　而是

五、1. 虽然是满月，|||天上却有一层淡淡的云，||所以不能朗照；|但我以为这恰是到了好处——

转折　　　　　　因果　　　　　　转折

醋眠固不可少，小睡也别有风味。

2. 如果没有氧，|||光有氢，||或者没有氢，|||光有氧，|都不能够搞成水。

并列　　选择　　并列　　假设

3. 我想这就和挑西瓜一样：|有的看着好，|||可里边是生的；||有的看样子很生，|||可里边

解说　　转折　　并列　　转折

却很甜。

4. 我们不管读什么书，|都必须认真去读，||不仅了解书的内容，||||而且通过书的内容去了

条件　　解说　　递进

解其反映的时代和社会，|||否则就不能算读懂。

条件

思考与检测八

一、1. 北京语言大学的地址是海淀区学院路15号。

2. 不了解中国文化，怎么能学好汉语呢？/不了解中国文化，是肯定学不好汉语的。

3. 大学时期是积累知识、训练思维的重要阶段。

4. 俄罗斯留学生的演出受到热烈欢迎，观众对演出评价很高。

5. 刚开始学汉语写汉字的时候，大家都产生了“汉语难学，汉字难写”的看法。

6. 不管他们来还是不来，我们都要去。

7. 老师明天考我们听力。

8. 我昨天把房间整理了一下。/昨天我把房间整理了一下。

9. 琼斯经过一个多月的学习，把许多语法知识清晰地记在脑中。

10. 如果不深入调查，如何能做好这件工作？/如果不深入调查，就不能做好这件工作，这是不言而喻的。/如果不深入调查，不能做好这件工作是不言而喻的。

11. 我的爱尔兰女朋友回国已经半年多了。

12. 他虽然忙了一天，但精神特别好。

13. 放学的时候我们都到咖啡屋喝咖啡。

14. 你只有按时到校，才会取得好成绩。

15. 同学们随时发现并认真克服学习中的缺点。（更好的表达是：同学们经常发现并努力克服学习中的缺点。）
16. 为了写毕业论文，她一直在图书馆里查资料。
17. 他上课认认真真，每次考试都第一。/他上课非常认真，每次考试都第一。
18. 老师给我们讲语法。
19. 你们看得见黑板上的字吗？/你们看得见看不见黑板上的字？
20. 我在武术班练了三个月太极拳了。
21. 我们的教室打扫得干干净净。
22. 一谈起那次西藏之行，他就非常激动。
23. 他们看到我的时候大吃一惊。
24. 以前我常常去王府井百货商场买东西。
25. 一小时后，大家陆续交卷了。
26. 我们一个星期有十五六节课。
27. 她不仅长得很漂亮，而且从小就爱帮助别人。
28. 在中国的食堂吃了半年的米饭，我已经非常习惯（使用）筷子了。
29. 这姐妹俩，妹妹比姐姐聪明多了。
30. 昨天他没去美术馆看画展。
31. 羽毛球比赛的结果是我得了二等奖。
32. 我的爸爸不胖不瘦，个子不太高。
33. 我们家的事情都要靠妈妈一个人来处理。
34. 明天是周末，学生可以自由活动。
35. 我在美国的时候，每当和朋友在一起时，都会用音乐来放松心情。
36. 第二天，我们一起去参观国家图书馆。
37. 中国人在外国建造了不少工程。
38. 总是执着陈旧的传统观念是错误的，总是追求最时尚的偏见也是错误的。（或用“一味”等其他具有书面色彩的词来替换“老”。）

二、这篇习作在语体风格上很显然不符合要求，模糊了口语和书面语之间的区别。习作是应用文《一封求职信》，属于专用书信，不像一般书信那样随意，除却格式内容上的要求，在语言上要求言简意赅、庄重得体、态度谦和。而这篇习作的语体风格过于口语化，在词语、句式的选择上没有注意到书面语与口语的差异，如“叫×××”“从……来”“考虑我的申请的时候，请你们注意两点”这些表达都使得整个语篇看起来句子松散，语气随意，态度轻慢，严重影响了交际效果。这里试做调整（主要从语言表达角度修改，较少涉及内容妥当与否）：

尊敬的精美服装公司××先生：

您好！

我是×××，毕业于上海复旦大学。我对贵公司广告设计师一职很感兴趣，特此申请。基于我的经验，我认为我比较适合该职位的要求，烦请考虑。

我对服装流行情况比较了解。大学毕业后，我在上海精品大厦工作两年有余，从事销售工作。精品商店为上海最繁荣最时尚的服装店之一，而且它的进口服装品种丰富、样式新潮。

另外，我还曾做过宣传项目。我认为，对广告设计师而言，具备这项能力很有必要。

此致

敬礼！

×××

20××年×月×日

思考与检测九

一、［略］

二、1.“张”不能单独使用。“张”改为“小张”。

2.“乘坐车”中双音节动词不能与单音节宾语搭配。“乘坐车”改为“乘车”或“坐车”。

3.“感兴趣”是不能带宾的心理动词，它所支配的对象只能出现在“感兴趣”的前面；同时它又是三音节形式，而三音节结构本身就不能带宾语。全句改为“我对足球很感兴趣”或“我很喜欢足球”。

4.“五点十”中的“十”是单音节形式，不能单独使用。“五点十”改为“五点十分”。

5.“观看”作为双音节词，有正式语体的色彩，不适合用在口语语体中。“观看”改为“看”。

三、四、［略］

第五章　汉字

思考与检测一

一、1.表音文字　　表意文字　　表意文字

2.形音义

二、三、四、五、六、七、［略］

思考与检测二

一、1. 笔画　　部件　　笔画

2. 横　　竖　　撇　　点　　折

3. 相离　　相接　　相交

4. 独体字　　两个或两个以上基础

5. 甲骨文　　金文　　篆书　　隶书　　楷书　　草书　　行书

6. 由繁难变为简易,书写越来越方便

二、卧（8）　　使（8）　　极（7）　　适（9）　　魅（14）　　世（5）

鼐（14）　　融（16）　　鸥（9）　　画（8）　　构（8）　　肃（8）

三、快：第一笔，点；最后一笔，捺。　　张：第一笔，横折；最后一笔，捺。

侮：第一笔，撇；最后一笔，点。　　拖：第一笔，横；最后一笔，竖弯钩。

拒：第一笔，横；最后一笔，竖折。　　阵：第一笔，横撇弯钩；最后一笔，竖。

帆：第一笔，竖；最后一笔，点。　　建：第一笔，横折；最后一笔，捺。

瓮：第一笔，撇；最后一笔，点。　　心：第一笔，点；最后一笔，点。

观：第一笔，横撇；最后一笔，竖弯钩。发：第一笔，撇折；最后一笔，点。

四、曙：　　（整字）

日　署　　（一级部件）

罒　者　　（二级部件）

耂　日　　（三级部件/末级部件）

五、［略］

六、偏旁：陇（阝、龙）　　离（㐫、禸）　　邓（又、阝）　　状（丬、犬）

背（北、月）　　建（廴、聿）　　专（注：无偏旁）　　传（亻、专）

殴（区、殳） 爽（大、㸚）

部首：陇（阝） 离（亠） 邓（又或阝） 状（丬或犬） 背（月）

建（廴） 专（一） 传（亻） 殴（殳） 爽（大）

七、独体字：母 肃 东 瓦 长 雨 吏 重

合体字：病（包围结构或半包围结构） 分（上下结构）

滩（左右结构或左中右结构） 磊（品字形结构，或归入上下结构）

八、九、［略］

思考与检测三

一、1. 象形 指事 会意 形声 转注 假借

2. 形旁 声旁

二、［略］

三、会意字：伐 劣 囚 武 引

形声字：斧 渠 欺 简 闺

四、庭：外形内声 辫：内形外声 芜：上形下声

匪：外形内声 衷：外形内声 冻：左形右声

裘：下形上声 逃：外形内声 闷：内形外声

修：形占一角（从彡攸声）

五、六、［略］

七、象形：向、女、门；指事：中；会意：酒、从、明、既；形声：裘。

八、［略］

思考与检测四

一、飞 术 卤 伞 枣 画 际 齐

扑 齿 戏 环 疗 亏 窜 双

怀 艺 药 丽 权 听 惊 体

二、1. 瞭：读liǎo时简化为“了”，读liào时不简化（如“瞭望”）。

2. 乾：读gān时简化为“干”，读qián时不简化（如“乾坤”）。

3. 藉：读jí（如“杯盘狼藉”）及读jiè用于“慰藉、衬垫”义时不简化，读jiè的其他义项时简化为“借”。

4. 徵：读zhēng时简化为“征”，读zhǐ时不简化（如“宫商角徵羽”）。

三、1. 暮鼓晨鍾（鐘）　2. 子曰詩雲（云）

3. 恭喜髮（發）財　4. 封麵（面）故事

5. 窗明幾（几）淨　6. 皇天後（后）土

7. 鲁迅故裹（里）　8. 人髒（贓）俱穫（獲）

四、［略］

五、最初　流窜　白皙　困扰　蒙古　火炉

麻痹　水滴　浩瀚　充盈　盗贼　证券

六、布（部）署　防（妨）碍　姑（辜）负　鬼（诡）计

寒喧（暄）　涣（焕）发　克（刻）苦　恢（诙）谐

家俱（具）　高粱（粱）　坚绝（决）　注消（销）

浪废（费）　气慨（概）　枢钮（纽）　题（提）要

甜密（蜜）　陷井（阱）　即（既）然　训炼（练）

云宵（霄）　针灸（灸）　既（即）使　装璜（潢）

松驰（弛）　证卷（券）　按（安）排　挤（跻）身

入场卷（券）　麻疯（风）病

按步（部）就班　迫不急（及）待　草管（菅）人命

以逸代（待）劳　并行不背（悖）　不符（负）众望

不记（计）其数　残（惨）无人道　常（长）年累月

出奇致（制）胜　当人（仁）不让　尔（而）立之年

风縻（靡）一时　轰（哄）堂大笑　欢渡（度）佳节

鬼鬼崇崇（祟祟）　过度（渡）阶段　绿草如荫（茵）

披星带（戴）月　破斧（釜）沉舟　认识浮（肤）浅

三翻（番）五次　手（首）屈一指　通货膨涨（胀）

相形见拙（绌）　兴高彩（采）烈　鼓（蛊）惑人心

熙熙嚷嚷（攘攘）　严惩不待（贷）　一愁（筹）莫展

一（异）口同声　再（在）此一举　直接（截）了当

七、八、［略］

思考与检测五

一、逐：从辶从豕，描摹了古人捕猎时追逐猪的场景。

删：从册从刂（刀），体现了古人删改文字的方式是用刀刮去简册上的字。

瑞：从王（玉），反映了古人以玉为吉祥象征的观念。

红：从纟，反映古人对颜色的观念来自纺织。

婪：从女，反映古人歧视女性的思想。

二、1. 上下联对应字的偏旁相同，且偏旁包括了“金木水火土”五行。

2. 利用拆字，“东两点”为“冻”，“西三点”为“洒”，“横七刀”为“切”，“竖八刀”为“分”。

3. 利用谐音，“洲”与“舟”谐音，“阁”与“鸽”谐音。

三、1. 肉。“内”这个字的里边有个“人”，即：内＋人→肉。

2. 奈。该字中包含一个“大”和“二”与“小”，即：大＋二＋小→大＋示→奈。

3. 句。“向”这个字的笔画中，处于西边（即左边）的一个“直”画去了，便是“句”。

4. 座。“至”的下部是“土”，“从上至下”别解为“从”字登上“至”下部，即：从＋土→坐。“广为团结”别解为“广”与之结合，即：广＋坐→座。

思考与检测六

一、美（羊） 丽（一） 宁（宀） 静（青） 的（白） 天（一）

鹅（鸟） 湖（氵） 上（丨） 末（一） 见（见） 一（一）

只（口） 小（小） 鸟（鸟）

二、人 儿 分 生 们 宁 地 在 充 安 享 这 幸

昌 的 受 荣 活 盛 着 新 福 繁

三、啊 百 惫 边 车 的 纺 歌 国 河 旧 来 老

你 年 疲 破 上 是 数 水 我 着 祖

四、［略］